これ一冊ではじめる!

庭づくりのためのDIY

山田芳照［著］

ナツメ社

はじめに

本書では、これから庭づくりをはじめる方のために、DIYできるテクニックや最新の材料の情報を交えて、ていねいに解説しています。

植物や樹木を楽しむ庭、リビングからつながる開放的な庭、遊び場所がいっぱいある庭など、家族みんなで楽しめる庭をイメージしてください。イメージが決まれば、あとは本書を活用して一つずつ形を作っていきましょう。エクステリアで一番人気があるのはウッドデッキです。DIYでも本格的な作業になりますが、地面に合わせた基礎作りをマスターして、ぜひチャレンジしてみてください。庭にはシンボルツリーが定番ですが、本書ではプランターで植える方法をご紹介します。花壇の場所、テーブルやベンチの配置など、少しずつ庭が出来上がってくると使いやすいレイアウトが変わってくるかもしれません。移動できるシンボルツリーならそのイメージに合わせて柔軟に対応できます。庭づくりに終わりはありません。季節に合わせ、家族みんなで楽しめる庭づくりにぜひ本書を活用してください。

CONTENTS

CONTENTS

CONTENTS

撮影・取材協力社一覧

ブラックアンドデッカー
〒171-0022
東京都豊島区南池袋1-11-22　山種池袋ビル4階
TEL: 03-5979-5677

北三株式会社　ワトコ商品センター
〒301-0856
茨城県龍ケ崎市貝原塚町3085
TEL：0297-62-3482

ターナー色彩株式会社
〒532-0032
大阪市淀川区三津屋北2-15-7
TEL：06-6308-1212

株式会社ダイナシティコーポレーション
〒101-0051
東京都千代田区神田神保町1-22　NTビル4F
TEL：03-5282-2848

庭づくりのヒント
実践例

ガーデニング上級者から学ぶ
庭づくりのヒント

自然な風合いと美しい木目が魅力 ウッドフェンスでお隣の視線をカット

東京都　勝沼さん
本格的なガーデニングは10年ほど前からはじめたそう。他にも陶芸や木工、お菓子作りなど多彩な趣味をお持ちです。

チェアプランターに飾られた植物の鉢も手作りです。陶器作りはガーデニングよりも長い趣味とのことで、その出来の良さは趣味の域を超えています。

こちらのお家の形をした陶器も植物の鉢になっています。こちらもオリジナル作品。オブジェとしても完成度が高く、細かな部分までよくできています。

庭の隅に置かれたかわいらしいチェアプランターは勝沼さんの手作りです。水色のカラーがお庭の雰囲気にとてもマッチしています。

勝沼さんが本格的にガーデニングをはじめたのはこの家に引っ越してきた10年ほど前。

「元々陶器作りが趣味なので手を動かすことは好きなんです。それでDIYをやりはじめ木工にもはまりました。この水色のチェアプランターも手作りです」

DIYで作った最新作はウッドフェンスとのこと。「これは友達に手伝ってもらいましたが基礎もしっかりできましたし、うまくいったと思います。木工だけでなく次はハーブガーデンに挑戦したいなって思っています」なるほど楽しみですね。

こちらの木製ベンチはウッドフェンスを設置した後に残った木材で作った作品。オリジナルの鉢を飾る花台として使ってもよさそうですね。

キッチンの窓からお庭を眺めるとちょうどこの樹木が目に入ります。暗くなると明かりが灯りライトアップ。夕食を作りながらその景色を眺めるのが好きなのだそうです。フェンスのおかげで周りの視線も気になりません。

リビングルームの大きな窓を全開にすると、お庭が間近に。ウッドフェンスを設置したことで視線を気にせず解放感満点のお庭を眺めながら家族で食事を楽しめるようになったとのこと。

こちらはフェンス製作中の様子。木工が得意なお友達に手伝ってもらい、基礎からしっかりと作り上げました。安全性の高い、植物油を使った自然塗料で仕上げています。

作品作りはDIYショップを利用するほか、このようにお庭で行うこともあるとのこと。ノコギリを使った木材の切断作業も手慣れたものですね。

こちらはウッドフェンスを家の外から眺めた様子。このように既存のフェンスの内側にウッドフェンスを設置しています。そのためしっかりとした強度があり強風でも安心。

勝沼さんお気に入りのクリスマスローズ。冬のお庭を華やかに飾ってくれます。長年栽培してきたため、種がこぼれて庭中にクリスマスローズが増えています。

お庭の一角には、これから育てていきたいという植えたばかりのハーブが。手書きのプランツタグがかわいらしいですね。

ガーデンインテリアを飾る季節の花を部屋から眺めるリラックスタイム

ウッドフェンスの内側に棚を作り、そこにお気に入りの草花や小物類を飾っています。オリジナルの鉢、小物類のセレクトにセンスを感じさせます。

ウッドフェンスに飾られたハンギングプランターは、テラコッタの鉢をペイントしたもの。「ペイントは簡単なのでDIY 初心者の方にもこれはおすすめです」と村上さん。

こちらの小さな鉢も良く見ると空き缶をペイントしたものです。ペイントの仕上げ方や文字の入れ方などはいいお手本になります。

花鉢を飾った木箱とその下の台もすべて村上さんの手作りです。風合いのあるペイントや足場板を使用した台はラフなイメージでまとめています。

村上さんが好きなのは部屋の中からウッドデッキやフェンスに飾った花を眺めること。「植物はあまり詳しくないんですが鉢を飾る台を作ったり、お気に入りの小物で飾ったりお茶をしながらそれを見るのが好きですね」

お庭作りも基本的にすべてご自身で行ったといいます。「芝生を全部自分ではがして土を掘り、レンガを並べて花壇を作りました。力仕事は大変でしたが当初イメージした通りにできたと思います」確かに素晴らしい出来。センスの良い小物使いなどは是非参考にしたいですね。

東京都　村上さん
DIY ワークショップ講師もやっている村上さん。リノベーションや木工はお手の物。細かな演出にもセンスが光ります。

芝生をはがし、一から作り上げた花壇。土を掘り、レンガの溝を掘って、砂を入れ水平にならす…という作業を村上さんはすべて自分でやりました。これが使いたかったという円型のレンガがかわいらしいですね。

このように作業に入る前にイメージを絵にして明確にしておくと、完成までの道のりがわかりやすくなるのでおすすめです。

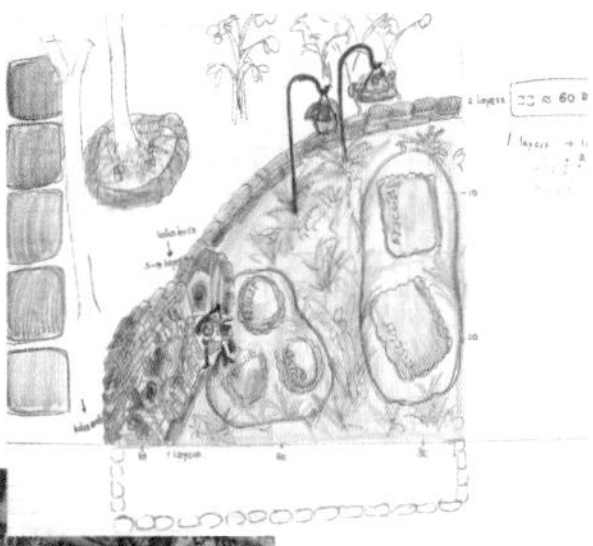

いったん平らにならした地面にレンガを仮置きして微調整しながら最終的な配置を決定しました。

こんなところにカラフルなメキシカンタイルが。本来は壁用ですがどうしても床に貼りたいということで、滑りにくいように床用のタイルと組み合わせています。

木製パレットの廃材で作ったベンチの花台。少し朽ちた感じの独特の風合いがオシャレな演出となっています。パレットの廃材はDIYでは定番のリーズナブルな材料です。

駐車スペースの砂利道には金属でできた靴底風の小物が置かれていました。オシャレなアイテムを見つけるにもセンスが必要です。

海外の標識のようなオブジェも手作りです。センスある小物が庭をより素敵な空間へと変えてくれます。

出来上がったばかりのウッドフェンス。隣の家の視線を遮りつつ花壇の花々を引き立ててくれます。あえて未塗装の木材を組み合わせているのが上級者ならではのテクニック。

自然を愛でながらおいしくいただく ハーブを育て楽しむ庭づくり

白でペイントされたオシャレな小屋が目に付く、ハーブが庭のあちこちにちりばめられたナチュラルガーデン。住宅街の中にあってそこだけが別の時間が流れています。そこで家族と一緒に暮らしているのが木工作家でもある水野さんです。

「はじめから何かを作ろうではなくて、こんな木材や流木、廃材がある。じゃあこれを使えばあんなものができそう。そのように庭作りをしています」さすが木工作家ならではの発想。初心者には真似はちょっと難しそうです。

「ハーブや野菜、果樹など食べられる植物を植えています。いずれは自給自足生活をしてみたいんです」とのことですが、お庭を拝見する限りそのゴールは案外近いかもしれません。

書体まで素敵なハーブのネームプレート。こちらもやはり水野さんオリジナルです。

漆喰の壁に木製の窓枠。流木や木材、廃材などの小物類は自然保護ボランティアを通じて収集されたものも多いそうです。

家やお庭にとてもマッチした郵便受け。木材を使ってお庭のナチュラルなイメージに合うようにきれいに装飾されています。

千葉県　水野さん
木工作家として様々な作品作りも行っている水野さん。10年ほど前に今の自宅を手に入れてから、天然素材やハーブ、自然の環境にこだわったお庭作りをはじめました。

白い小屋は、もともと普通の小屋だったそうです。それを、風合いのある木材や廃材などで装飾して、味わいのある外観に変えています。

正面の扉はちゃんと開閉します。扉を開けておけば作業中でも帰宅する家族の顔を見ることができるそうです。

ネームプレートには "Junkyard & Tea house" の文字が。流木と廃材を使用した小物が、目を引くポイントになっています。

サビたランプや古いガーデニンググッズもオシャレな飾りに使われています。市販のガーデニンググッズではこのような味わいは醸し出せません。

木材とレンガを並べたアプローチやレンガと自然石をセンス良く組み合わせた花壇は一つ一つが不ぞろいなのがむしろオシャレな演出となっています。

小屋正面の棚にはかわいらしい花が。この棚もオリジナル。外枠部分には額縁を使い、棚部分は集めた流木を組み合わせています。

小屋の中もキチンと作り込まれています。DIY の道具や木材などの材料が保管されており、また中で作業が行えるように作業台なども設けられています。

セージやオレガノ、ローズマリーなど、栽培するハーブはお料理に使う食べられるものが中心。

ビオトープにはメダカが住んでいます。この中でボウフラなどを食べて生きており特に世話もしていないそう。小さな世界でキチンと自然のサイクルが行われているのですね。

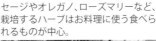

カフェスペースの上にはつる植物のムベが。実も収穫して食べられます。

小屋の横テーブルやイスを置きカフェスペースに。フェンスは最近の作品で、解体した材料ともらってきた白樺で作られています。シェッドで支え強度も確保しています。

フェンス製作中の様子。基礎を埋めモルタルで固めたうえにブロックを間に挟むことで強度を確保しました。

以前設置したフェンスが徐々に沈み傾いてしまったので、作り直したそうです。水平を出すのが大変だったとのこと。

カフェの看板の下には小さな棚を設置。夜はここで月を眺めながら食事をとることもあるそうです。

先に区画をしっかりと区切ってから、小道を作り大きな木を植え、徐々に手を加えていったそう。ゾーニングをしてから作り込んでいくのがポイントとのこと。

こちらはお気に入りの一角。フェンスの内側に棚を設け、小さなハーブの鉢を飾っています。小さなネームプレートを使った演出がとてもかわいらしい。

カフェスペースと庭の奥にある菜園を仕切るフェンス。キチンと強度を考えて基礎からしっかりと作りこまれています。

庭の一番奥にはこのような菜園があり、ハーブだけでなく野菜も育てています。水野さんによる と植物相手は木工などと違って思い通りにならないことがかえって楽しいのだそう。

01

第1章
プランニング

どんな庭にしたいのか自分の理想をイメージしよう

庭のレイアウトプラン

庭づくりをはじめる前に、まずはどんな庭にしたいのか方向性を決め理想の姿をイメージします。さらに実際の庭のスペースを測り、簡単にスケッチしてみることからはじめてみましょう。

庭でやりたいことを書き出してみる

まずはどのような庭にしたいのか、方向性を定めることが重要です。何も決めずにいきなり作業を始めると、理想とかけ離れたまとまりのない庭になりかねません。例えばシンボルツリーなどは一度植えると移動するのも難しいので、後で困らないよう慎重に決めることが必要です。

その庭で何をしたいのか、庭を共有する家族と一緒に考え、ノートなどに書き出します。それをもとにイメージ図などを描いてみるのもアイデアが膨らむのでおすすめです。

庭には眺めを楽しむためのもの、子供やペットなどと遊ぶためのもの、収穫を楽しむベジタブルガーデンなどもあります。

自分や家族の求める庭の方向性はどのようなものなのかアイデアがまとまらない場合は、雑誌やネットなどで自分の理想に近い庭を探して参考にするのもよいでしょう。そこから素敵なアイデアが発見できるかもしれません。

■アドバイザー ガーデニングの匠・木村博明氏

庭づくりについてアドバイスをもらったのはガーデンプランナーであり造園家でもある木村博明氏。創業40年以上を誇る「木村グリーンガーデナー」の二代目である木村氏は数々の庭を手掛けてきたガーデニングの匠。TV東京『TVチャンピオン極～KIWAMI～』ガーデニング王選手権にて優勝ほか、DIY、ガーデン雑誌など数々のメディアでも活躍中。

庭づくりの際には庭のスペースを正確に採寸しておきましょう。メジャーなどを使い植栽に使える広さを測ったら、平面図を書いて記入しておきます。

植物の生育には土が重要です。庭の土壌が固い粘土質なのか柔らかく水はけのよい土なのか確認しましょう。場合によっては土壌改良も必要です。

スペースの広さや土質など庭の現状を把握する

庭づくりの方向性がおおよそ決まったら、次は庭の現状を把握します。日当たりや庭の広さ、また植物の生育に欠かせない土の質も重要です。

メジャーなどを使い庭のスペースを採寸して正確な縮尺の平面図を書いてみましょう。平面図には具体的なサイズや土の状態、日当たりなどをメモしておきましょう。そのうえでどこに何を植えるかを考えます。また平面図には庭へのアプローチなども忘れずに書き入れておきましょう。

情報が整理できたら次はデザイン、ガーデンスタイルです。ガーデンスタイルには洋風や和風という大きなくくり以外にもさまざまなものがあります。そこで、次のページからは代表的なガーデンスタイルの例をご紹介していきます。

どのような庭にしたいのか方向性をある程度まとめたら、スケッチなどで理想とする庭を描いてみるのがおすすめです。視覚化することで方向性やイメージがより明確になります。

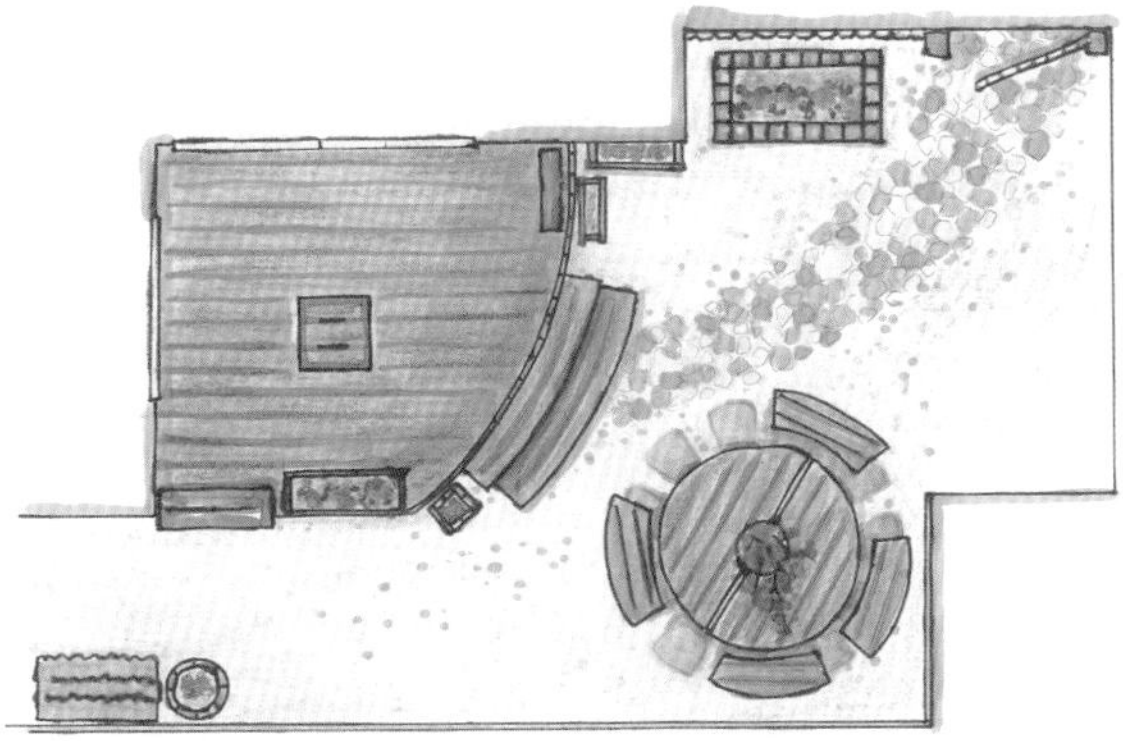

スケッチは理想をビジュアル化したものですが、平面図はいわば庭の設計図です。正確な縮尺で描き植物やフェンス、テーブルなどの配置を考える際に使用します。日当たりや土質などもメモ書きしておくのもよいでしょう。

和風庭園

日本らしさを感じさせる和の庭

昔ながらの日本庭園だけでなく、里山庭園や現代和風庭園など和のテイストを取り入れた庭が純和風庭園です。四季折々の植物が描き出す趣ある落ち着いた和の景色が楽しめるのが魅力です。

四季の移ろいが感じられる伝統の庭
純和風庭園

和庭園の中でも日本庭園の伝統を生かした庭が純和風庭園です。石や苔、木、水といった自然の要素を取り入れながら、植栽にもきれいに剪定された仕立て物を使うことで品のある落ち着いた和の空間を演出します。

日本家屋や日本の風土に最も似合う純和風庭園

自宅が和風建築の場合、最も似合うのが純和風庭園です。石灯篭《いしどうろう》や飛び石、枯山水《かれさんすい》、池や橋、滝など日本風のアイテムを配置し、また草花や花よりも松や竹など和のイメージを持つもの、四季のうつろいが感じられる樹木などを多めに植えるのがポイントとなります。

純和風庭園によく使われるのは松や槙《まき》、そしてツゲや梅、モミジ、サザンカ、ツツジ、あじさい、アセビなどです。樹木は自然そのままの姿ではなく、美しい造形に剪定《せんてい》されているのも特徴です。

ＤＩＹで本格的な日本庭園を再現するのはハードルが高いかもしれませんが竹垣を設けたり、石などで水の流れを表現するだけでも和の雰囲気を十分演出できます。またアプローチに砂利や飛び石を敷くことでも和風のデザインになります。

日本家屋に似合うのはやはり純和風庭園。日本の風土や気候に合っており、四季のうつろいが感じられる落ち着いた雰囲気を味わうことができます。

■つくばいで水のある庭を演出■

水を使うのが和風庭園の特徴ですが、池や滝はハードルが高いので、このようなつくばい（背の低い手水鉢と石を組み合わせたもの）がおすすめです。和の雰囲気の演出にも最適です。

手をかけた分だけ美しい景観が楽しめる

さらに、石灯篭やつくばい（茶室に入る前に手を清めるために置かれた背の低い手水鉢と役石などを組み合わせたもの）などをうまく配置できれば和の雰囲気がさらに強調できます。

純和風庭園は日本の風土、気候にとても合っており、落ち着いた雰囲気を味わえます。ただ、樹木の手入れなどには手間がかかりますし、基本的に景色を眺め楽しむもの。そのため、小さなお子さんがいる家庭にはあまり向いていないかもしれません。しかし、手をかければそれだけ美しい景観を楽しむことができるというのは何よりの魅力といえるでしょう。

■滝を落ちる水音も魅力■

純和風庭園では池、小川、滝など水を取り入れた景観がよく用いられます。特に滝は、水音なども楽しむことができ大変魅力的です。しかし実現するのはハードルが高いかもしれません。

■大きな石で山の穏やかな景色を再現■

大きな石を庭に置くことで穏やかな山の風景を再現しています。手ごろな石をうまく配置することで趣ある景色を作り出すことができるでしょう。

■純和風庭園に欠かせない仕立て木■

樹木をきれいに剪定し仕立て木とするのが純和風庭園の特徴の一つ。緻密に計算され、美しく仕立てられた木々は純和風庭園ならではの静けさを感じさせます。

懐かしい里山の景色を切り取った庭

里山《さとやま》庭園

懐かしさを感じさせる田舎の里山の景色を切り取り、庭に再現したのが里山庭園です。和庭園の一つですが雑木や低木、下草など植えることで緑あふれる里山の豊かな景色を作り出します。

雑木を使い、懐かしい田舎の里山を再現

日本の原風景とも言える田舎の里山。そんな誰もが懐かしさを覚える自然な景色を庭の中に再現したのが里山庭園です。和風庭園の一つですが、きれいに剪定《せんてい》された仕立て木ではなく、コナラやブナなど広葉樹の雑木などを使い、剪定もあえて樹木の輪郭をそろえず自然の林を彷彿《ほうふつ》とさせるような庭を演出します。

ただし、自然の雑木林を再現するといっても、むやみに雑木を植えればよいわけでなく、背の高い木だけではなく、低木や下草などをうまく組み合わせレイアウトし人工的な部分を見せないようにしながら、庭園としての美しさをバランスさせるのが重要なポイントとなります。

また、計算された美しさを持つ純和風庭園では定番である石灯篭《いしどうろう》や仕立て木など、少し堅苦しさを感じさせるような演出物はあまり使用しないというのも重要です。

懐かしい田舎の風景を思わせるような素朴で味わいのあるアイテムなどを、うまく使用し自然に配置するのもポイントとなります。

どこか懐かしさを感じさせる自然の里山の風景を切り取りそのまま庭に再現したのが里山庭園です。大きな木だけでなく、低木や下草を植えることで豊かな里山の景色を作り出します。

里山を作るためには自然の力も必要です。時間がたち、植物たちがなじみ、さらに鳥が落とした種から新たな植物が育ち、苔などが生えれば豊かな緑でおおわれた自然な景色となっていきます。

■庭先の演出物かつ実用的な縁台■

庭への行き来にも便利な縁台は、腰を掛け庭の景色を眺めたり、夏場の夕涼みなどに使われます。俳句の夏の季語でもあり里山庭園にもとても似合います。

■果樹を植え味覚でも楽しむ■

柿やザクロ、ミカンなどの果樹を植えると収穫が楽しめるだけでなく実を目当てに鳥などが訪れ庭の彩りとなってくれます。

■紅葉が楽しめる雑木を植える■

紅葉が楽しめるヤマモミジ、ヒメシャラ、ドウダンツツジなどは葉色が緑から赤へと移り変わる様子で四季の移ろいを感じることができます。

■川のせせらぎが聞こえる庭■

里山庭園を演出するのに小川も効果的です。時間の経過とともに苔などが生え植物や水生昆虫などが住める環境になればさらに里山らしさが増します。

縁台《えんだい》や果樹などで懐かしい風景を演出

里山庭園には伝統的な日本庭園のようなルールのようなものはありません。可能な限り自分がイメージする里山の景色を庭の中に再現する、といったイメージでかまわないでしょう。

また、里山庭園なのだから日本に自生する植物だけ使わなくちゃ、などと意識しすぎる必要もありません。

なつかしさの演出という意味では、縁台や柿などの果樹などを植えるのも良いかもしれません。果樹を植えると野鳥が訪れ果実をついばみさらに情緒ある空間が演出できるでしょう。

自然な景色を重視し手入れの楽な雑木を使用するので和風庭園よりも手入れが楽ですが、ともすれば荒れた庭になりかねないので、植物の配置や演出物の使用にかえってセンスが求められるかもしれません。

和の庭に現代的なエッセンスをプラス

和モダン庭園

伝統的な日本庭園の要素を持ちながら、現代風のエッセンスもうまく取り入れ、和風と現代風をうまく融合した『和を感じさせるアートな庭』が現代和風の庭です。

和の庭にモダンなアレンジを加えた現代和風

和モダンの庭は、伝統的な日本の庭らしい落ち着きと美しさを持ちながら、そこに現代風のアレンジを加え、モダンな空間を作り出したものです。そのため現代的な住宅にもとても調和し、機能的で手入れなどにも手間がかからないという特徴があります。

現代的な庭といっても基本は和の庭なので演出物にはつくばいや石灯篭《いしどうろう》、水がめなどといった伝統的な和のアイテムなども使われます。さらにそこにガラスや枕木、レンガといった新しいものを組みわせ、ライトアップなどを加えることで繊細でアート的な美しさも楽しむことができます。

水鉢に続く延段(庭に設けられた石張りの通路)に透明度の高いガラスを使うことで、和でありながらモダンなイメージを演出。ガラスの隙間、目地部分に苔が生えることで趣が増しています。

緑を少なめに使いつつ、砂利や敷石や飛び石などを合わせることでモノトーンのシンプルな空間を作り出しています。庭石がわりのガラスに陽が当たることで独特の陰影が生まれます。

■囲炉裏で遊ぶ庭として楽しむ■

和風バーベキューコンロともいうべきモダンな囲炉裏(いろり)なども現代和風には似合います。眺めるだけでなく庭でバーベキューなど遊ぶための庭としても楽しめるのが現代和風の魅力です。

見るだけでなく遊ぶための庭にもなる

　多くの場合、植物はあまり植えず、植えたとしても四季を感じさせる低木や、アオダモやヒメシャラなどといった株立ち（一つの木本から複数の主幹が生えている状態のもの）の雑木などを最小限に植えることが多いようです。こうすることで、空間を生かしたすっきりとシンプルな落ち着いた空間を作り出します。

　そして砂利や石を敷き、余計なものをあまり置きません。そのため、手間のかかる植物の手入れもあまりいらず、日があまり当たらない庭にも似合います。

　またバーベキューコンロ（囲炉裏）やウッドデッキなどといった庭で楽しむためのアイテムなどを加えても違和感がないため、落ち着いた和の雰囲気を味わいながらも、遊べる庭が作りたいという方にピッタリの和風庭園といえるでしょう。

■ガラスと水で亜熱帯のスコールを表現■

和風をよりモダンにアレンジしたのがこちらの「レインガーデン」。植物の代わりにガラスの演出物を積極的に使用し、さらに華やかなライトアップを組み合わせることで亜熱帯のスコールを表現しています。

■和庭園なのにピザ窯■

瓦葺(かわらぶ)きのあずまやにピザ窯という一見違和感のある組み合わせですが、現代的なアレンジもOKとされる現代和風の庭ならまったく問題ありません。庭の楽しみ方を広げてくれます。

洋風庭園

季節の草花を楽しむ洋風の庭

洋風庭園には様々な様式があります。イングリッシュガーデンや収穫も楽しめるハーブガーデン、ベジタブルガーデン。どの様式も和風庭園に比べ雑木や草花などをにぎやかに植えるのが特徴です。

自然そのものの美しさを鑑賞

イングリッシュガーデン

イングリッシュガーデンはイギリス式庭園をベースとしたお庭で、人工的でなく自然そのものの美しさを重視し、植物や花本来の素朴な姿が楽しめる庭のことを指します。

イギリスの田園風ガーデニング

洋風庭園（ヨーロッパ風の庭）には大きく分けると「イタリア様式」、「フランス様式」、「イギリス様式」の三つがあります。

そして、一般的なガーデニング用語として日本で広く使われている「イングリッシュガーデン」は、このイギリス式庭園そのものを指したものではなくあくまでイギリスの田園風景を再現したような庭で、あるがままの自然そのものの美しさを大切にした庭づくり、といった意味合いになります。

自然そのものの美しさを大切にするのがイングリッシュガーデンの特徴です。草花の色やサイズをあえてそろえずに植えることで、まるで自然の野原の中にいるような感覚が味わえます。

■風景を楽しむためのガゼボ■

庭の景色の良い場所に建てられる小さな洋風のあずまや（壁がなく屋根と柱だけの小屋）がガゼボです。ここから美しいイングリッシュガーデンの眺めを楽しみます。

■煙のような花房《はなぶさ》をつけるスモークツリー■

イングリッシュガーデンのシンボルツリーとして人気の高い落葉樹がスモークツリーです。まるで煙のような花房をつけるのがその特徴です。自然と整うので剪定はあまり必要ありません。

自然の中を散策するように楽しむ庭

イングリッシュガーデンでは、より自然な印象を与えるために花の色やサイズなども統一せず、野原に咲いているように自然に植えるのが特徴です。

また、樹木なども雑木を使い、きれいに剪定《せんてい》するのではなくあくまでも自然の樹形を保つように育てます。そのようにして作り上げた庭を、自然の中を散策するように味わうことができるのが、イングリッシュガーデンならではの魅力です。

しかし、いくら自然の美を目指すといっても植物をただ無造作に植えるだけでは、統一感のない荒れた庭になってしまいます。まとまりのあるイングリッシュガーデンにするには、草花などは直線的に整った植栽にはせず、草花の色を調和させつつ極力自然に配置します。

また、高さの違う植物を、手前から奥にかけて高くなっていくように立体的に植えるなど自然な花の美しさを演出しながら奥ゆき感を出すなどのテクニックが使用されます。さらに演出物なども天然素材のものを使用するのが基本となります。

■緑の芝が草花を引き立てる■

草花を引き立ててくれる緑の芝生もイングリッシュガーデンの定番です。芝には西洋芝が使われ、寒地型の西洋芝なら冬でもきれいな緑色を楽しむことができます。

■植物に高低差を付け立体感を出す■

塀際などに作る狭いボーダーガーデンでは、手前から奥へ高さの違う植物を植え立体的に見ます。イングリッシュガーデンでよく使われる手法で花の美しさを引き立て、限られたスペースに奥行き感を演出することができます。

料理にお茶に楽しみが広がる

ハーブガーデン

香草や薬草であるハーブを中心に植えた庭がハーブガーデンです。ハーブを収穫し料理やハーブティーなどに利用したり草花の姿や香りを楽しみます。

ハーブを四季折々の草花としても楽しむ

料理の香り付けや保存料として、また薬に香料さらにお茶や防虫など、幅広い用途に利用されるハーブ。そのハーブを庭に植え、それを収穫して利用しつつ、さらに四季折々の自然として一緒に楽しむことができるのがハーブガーデンです。

ハーブガーデンは中世のイギリスが発祥とされています。そのためイングリッシュガーデンに植える植物としてハーブが使われることも多いのですが、ハーブガーデンとした場合は主にハーブを中心として構成された庭のことを差します。

ハーブは香りもよく料理やハーブティーなどに利用でき、暮らしに彩りを与えてくれる上、生命力が強く育てやすいのが特徴です。また、ハーブは地味という印象がありますが、見た目に華やかなものもあるのでうまく組み合わせれば個性的な庭を作ることも可能です。

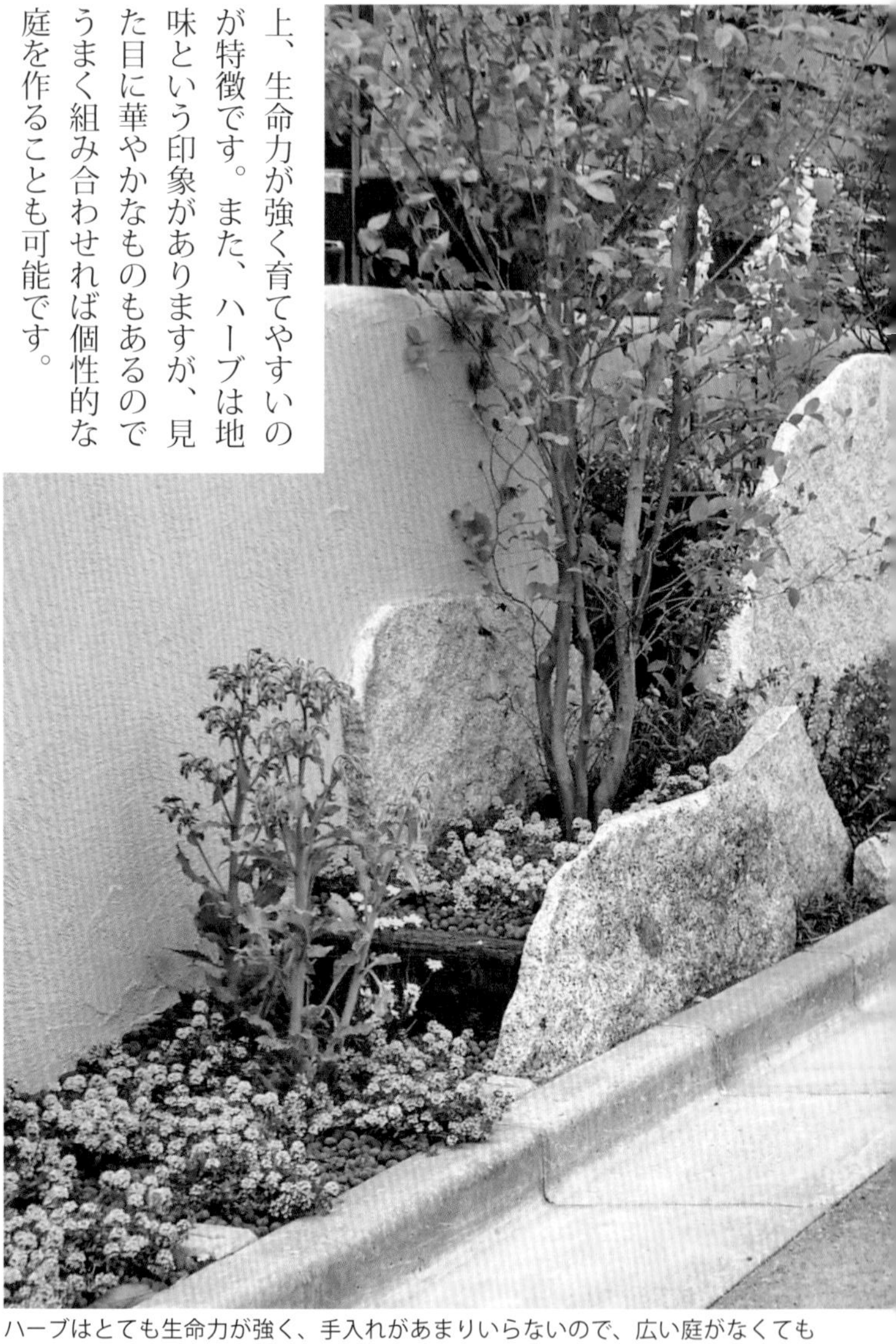

ハーブはとても生命力が強く、手入れがあまりいらないので、広い庭がなくてもちょっとしたスペースやコンテナなどで気軽に育てられます。

■収穫したハーブをテラスで楽しむ■

ハーブガーデンにはテラスやベンチ、テーブルなどの演出物が似合います。こういったものがあれば収穫したハーブを、庭を眺めながら楽しむこともできます。

■収穫したハーブを料理で味わう■

ハーブガーデンにはバーベキューコンロやピザ窯などの組み合わせもおすすめです。設置すれば収穫したハーブを使った料理をお庭で味わうことが可能です。

■様々にハーブを活用■

タイムやバジル、セージなど料理に便利なものからハーブティーやポプリ、ドライフラワー向けのハーブなどもあります。収穫したら生活の様々なシーンで活用してみましょう。

育てた野菜で料理が楽しめる ベジタブルガーデン

ベジタブルガーデンとは、目で楽しむ庭としての機能を持ちながら、花などの草花と合わせて野菜作りも楽しむことができる庭のことを言います。

収穫と草花の鑑賞を一緒に楽しむ庭

ベジタブルガーデンには明確な定義はありません。簡単にいえば草花を植え、眺めて楽しむ庭の中で野菜なども一緒に植えて収穫も楽しむというもの。同様の庭のことをキッチンガーデン（イギリス風の呼び名）やポタジェ（フランス風の呼び名）などとも呼びます。目でも楽しみ、食べることでも楽しめるとても実用的なお庭なのです。

では、いわゆる家庭菜園とは何が違うのか。明確な線引きがあるわけではありませんが、主に農作物を育てて収穫すること自体を楽しむ、いうなれば家庭で行う農業園芸が家庭菜園。

そして、野菜、ハーブなどに加えて、コンパニオンプランツ（野菜と愛称のいい草花）などを一緒に育てて、収穫と共に観賞できる庭としても楽しむのがベジタブルガーデンと思えばいいでしょう。

■カラフルな野菜は彩りのアクセントに■

ミニトマトなどカラフルな野菜は見た目にもかわいらしくお庭を華やかに演出し目でも楽しむことができます。

■キッチン周りでコンテナ栽培■

コンテナでも立派に育てられる野菜やハーブもあります。キッチンからアクセスのよい場所で育てるとお料理の時にすぐに収穫出来て便利です。

■収穫の時に役立つ洗い場■

キッチンガーデンで便利なアイテムが水栓や洗い場です。収穫した野菜やハーブを室内でなく庭で洗うことができます。見た目もこだわるとオシャレな演出物にもなります。

ベジタブルガーデンでは、野菜の栽培スペースなども広く取れないことも多いですが、あくまで楽しむための庭。限られたスペースに数種の野菜やハーブなどを混植してかまいません。また畑ではないので庭としての見た目にもこだわります。

ベランダでもはじめられる

コンテナガーデン

プランターやハンギングバスケット、植木鉢などに様々な植物を植えて楽しむ小さな庭がコンテナガーデンです。

限られたスペースで楽しめるガーデニング

広い庭がなくても、土の無い場所でも、気軽にガーデニングができるのがコンテナガーデンの魅力です。プランターや鉢などの容器を使い、その中で花や緑を栽培することができるのでちょっとしたスペースがあればガーデニングを楽しめます。

ベランダや玄関、キッチン周りなど、好きな場所にプランターを置き、寄せ植えなどを気軽に楽しめるほか、いくつものコンテナや鉢、さらに庭の花壇やラティスやハンギングバスケットなどとうまく組み合わせると立体感のある個性的な演出を楽しむこともできます。

また、コンテナガーデンなら置く場所や組み合わせを変えたり、プランターや鉢の素材、色を変えるなど様々なアレンジも可能です。本格的なガーデニングを始める前にまずはコンテナガーデンからはじめてみるのも良いでしょう。

■コンテナや鉢のバランスが重要■

コンテナガーデンは、コンテナや鉢が置けるスペースさえあればすぐに始めることができます。コンテナや鉢はデザインや素材、サイズなどの違うものを雑多に組み合わせるとまとまりがなくなるので注意が必要です。

屋上やベランダなど土のない場所でも気軽に楽しめるのがコンテナガーデンの魅力です。プランターや鉢選びなどに凝ってみるのも面白いでしょう。

■立体感ある演出も楽しめる■

ラティスやハンギングバスケットなどを使うと、このように立体的な演出も可能です。植物の配置なども簡単に変えられるのもコンテナガーデンならではです。

■視線の集まるフォーカルポイントに■

大きなコンテナはとても華やかで目立ち、庭の一角などに配置するとフォーカルポイント (庭などで視界の中心になる部分) となってくれます。

■枕木で手づくりコンテナ■

コンテナは市販のものだけではありません。このように枕木を利用した味わいのある手づくりコンテナなら、庭の一角をオシャレに演出することが可能です。

02

第2章
庭づくりのDIY

難易度 ★★★☆☆

ジョイントレンガアプローチ

おしゃれな小道に様変わり

Before

門扉から玄関扉や、テラスから門扉などの道のりのアプローチは、家の顔ともいわれています。ほんのわずかな距離でもデザインによってはエクステリアのイメージを変えてくれるので、自らのセンスを訪れる人たちにアピールできます。

おしゃれなアプローチに変えてくれる敷材はレンガや天然石などさまざまですが、おすすめなのがジョイントレンガです。天然石をレンガ風に仕立て3色の美しい色合いが洋風にマッチします。ジョイントレンガの魅力はロープで一体になっていること。一つ一つ敷材を敷く手間が省けます。今回のアプローチは、この特徴を生かしたモルタルを使用しないＤＩＹです。アンティーク調のおしゃれなデザインなので、門扉まで歩くのが楽しい気分になること間違いなしです。

道　具

- ■スコップ
- ■ゴムハンマー
- ■クワ
- ■左官ブラシ
- ■ニッパー
- ■水平器
- ■水糸
- ■ほうき

材　料

- ■ジョイントレンガ
  W450×H450×D30mm
- ■川砂
- ■目地砂
- ■化粧砂利
- ■杭
- ■当て木
- ■角材

デザインを決めて穴を掘る

ここがポイント!

アプローチのデザインは当て木でイメージを固める

ジョイントレンガの幅に合わせて当て木を作ります。長さは55cmです。この当て木を使えば、アプローチのラインを簡単に描けます。

1

アプローチのデザインを固めたら、ジョイントレンガの幅に見立てた当て木の両端にゴムハンマーで杭を打ち込みます。

2

今回のアプローチは緩やかなカーブを作るため、添えた当て木でカーブを描き、その両端に杭を打ちます。

3

全体に杭を打ってアプローチのライン取りができた状態です。ウッドデッキ付近は、幅を広めにして変化を出します。

4

アプローチのライン取りをした杭に水糸を結びます。杭に結んだ水糸を張っていき、ラインを出すようにします。

5

水糸で張ったラインがなめらかなカーブを描けるように、カーブ部分に杭を足し、微調整を図ります。

6

残りの片側も水糸を張ってラインを作った状態です。写真❸と比べて、緩やかなカーブが描けているのが分かります。

7

水糸の内側をスコップで掘っていきます。深さはジョイントレンガの厚みに加え、+2cmほどが目安です。

8

角材を使って掘った溝の高さを調整します。水平器で溝と地面が水平になっているかを確認し、土の出し入れで高さを調整します。

9

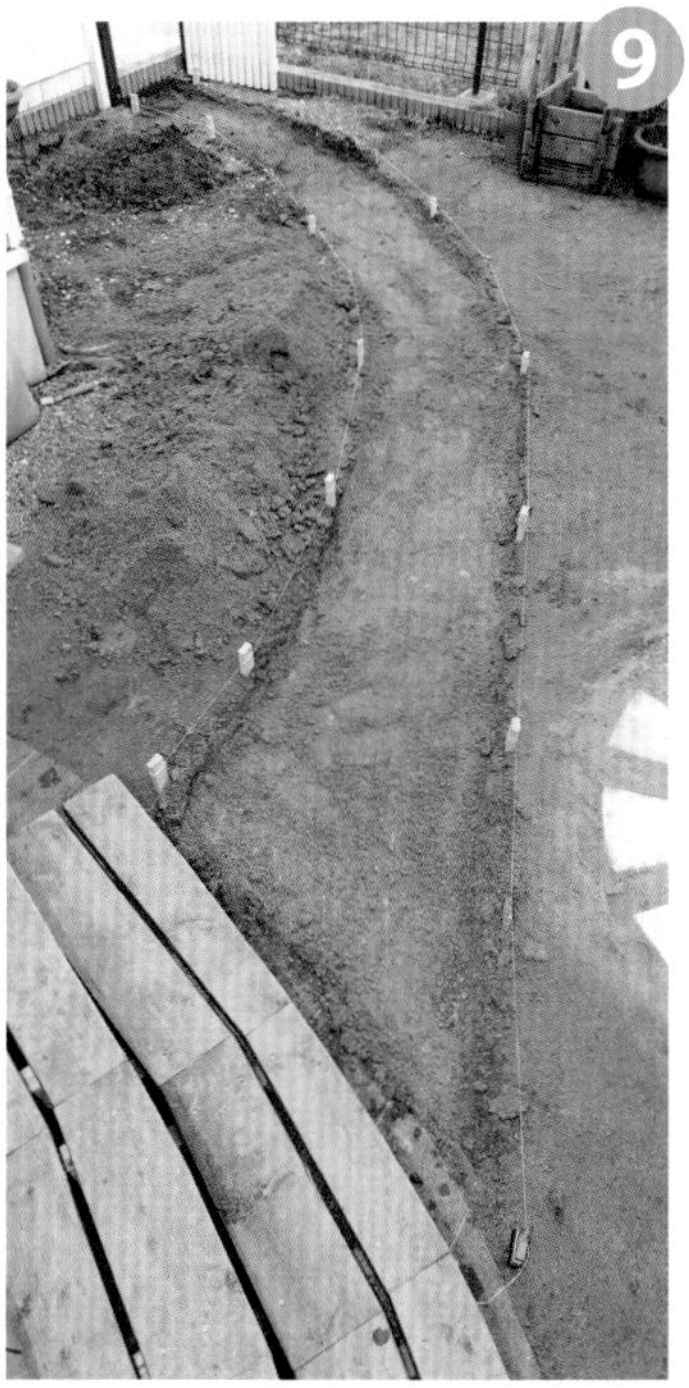

ラインに沿って溝を掘った状態です。掘った地面は平らになるようにしてください。柔らかい場合は足で踏んで固めます。

砂を撒《ま》いてジョイントレンガを敷《し》き詰《つ》める

掘った部分に川砂を2cmほどの厚さで敷き詰めていきます。

角材などを使って川砂を平らにした後、地面から3cmになるように水平器で高さを測って調整します。

川砂をならして平らにした状態です。

両サイドの水糸と杭を取り除き、ジョイントレンガを溝に敷き詰めていきます。ゴムハンマーで叩いて固定させます。

カーブのところもジョイントレンガをカットせずに、スクエアの状態で溝にはまるように敷いてください。

ジョイントレンガを敷き詰めた状態です。ウッドデッキ側は溝を広くしているのでニッパーでカットして敷いています。

ここがポイント！

自在に切断ができるのでランダムな設置が可能

ジョイントレンガの特徴でもある繋がっているロープを切断することで、ランダムな設置ができます。ニッパーやハサミで簡単にカットして形状に合わせます。

目《め》地《じ》砂《ずな》と化粧砂利《じゃり》を敷《し》いて仕上げる

ジョイントレンガの両サイドの縁に掘った土を戻します。ジョイントレンガと地面が平らになるようにしてください。

ジョイントレンガの上に目地砂をまいていきます。

レンガのすき間(目地)に目地砂を押し込むように入れ、ブラシで表面をきれいにします。

目地砂を敷き詰めた全体の状態です。ジョイントレンガのエッジ部分と地面の段差もなくなりました。

アプローチ周りに化粧砂利を敷き詰めます。今回は黒色ですが、ピンクや白など好みに合わせて敷いてください。

化粧砂利を手で隅々まで行き渡るようにします。その後、フェンスや壁際の化粧砂利から平らにしていきます。

行き渡った化粧砂利が平らにできたら、足で何度か踏んで固めます。化粧砂利の厚みはレンガと同じ高さにします。

レンガのエッジ周辺にも化粧砂利を敷き詰め、同様の作業を繰り返します。

レンガ表面にのった化粧砂利をブラシやほうきで軽く掃き、半日ほど目地砂を乾燥させたら完成です。雨が降ると目地にすき間が出る場合があります。その時は、目地砂をまた詰めてください。

Before

難易度 ★★★★★

組《く》みレンガアプローチ

おしゃれで歩きやすい庭の小道を作る

庭にレンガを敷《し》いてアプローチを作ります。自宅の庭を舗装《ほそう》して、アプローチやテラスを設けることには、たくさんのメリットが考えられます。まず、見た目がおしゃれになります。フラットで歩きやすくなるという点も挙げられるでしょう。

　また、むき出しになっている土を覆うことによって、雑草が生えることや、大量のほこりが舞ったり地面がぬかるんだりするのを防ぐこともできます。雨上がりに水たまりや泥はねを避けながら洗濯物を干すといった苦労からも解放されます。今回はレンガを敷き詰めて、デザイン性に富んだ見た目にも美しいアプローチに挑戦します。色の異なるソフトレンガを組み合わせていくことで、コントラストのある美しいアプローチに仕上げます。

■仕上げには珪砂を使用

珪砂は非常に粒の細かい砂で、目地に充てんしやすく、しっかりとレンガを固定することができます。

道　具

- ■スコップ
- ■角材
- ■石工ハンマー
- ■タガネ
- ■水平器
- ■左官ブラシ

材　料

- ■赤レンガ
- ■敷きレンガ
- ■砂
- ■珪砂

レンガを敷き並べる

設置する場所の表面を水平にならし、縁になる部分は赤レンガを埋めるために溝を掘ります。

基点となるレンガを置き、それと水平になるようにレンガを仮置きしていきます。

エッジのレンガをいったん外し、溝に砂を入れて縁の高さを調節したうえで、角材などで平らにならします。

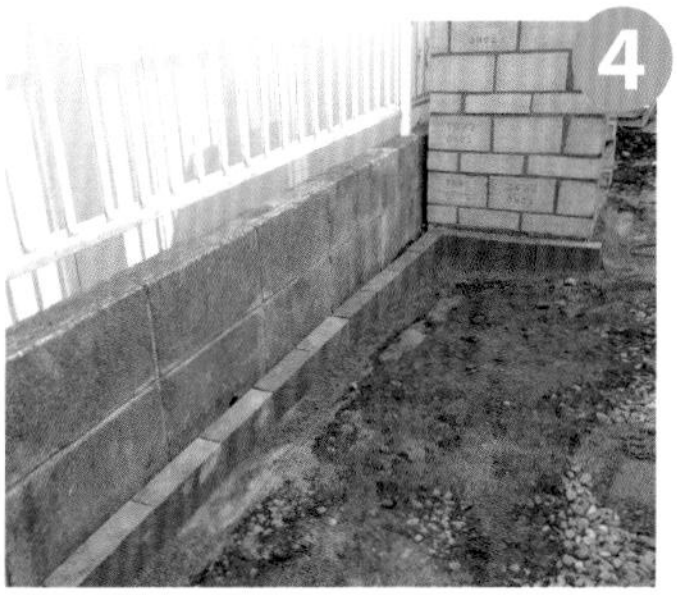

赤レンガは並べながら石工ハンマーの柄で軽く叩いて落ち着かせます。これを繰り返し、エッジを作ります。

溝を掘った際の土を埋め戻して足で踏み固め、赤レンガが動かないように固定します。

全体に砂を撒き、角材などを使って水平にならします。

あらかじめ決めておいたパターンに沿ってレンガを敷きます。レンガはすき間ができないように並べます。

大きなすき間ができるようなら、石工ハンマーとタガネでそのすき間のサイズにレンガをカットし、埋めます。

施工面の全てにレンガを敷いたら、凹凸がないかを確認。すべてのレンガが水平に並ぶよう微調整をします。

レンガの面に珪砂を撒き、左官ブラシでまんべんなく広げて目地を埋めたら完成です。

レンガの敷き方パターン

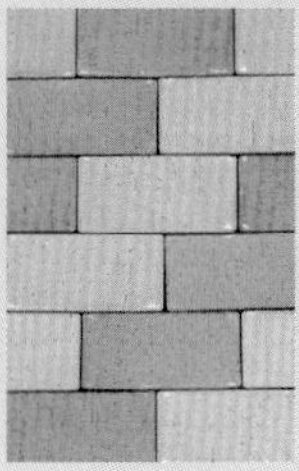
ランニングボンド

ヘリボーン

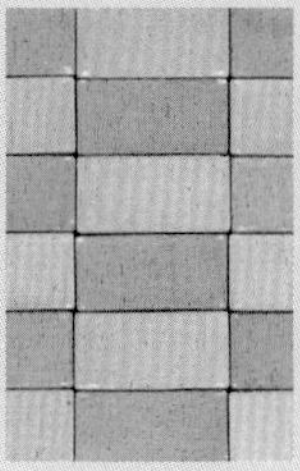
ジャック
オンジャック

バスケット
ウィーブ

難易度 ★★★☆☆

枕《まくら》木《ぎ》アプローチ

枕木特有の風合いがどんなスタイルにもマッチ

道具

■スコップ
■左官ブラシ
■ジョーロ　■水平器

材料

■アンティーク枕木
W610×D200×H75mm
■川砂　■角材

ガーデニングや玄関のアプローチを彩る装飾として、レンガと並んでエクステリアDIYで重宝されているのが枕木です。枕木は元々、鉄道に敷かれている資材ですが、ホームセンターなどで枕木風としてリーズナブルで手に入りやすく、強度が高くて防腐処理をされていることから人気が高い木材です。

枕木を敷き詰めたアプローチは洋風や和風を問わず、木材がアクセントになりナチュラル調やカントリー調などのエクステリアに変身させることができます。

下地の基礎をしっかり作っておくことがポイントです。

さらに枕木はアプローチの他に、花壇の囲いや門柱、階段などの外構にも活用できるので、アイディア次第でバリエーションが広がります。

意外と知らない枕木の種類

枕木は、バリエーションやサイズが豊富なので用途に合わせて選ぶようにしましょう。

■アンティーク(中古)枕木
重厚感があって天然木ならではの風合いが魅力です。一般的な幅は200㎜、厚さ100㎜前後です。

■コンクリート枕木
本物そっくりに作られて使い勝手が良く便利。雨に濡れても腐らないのでメンテナンスの必要がないのもメリット。

■FRP樹脂製枕木
繊維強化プラスチック素材を採用し、耐久性に優れ軽量で扱いやすく、水にも強いのが特徴。天然木に近い質感を持つ。

土を掘って下地の基礎を作る

1

施工場所の雑草などを取り除き、枕木を仮置きします。歩きやすくするために歩幅に合わせて置くのがポイントです。試しに歩いて間隔を調整してください。

2

仮置きした枕木の配置が決まれば、スコップで枕木の幅に合わせてラインを引きます。

3

スコップで土を掘っていきます。深さは枕木の高さ7.5cmに対し、＋3cmを目安にします。

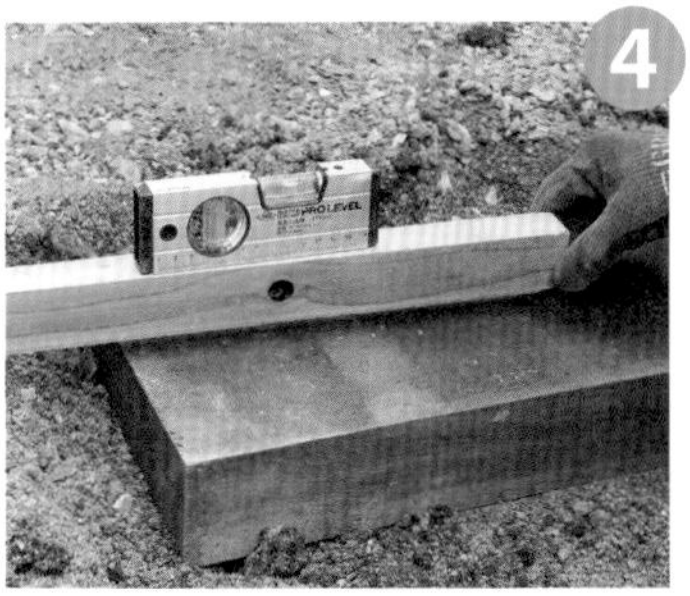

4

深さの確認は掘った場所に枕木を置き、角材と水平器を使って地面から3cm程度枕木が下がっていることを確認します。

5

土を掘ったスペースに、川砂を敷き詰めます。水はけに優れた川砂を選びます。平らにするために角材で均一にならしていきます。

6

砂が平らになったら基礎はできあがりです。

枕木を敷《し》いて地面を固める

1

仮置きした配置を元に、1本目の枕木を置きます。枕木を置いた後、角材を枕木に載せて地面に合わせ、水平器を使って水平を測ります。

2

1本目が水平に置けたら、2本目を置いていきます。同じように水平器を使って水平を測った後、同様の作業をスペース分繰り返していきます。

3

枕木の周囲に掘った土をスコップで戻します。枕木の表面から3cm下がったところが目安です。

4

枕木のすき間と周囲に固める土を敷き詰めます。地面と平らになるようにしてください。

5

枕木の周囲に固める土を入れ、表面に付着した土を左官ブラシで掃いてきれいにします。

6

霧状にたっぷり水を撒いてください。表面が乾いたら完成です。

難易度 ★★☆☆☆

砂利《じゃり》敷《じ》きアプローチ

アプローチ作りのなかで最も手軽にできるDIY

玄関や庭などのアプローチに最も手軽に作れるのが、砂利敷きアプローチです。土だけの地面に砂利を敷くだけでガラリと印象が変わり、おしゃれな雰囲気を演出します。しかも、水はけがよくなるため、足元がぬかるんだりするのを防いでくれます。アプローチで使用する資材の中で最もポピュラーな材料といえます。

　砂利の種類は、主に「白玉砂利」「赤玉砂利」「青砕石砂利」「五色砂利」など、色や形の種類が豊富なので和風や洋風などのイメージに合わせて作ることが可能です。

　初心者でも手軽にはじめられるので自分好みのアプローチにチャレンジしてみてください。

材　料

■レンガ
■川砂
■洋風砂利

道　具

■スコップ
■角材
■石工ハンマー
■タガネ
■水平器
■左官ブラシ
■園芸スコップ

雑草対策も期待するなら防草シートを併用する

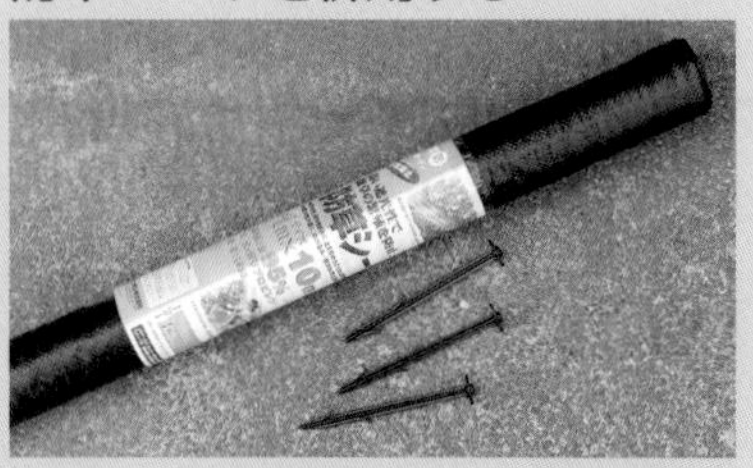

砂利だけでも雑草が生えにくい効果を期待できますが、より雑草をおさえたい場合は地面に防草シートを敷いてから砂利を敷くようにしましょう。雑草が生えてきても根を張らないので簡単に抜き取ることができます。

下地の基礎を作る

1 施工場所の小石や雑草などを取り除きます。雑草はしっかり根ごと抜きます。敷く砂利の厚みを均一にするため、下地の高低差をなくし平らにします。

2 アプローチを際立たせるために、エッジを作ります。エッジのレンガを仮置きします。

3 仮置きしたレンガの配列が決まれば、スコップでラインを引きます。ラインはレンガの外側と内側どちらも引くようにしてください。

4 レンガを配置する目印のラインは、目安なので正確でなくても問題ありません。雑草が生えやすい場所に施工する場合は、防草シートを敷くようにします。

5 しるしを付けたラインに沿って、スコップで溝を掘っていきます。溝の深さは、レンガの高さ +3cm が目安です。

6 深さの確認は溝にレンガを置き、角材と水平器を使って地面から 3cm 程度レンガが下がっていることです。

7 レンガを置くための溝を掘ったところです。最初はスコップを使って深く掘り、園芸スコップで微調整するようにすると、作業が効率的です。

8 掘った溝に、3cm程度砂を敷き詰めていきます。平らにするために、園芸スコップを使うと作業が楽です。

9 敷き詰めた砂を平らにしたら、下地の基礎はできあがりです。

砂利の必要な量は1㎡あたり60〜80kg

一般的な砂利を3㎝〜5㎝の厚みに敷き詰めるためには、1㎡あたり60〜80kgの砂利が必要になります。庭などの面積を計測し、十分な量を用意しましょう。正確に計測することで、適正な砂利の量がわかります。

レンガを並べて砂利《じゃり》を敷《し》く

1

掘った溝にレンガを置いていきます。ゴムハンマーで軽く叩いて高さを調整します。この作業を繰り返し行い、レンガを並べていきます。

2

アプローチの周囲にエッジングレンガを設置しました。

ここがポイント!

レンガの高さを揃えて並べる

基点のレンガを置いて水平器を使って高さを決めます。基点のレンガの高さを基準に、水平器を使って高さを調整し並べていきます。コーナー部も同様に調整してください。基点のレンガと高さが異なる場合は、砂の量で調整します。

3

レンガの周囲に掘った土を戻します。

4

角材などを使って戻した土を軽く突いて固めます。置いたレンガが動かないようにしっかり固定させます。

5

レンガの内側の土を掘ります。レンガの表面から3cm程度の深さが目安です。

6

必要な量の砂利を敷き詰めていきます。手でならして砂利をレンガと同じ高さに広げていきます。広範囲の場合は、レーキやトンボを使って砂利を均一にします。

7

左官ブラシを使って砂利やレンガについた土などを取り除きます。左官ブラシは軽く掃くようにします。左官ブラシの他に、ほうきなども有効です。

8

左官ブラシで掃き終えたら、砂利を固めて完成です。足で踏んでしっかり固めるようにします。砂利が少ないようなら、同じ砂利を補充してください。

敷地内に侵入する不審者対策に有効な防犯砂利

庭や自宅の敷地内の防犯対策として効果的なのが防犯砂利です。防犯砂利は、通常の砂利以上に歩くと大きな音を発します。防犯砂利を敷くと、不審者が侵入しても〝ジャリジャリ〟という大きな足音が響き、近隣の人たちにも気づかせてくれます。

さらに砂利を敷くことで雑草が生えにくくなり、家の景観を綺麗に見せる効果にもつながります。

防犯砂利を施工する場所の雑草や小石を取り除きます。スコップで地面をならした後、防草シートを敷きます。

すき間がないように敷き詰めた防草シートに、専用の固定ピンでとめていきます。金づちでピンをしっかり叩きます。

固定した防草シートで余分な部分が出た場合は、カッターでカットします。その上から防犯砂利を敷き詰めます。

防犯砂利の厚みを均一にするため、角材などを使って平らにしていきます。砂利の厚みは 4cm 前後を保つようにします。

砂利の厚みを均一にした後、足で踏んで固めていきます。この時、踏んだ際に鳴る音を確認してください。

施工範囲をしっかり足で踏んで音を確認できたら完成です。防犯砂利が少なくなったら補充してください。

サークルストーン

眺めるだけで楽しめる円形のデザイン

サークルストーンとは、敷石を丸く、円形になるようにデザインしたものです。テラスや玄関前のワンポイントで施工されることが多く、見た目も素敵な印象に変わることから女性に人気のエクステリアの一つです。

センターから外側に並べるデザインは、多彩なバリエーションで楽しめるのも特徴の一つです。また同じデザインでも目地の幅の大小でも印象が変わります。

天然石や型押しなどさまざまな素材がある中で、今回使用したのはパーツごとに販売されている型押しタイプ。敷石を円形に加工する必要がないので、ＤＩＹでチャレンジするには最適です。好みのデザインに合わせて素敵なサークルストーンに仕上げましょう。

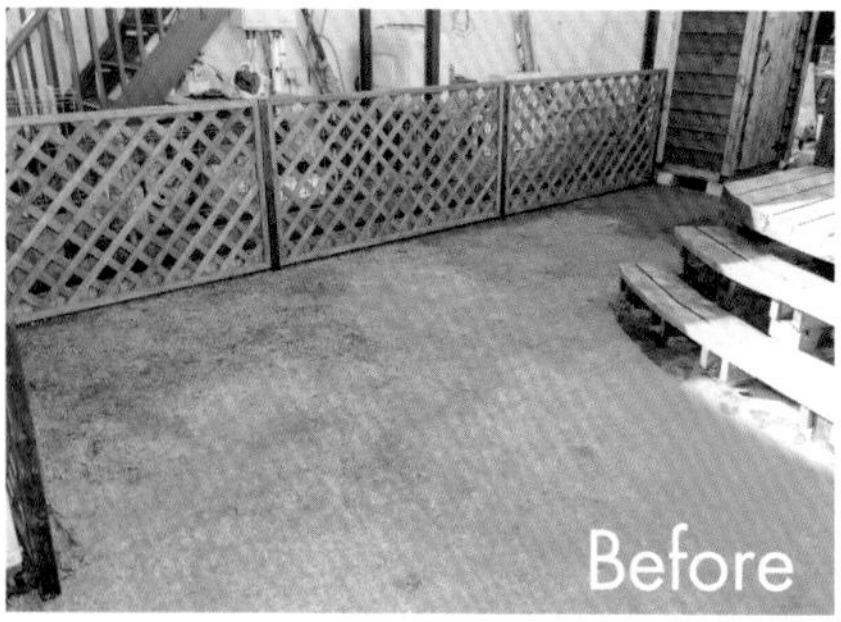

道具

- ■スコップ
- ■園芸スコップ
- ■ゴムハンマー
- ■左官ブラシ
- ■水平器
- ■メジャー

材料

- ■サークルストーン(センター)　300×300×40mm
- ■サークルストーン(ファースト)300×240×40mm
- ■川砂
- ■目地砂
- ■化粧砂利
- ■角材
- ■杭

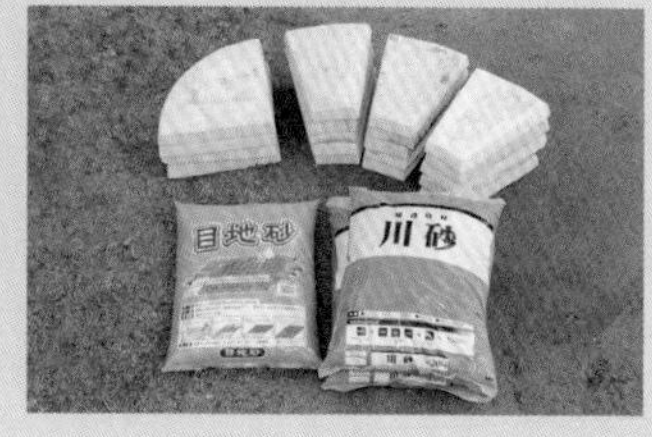

設置場所の穴を掘って基礎を作る

設置したい場所を整地した後、メジャーで測ります。今回は、内周が半径300mm、外周の半径が600mmです。

敷石を仮置きしてデザインを決めます。今回使用するのはセンターに4石、外周に12石です。

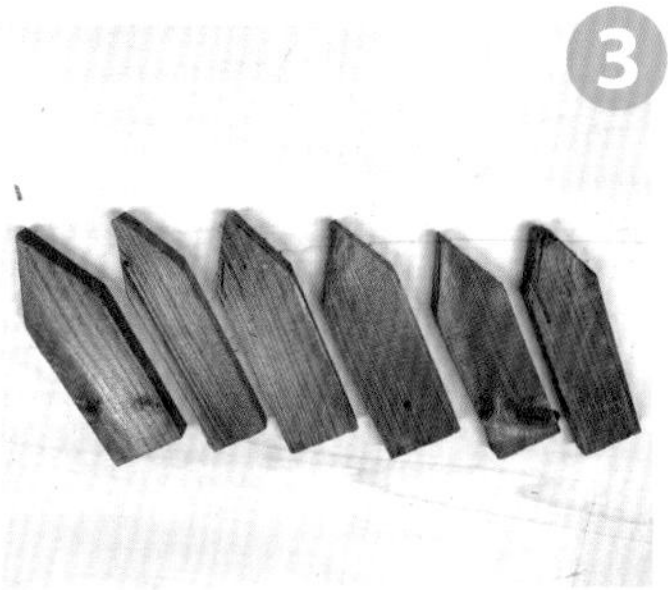

敷石の周囲に打つ杭を用意します。杭の長さは15cmほどで、6本程度必要です。

仮置きした敷石の周りに穴を掘る目安の杭を打ちます。杭は外周から約10cmほど離すようにします。

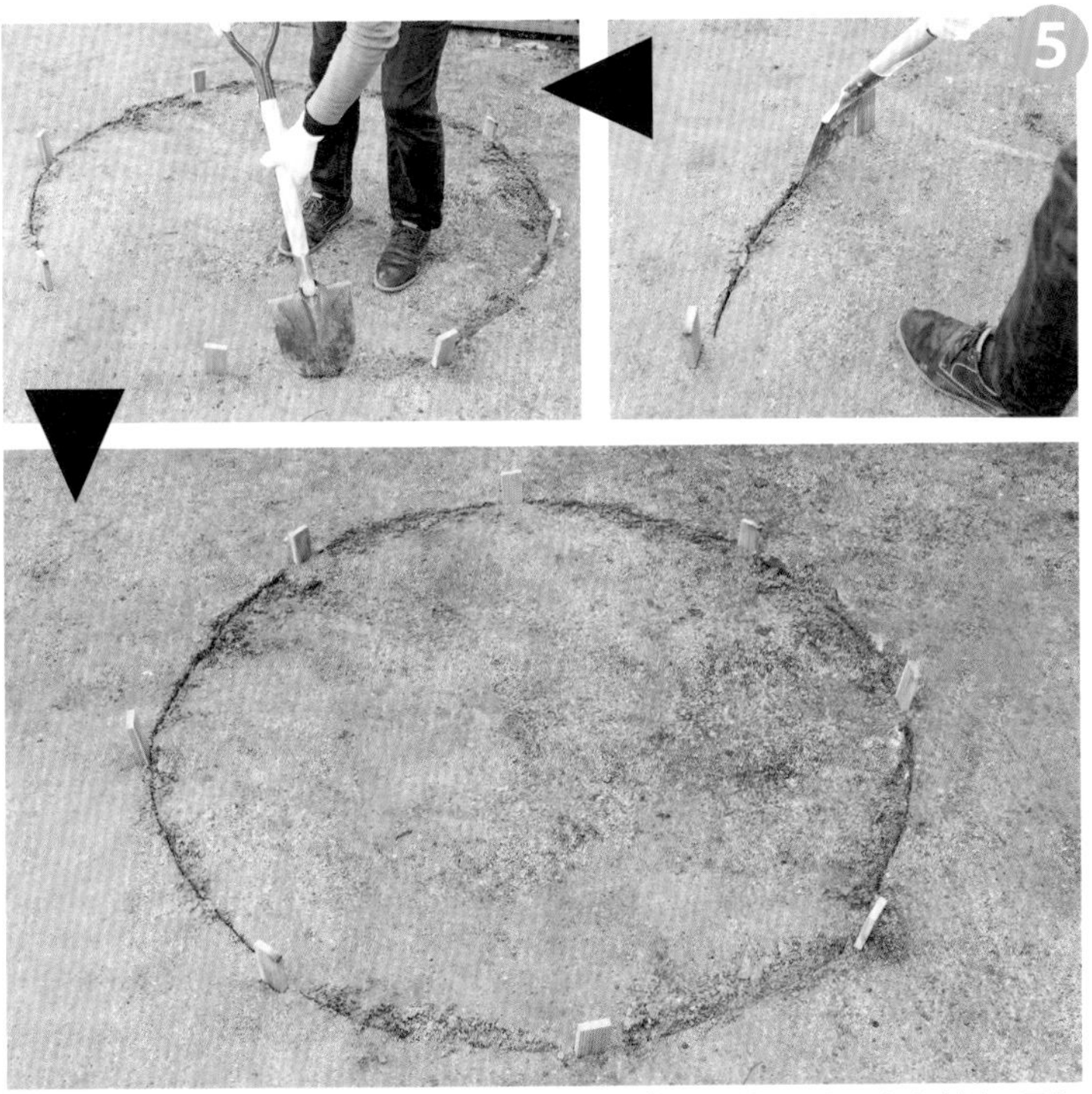

仮置きした敷石を取り除きます。そして、スコップで杭に沿ってしるしを付け、円を描きます。

円の内側の土を掘っていきます。穴の深さは敷石の厚みに対して+3cmなので、今回は7cmの深さにします。

平らにならして段差をなくします。角材の上に水平器を置いて水平を確認します。

掘った地面を平らにした状態です。地面がやわらかい場合は、踏み固めてください。

水平器の使い方

気泡管の中の気泡が目盛りの真ん中にあれば、水平、垂直です。

気泡が真ん中から外れているときは、気泡がある方を下げて修正します。

砂を敷《し》き詰めて基礎を仕上げる

1

掘った地面に川砂を敷き詰めます。砂の厚みは4cmを目安にしてください。

2

全体に川砂が行き渡るように手でならしていきます。

3

砂を全体に敷き詰めた後、角材を使って平らにしていきます。弧を描くようにして砂をならしてください。

4

4cmの角材を穴を掘った上に置き、地面との高さを合わせるため水平器で確認します。段差がある時は、平らにしてならしてください。

5

2本の角材を円にクロスさせて中心をとります。メジャーで測って中心に、杭を差し込みます。

ここがポイント！

敷石と同じ厚みの角材を用意

敷石の厚みと同じ4cmの角材を用意します。角材の目的は、敷石を置いた時に、掘っていない地面と高さを水平に保つために使用します。

敷《しき》石《いし》を設置して形を作る

内周に使用する敷石のセンターパーツを杭に合わせて置きます。1枚置いたら残りを3枚置いて円を作ります。

外周に使用する敷石の1枚目を置きます。目地分のすき間がとれるように置いてください。

ここが
ポイント!

敷石の水平をしっかりとる

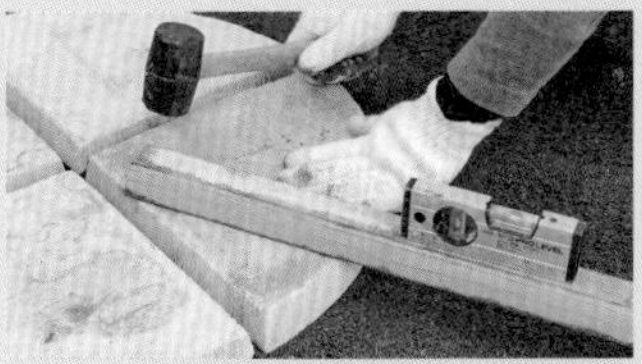

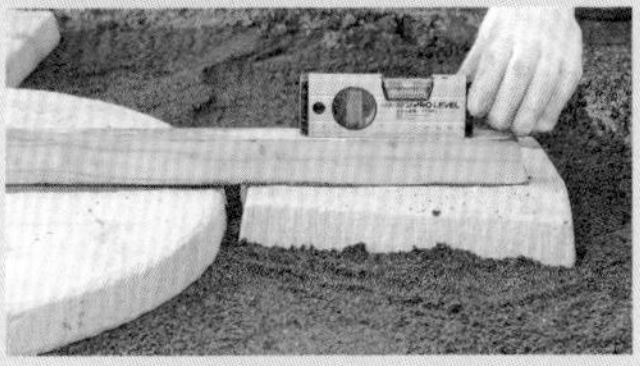

置いた敷石と地面の高さを同じにするため水平器を使って確認します。高さを同じにするには、ゴムハンマーで叩いて微調整をします。

2枚目以降を並べて置く時は、隣のすき間が同じ幅になるようにすると見栄えが良くなります。

センターパーツとファーストパーツをすべて敷き終えた状態です。

目地砂を撒《ま》いて砂利《じゃり》を敷《し》き詰める

敷き終えたセンターパーツとファーストパーツのすき間を埋めるため、目地砂を撒きます。

センターパーツを中心に、しっかり目地砂がすき間に行き渡るように手でならしていきます。

手でならした後、左官ブラシで目地砂の高さを調整します。強くこすると敷石が動いてしまうので注意してください。

エッジ部分から外側に、化粧砂利を敷き詰めていきます。

角材などで平らにした後、足で踏んで化粧砂利を固めていきます。化粧砂利が地面になじんだら完成です。

難易度 ★★★☆☆

ウッド花《か》壇《だん》

木の温もりが草花の美しさを引き立てる

玄関まわりや庭のアクセントとして草花を植えて、色とりどりの表情が楽しめる花壇。手づくりの花壇は自由度が高く、草花の種類や設置する場所に合わせて作ることができます。レンガや石積みなどの多彩な花壇がある中で、設置する場所を温かみのある雰囲気にしたいならウッド花壇がおすすめです。規模が小さいものであれば誰でも作ることができます。

　土留めの仕切りを木製にすることで木の本来の温もりと木目の美しさのナチュラルな質感が相まって、おしゃれな雰囲気を演出。洋風・和風にも溶け込みます。さらにウッドを塗装することによってポップなテイストからアンティークな風合いまで幅広く楽しむことができます。お好みの花の彩りを楽しめる花壇を目指しましょう。

道　具

- ■スコップ
- ■ゴムハンマー
- ■トロフネ
- ■レンガゴテ
- ■練りクワ
- ■トレイ
- ■ジョーロ
- ■園芸スコップ
- ■バケツ
- ■ハケ
- ■左官ゴテ
- ■左官ブラシ
- ■水平器

材　料

- ■角材(90×90mm)
- ■2×6材
- ■川砂
- ■ドライモルタル
- ■木部用塗料

花壇の下地の基礎を作る

設置する場所の雑草などを取り除いて整地します。土留めに使用する角材を仮置きして花壇のサイズを決めます。

角材の外側と内側に、スコップで溝を掘るラインを引きます。

全体にラインを引いたら角材を取り除きます。ラインは溝を掘る目安なので、正確でなくても大丈夫です。

スコップでラインに沿って溝を掘っていきます。溝の深さは10cm程度を目安にします。

ラインに沿って全体を掘って溝にしたところです。溝の部分の地面は足で踏んでしっかり固めます。

スコップを使って溝の部分に川砂を敷き詰めます。

敷き詰めた川砂を手で平らにします。

敷き詰めた川砂を平らにしたら、しっかり固めていきます。角材などの当て木で上から叩くと効果的です。

川砂をしっかり固めたら、花壇の基礎の下地作りができました。

花壇の場所選び こんなところがおすすめ

花壇を設置する最も大切な条件は、植物が元気に育つという点です。日当り、風通しがよく、強い西日を遮れるなど、植えたい植物の性質に合っていると最適です。さらに地面が固くて平らだと作業がしやすくなります。ただ、こうした好条件の場所は敷地内になかなか見当たらないことも多く、その場合は工夫して改善しましょう。例えば、日当たりが悪い場所への設置は、花壇に高さを出して日当たりを改善できます。

こうした条件の元で、庭の見栄えがよくないスペースや玄関先など人目に付くけど物寂しいスペースなどに設置して変化を出してみましょう。

木部用塗料を塗る

1 土留めの杭にする角材をノコギリや電動丸ノコなどでカットします。長さを不揃いにしてデザイン性を高めます。

2 油性用ハケで角材に木部用塗料を塗ります。角材を立てた時の上面は残して木目に沿って塗るようにします。

3 塗料を浸透させるため15〜30分ほど放置して乾燥させます。乾燥後、ウエスなどで表面の油分を拭き取ります。

4 花壇の背面に立てる2×6材も同じ手順で塗装します 。角材同様に、立てた時の上面を残しておくようにしましょう。

木材本来の美しい仕上がり ワトコオイルがおすすめ！

木材を塗るにはオイル＆ワックスのワトコがおすすめ。植物性油を原料とするワトコは木材表面に塗膜を作らず、木に浸透させて仕上げるので木材本来の美しさや艶のある美しい仕上がりの表情になります。木材 DIY の塗料で人気のアイテムです。

溝にモルタルを敷《し》き詰める

1 コテを使って溝にモルタルを敷き詰めます。コテは材料を多くのせられるハート型のレンガゴテがおすすめです。

2 モルタルは3cm程度の厚みに敷き、左官ゴテを使って平らにします。

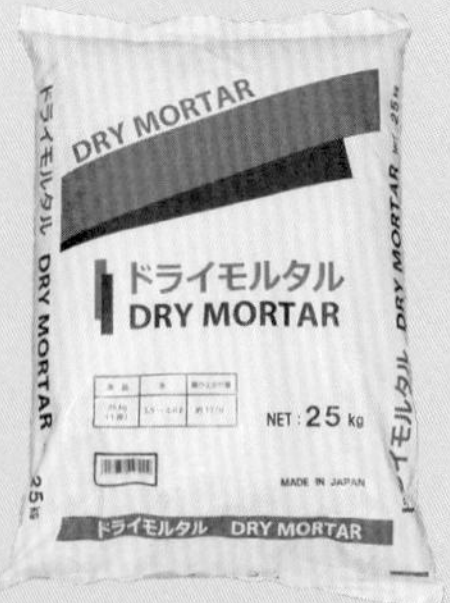

作業の時短が図れるドライモルタル

セメントと砂が 1:3 で調合されたものです。ドライモルタルの特徴は、水を加えて練るだけで簡単にモルタルを作ることができます。

水を加えたドライモルタルを練りクワでよく練り混ぜます。10kg に対して水は約 1.5ℓ が目安です。

トロフネにドライモルタルを入れた後、水を少しずつ加えます。

角材を立てて土留めの仕切りを作る

角材を上から押して、モルタルに沈むようにして1本目を立てます。ゴムハンマーなどで角材を上から叩いて固定させます。

2本目以降も1本目と同じ作業を繰り返します。角材の並びは高低差を生かしてデザイン性を高めるようにバランスを考慮して並べていきます。

角材を立てて土留めの仕切りができたら角材が平行に並ぶように調整します。

花壇の背面のところに2×6材を立てます。角材を立てた時と同じように、ゴムハンマーで上から叩いてモルタルに固定させてください。

角材を安定させるため、スコップを使って角材や背面の2×6材の外側部分に川砂を充填します。

角材などで上から押さえて、充填した川砂をしっかり固めます。同じように内側にも川砂を充填し、しっかり固めてください。

スコップで掘った土を溝に戻して埋めます。地面になじむようにして、角材や2×6材がぐらつかないように固めます。

角材と2×6材の塗り残した上面をハケを使って塗装します。乾燥させた後、ウエスで拭き取るようにしてください。

仕切りの内側に掘った土を戻します。この時、小石などは取り除くようにしてください。

仕切りの外周に砂利を敷き詰めて周囲となじむようにしたら完成です。完成後はモルタルが固まるように、1日置いてください。

ウッド花《か》壇《だん》に植物を植える

ウッド花壇が完成したら、いよいよ植栽です。まずはどんな目的で植物を植えるかをイメージします。例えば、花で家全体の雰囲気を明るくしたい、草花で目隠ししてプライベート空間を保ちたいなど、用途に合わせて草花を選びます。そして植物を植えた後のお手入れも肝心です。

植物を元気に育てるには基本的な水やりに加えて２つのポイントが大切です。

❶花がら摘みをする

咲き終わった花やしぼんだ花は、病気の原因になるので剪定しましょう。

❷定期的に肥料を与える

肥料が不足すると葉が黄色くなってしまいます。液体や錠剤タイプのものを定期的に与えるようにしましょう。

これらを注意して大事に育ててください。

花壇に肥料を含んだ培養用土を入れて平らにならします。土の量は最も低い仕切りから少し下に余裕を持たせます。

植物を鉢入れの状態のまま仮置きします。後ろに高い植物を置き、前に低い植物を植えるように配置します。

植物同士の隙間に用土を充填していきます。同系の植物の高さが違う場合は、土を補充して高さを揃えます。

植物を鉢から取り出して本入れをします。植物の生長を見込んで、植物同士の隙間を少し空けるようにします。

ここがポイント!

植物の根元をチェックして本入れしよう

根元は根をはさみで切らずに軽くついてほぐします。球根の花はほぐさずにそのまま本入れをしてください。また、根が伸び過ぎて巻き付いているものは、根元をほぐしてから植え付けます。

すべての植物を鉢から取り出したら、園芸スコップで鉢の高さまで用土を補充して植物の根を埋めていきます。

棒で軽く突いてすき間を埋めます。そしてジョーロで水を撒いて土にたっぷり含ませます。

水やりをしてしばらくすると土が水分を含むので沈みます。もう一度、用土を補充して水やりをしたら完了です。

花壇に板《いた》塀《べい》を作る

素敵な背景で草花を引き立たせる

難易度 ★★☆☆☆

道　具

■電動ドリルドライバー
■ドリルビット
■サンダー
■ハンマー
■ノコギリ

材　料

■支柱：角杭　30×40mm　長さ1200mm
■横桟：角材　30×40mm
■縦板：スギ材　9×90mm
■ステンレスコーススレッド　25mm、75mm

1
塀を作る範囲を決め、両端と中間に支柱の杭を打ち込みます。できるだけまっすぐにし、高さをそろえるようにします。

2
支柱の間隔に合わせてカットしたヨコ桟を、支柱の上部に75mmの木ネジを打って固定します。

3
中ほどの高さのところにも、寸法を合わせてカットしたヨコ桟を、75mmの木ネジを打って固定します。

4
塀のデザインに動きを出したい場合は、ヨコ桟より高くなる長さで、好みの長さ、形にタテ板の先端をカットします。

5
タテ板の並べ方を決め、ローラーバケを使って屋外木部用塗料で塗装します。

6
25mmのコーススレッドを打って、ヨコ桟にタテ板を固定します。すき間をそろえるには、適度な厚みの端材で調整します。

難易度 ★★★☆☆

レンガ花《か》壇《だん》を作る

手づくり花壇で洋風ガーデンの雰囲気をアップ

庭の景観が単調にならないように、視覚的なポイントにできるのが花壇です。フェンスに沿って細長く作ったり、丸く小さく囲ったものを数カ所に作ったり、形や配置で庭の印象を変えることができます。

洋風花壇の素材としておすすめなのがレンガです。手ごろなサイズで作業がしやすく、植物の生育に適した通気性や透水性を備えています。ホームセンターでも、一般的な赤レンガのほかに、ベルギーレンガやアンティークレンガなど、色や質感の異なる種類が選べるようになりました。これらを利用して、自由なデザインで作ってみましょう。

■土壌が悪いときには改良を

排水性などが悪い土壌に、根を深く張る植物を植える場合は、事前に地面を30〜50cmほど掘り起こして堆肥などを入れ、土壌を改良しておきましょう。

道　具

- ■レンガゴテ or ブロックゴテ
- ■ヘラゴテ
- ■トロフネ
- ■練りクワ
- ■スコップ
- ■タガネ
- ■ハンマー
- ■バケツ
- ■スポンジ

材　料

- ■レンガ
- ■インスタントモルタル
- ■砂

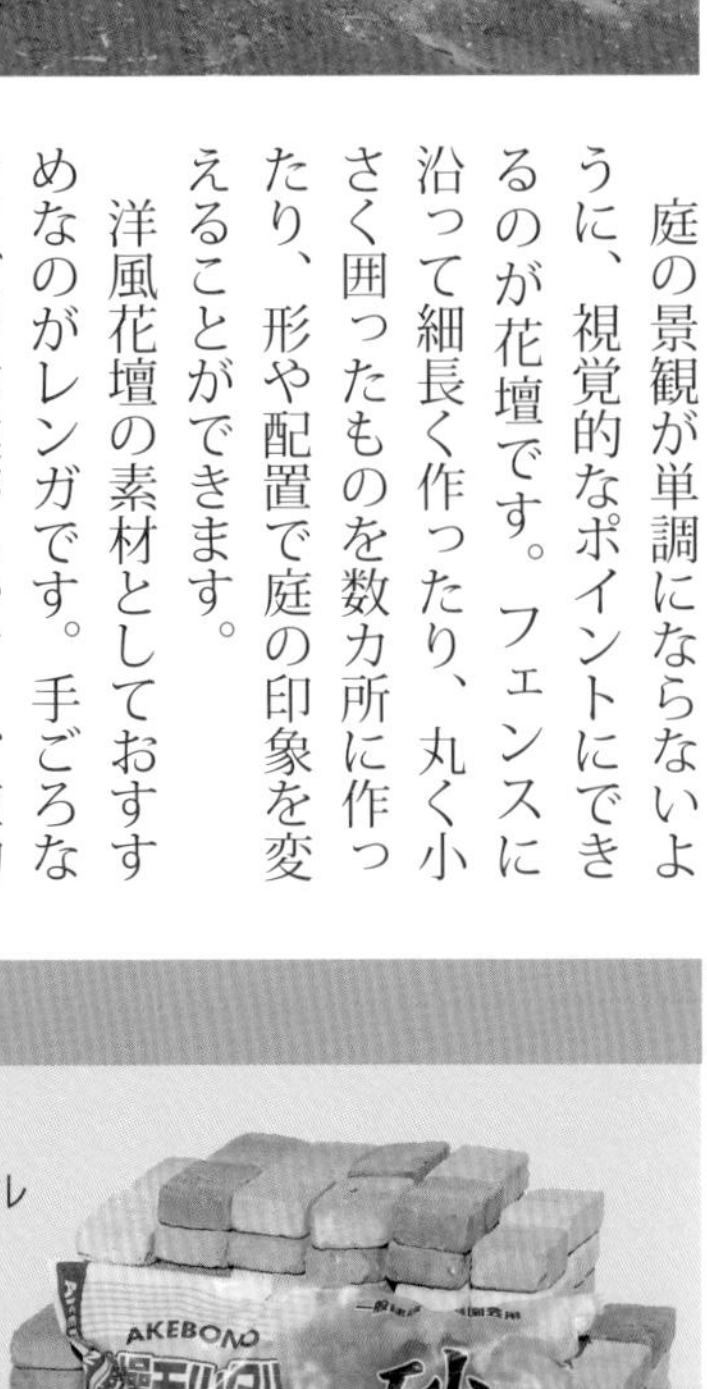

立体感のある2段式花壇を作る

大きい石や雑草などを取り除いた後、レンガを仮置きしてレイアウトを決め、スコップなどで地面にしるしをつけます。

レンガを置くところをスコップやクワを使って５cmほどの深さに掘り下げ、沈まないようによく踏み固めます。

溝のなかに２cm程度の厚みになるように砂を敷き、平らにならした後、レンガでたたいて固めます。

イメージしたレイアウトどおりに１段目のレンガを並べます。内側にすき間ができないようにし、高さをそろえましょう。

１段目と半分ずらして２段目を積みます。水で練ったモルタルを２列に置き、それを押しつぶすようにレンガをのせます。

両端には半分に割ったレンガをのせます。タガネを使ったレンガの割り方は、P131を参考にしてください。

１個ずつ高さと水平をそろえながら積みます。縦目地にもモルタルを入れ、目地の幅は１cm以上にしておきます。

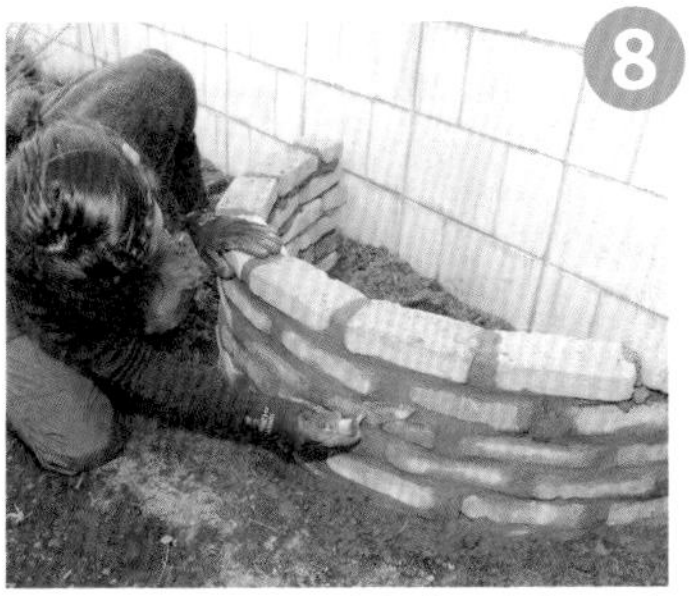

同じように３段目以降を積みます。固まる前にはみ出したモルタルをかき落とし、ヘラゴテで目地を整えます。

内側の花壇を積み終えたところです。レンガの面より少しへこむように目地を作ると、素材の立体感が強調されます。

外側の花壇を、同じようにして２段低く積みます。わざと間隔を変えたり、曲げたりすると、より手づくり感が出ます。

水を含ませたスポンジでレンガをふき、表面についたモルタルを取り除きます。足もとの土を埋め戻して完成です。

２～３日おいてモルタルが固まったら、植えたい植物にあった園芸用土を入れ、植栽を楽しんでください。

難易度 ★☆☆☆☆

既《き》成《せい》のエッジで花壇《かだん》

誰でも簡単にできる ガーデニングのはじめの一歩

材　料

■エッジ用の花壇材各種
■園芸用の土

道　具

■スコップ
■園芸スコップ
■ゴムハンマー
■はさみ
■ジョーロ

プランターで花壇ができる

ブロックタイプのプランターは、積み重ねることが可能なので花壇として楽しむことができます。他のブロックと組み合わせることで自分好みの花壇を簡単に作れます。

設置したい場所にプランターを置き、内側に土を入れたらできあがりです。

　自宅の庭に草花を植えて色鮮やかなガーデニングを楽しみたいが、花壇を作るのが難しいと考えている人におすすめなのが、既成のエッジで作る花壇です。

　既成のエッジ花壇材は、本物のレンガを積み上げたようなデザインをはじめ、木製連杭の柵やフェンスのようなものまで、おしゃれなデザインが揃っています。庭のアクセントや壁面のアレンジなどが簡単にできるのです。

　また、既成の花壇材は一般的に土圧に強く、土漏れの心配もないので安心です。そして、水はけの悪い庭でも土を盛るので草花の根が生長しやすくなります。面倒な作業がないのではじめて花壇作りのＤＩＹにはおすすめのアイテムです。

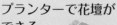

Pattern 1 ジョイントタイプ

直角も並列も簡単に連結することができます。レンガ調などのおしゃれなデザインを選ぶと庭のアクセントに最適です。

1 花壇を作りたい場所の位置を決め、ショベルでしるしを引きます。

2 エッジを埋めやすいように、しるしを付けた場所に溝を掘ります。

3 上から押したり、ゴムハンマーなどで軽く叩いてエッジを埋めます。

4 内側に用土を入れたら完成。土容量の目安は3枚の使用で約30ℓです。

Pattern 2 一体型シートタイプ

ロール構造なので直線はもちろん、コーナーや曲線などの場所への設置も簡単に囲むことができます。

1 設置場所を決めてしるしを引きます。エッジが余る場合ははさみで切ります。

2 溝を掘ったところに上から押してエッジの先端部分まで埋めます。

3 不安定な時は、ゴムハンマーで倒れない高さまで打ち込んで調整してください。

4 内側に土入れをします。土の高さは縁から余裕を持たせるように入れてください。

Pattern 3 レンガタイプ

積み重なった赤レンガを再現。本物のレンガのように一つずつ積み上げる必要がないので簡単に花壇の設置ができます。

1 花壇の設置場所を決めたら、整地して砂を補充して平らにします。

2 エッジ同士を連結します。強度を高めたい場合は、専用接着剤を塗って連結します。

3 レンガの内側に土を入れます。カーブを4個使用した土の目安は約25ℓです。

4 鉢から出した花を植えた後、土を足して調整をしたら完了です。

難易度 ★★☆☆☆

プランター植えシンボルツリー

外構のイメージがガラリと変わる

玄関や庭に植えるシンボルツリーは、「家の象徴」となる樹木を指します。新築祝いをはじめ、新しい家族の誕生や家族の繁栄などの願いを込めた記念樹として植えられます。このシンボルツリーは、そんな願いの他に建物の景観に彩りを添えて引き立ててくれる役割も担っています。

地植えでシンボルツリーを植えるとなると、専門的な知識が必要でかなりの労力を要します。そこで、今回紹介するのはプランターに植え込みするシンボルツリーです。地植えの時に重要なポイントになる場所選びに困ることなく、ベランダにも飾れるのでマンションにも適しています。自身の住まいに合ったシンボルツリーを飾ってみてください。

プランターだと季節や日照条件などの環境の変化に合わせて場所を移すことが可能です。

秋になるとオレンジ色の花が咲き良い香りを醸すキンモクセイ

今回、シンボルツリーに選んだキンモクセイは常緑樹で、香りの良い樹木の代表的な一つです。秋頃にはオレンジ色の特徴のある良い香りを出す花を咲かせます。育つと5mくらいまで大きくなるので1年に1回は剪定するようにしましょう。鉢は12号(直径約36cm)を使用しています。

シンボルツリーを植える

プランター植えに必要な培養土と鉢底石を準備します。鉢底石は、水はけを良くするために軽石を選びます。

キンモクセイを植える鉢に軽石を敷きます。軽石の厚みは鉢の下部の縁が目安ですが、縁がない場合は2〜3cmです。

軽石の上から培養土を入れます。土の量は底から 1/3 程度です。キンモクセイの根の深さで調整してください。

手で平らにしながら培養土をならします。そして、キンモクセイを置く位置（中心）にくぼみをつけます。

くぼみをつけたところにキンモクセイを置きます。根に巻かれている麻布はひもを解かずにそのまま植え付けます。

培養土を鉢の縁から注いで充填していきます。ウォータースペース（鉢の内側にある目印ライン）まで培養土を補充します。

再び手で培養土を平らにならしていきます。キンモクセイの麻布がしっかり隠れるようにしてください。

棒状のものでつついて培養土をすき間に詰めます。角材がない場合は、割り箸を代用しても良いです。

培養土にたっぷり水を含ませます。鉢の底から水が流れ出るくらいに、水やりをしてください。

3〜5分ほど放置した後に、水を含んだ土の空気が抜けて土が下がるので、再度培養土を補充します。

もう一度水をたっぷり与えたら、プランターへの植え込みの完了です。

シンボルツリーにおすすめの樹木

シンボルツリーとはその名の通りその家のシンボルとなる樹木です。庭のイメージを決める大きな要素となるので、家の印象と合うもの、一本でも楽しめる魅力あるものを選びましょう。

その家の象徴となる大切なシンボルツリー

シンボルツリーは、庭の中心となる樹木であり名前の通り、その家やそこに住む家族を象徴する大切なものです。

シンボルツリーの選び方に決まりはありませんが、庭の印象を大きく左右し、また一度植えると簡単に植え替えもできません。どのような樹木が家に似合うのか、花が楽しみたいのか、それとも紅葉が見たいのか、また果実を収穫したいのかなどあらかじめ家族で相談し合って慎重に選びましょう。

あまり広くない庭であれば植える樹木の大きさも重要です。生長しても家より高くなり過ぎず、低くなり過ぎないほど良い高さのバランスになる樹木を選ぶのがポイントです。また、シンボルツリーを補う低木や、落葉樹なら常緑樹、常緑樹なら落葉樹などをバランスよく組み合わせると庭に奥行き感を演出でき家の印象を際立たせることが可能です。

シマトネリコ

モクセイ科／常緑性・中高木
日照：日向～半日陰
植え付け時期　3月～5月
和風、洋風どちらにも似合う雑木。5月下旬～7月にかけて枝先に小さな白い花を付ける。亜熱帯の植物で暑さや湿気に強い。

オリーブ

モクセイ科／常緑性・高木
日照：日向
植え付け時期　3月～4月
葉の色が明るく品種により樹高があまり高くならないため洋風の庭に似合う庭木として人気が高い。果実も収穫できる。

ヒメシャラ

ツバキ科／落葉性・中高木
日照：日向～半日陰
植え付け時期　12月～3月
赤褐色の樹皮を持つ育てやすく樹形の美しい落葉樹。6月から7月頃に椿に似た2～2.5㎝程度の白い花を咲かせる。

ギンバイカ（銀梅花）

フトモモ科／常緑性・低木
日照：日向
植え付け時期　3月～4月
5月～7月頃に白い花を咲かせ、その葉はマートルの名でハーブとしても親しまれている。果実も収穫でき食べることも可能。

ハナミズキ

ミズキ科／落葉性・高木
日照：日向
植え付け時期　12月～3月
しなやかな枝ぶりが魅力の落葉性広葉樹。4月～5月ごろには白やピンクの花を付け秋には紅葉や果実などが楽しめる。

常緑ヤマボウシ

ミズキ科／常緑性・高木
日照：日向
植え付け時期　3月～5月　10月～11月
葉色が明るく洋風の家や庭に似合う常緑樹。紅葉も楽しめ果実は食用になる。梅雨の時期に白やピンクの花をつける。

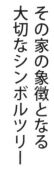

ソヨゴ

モチノキ科／常緑性・高木
日照：日向～半日陰
植え付け時期　4月～5月　8月～9月

美しい緑色の葉が乾いたような質感を持ち風が吹くと独特の音を立てる。成長が遅くあまり手間がかからない。10月～11月にかわいらしい小さな赤い実を付ける。

フェイジョア

フトモモ科／常緑性・中高木
日照：日向
植え付け時期　3月～4月

フトモモ科の熱帯果樹でオリーブに似た葉を持ち、10月下旬～11月上旬ごろに緑色で鶏卵ほどの大きさの果実を付ける。熟した果肉は柔らかく甘みが強い。

ソテツ

フトモモ科／常緑性・低木
日照：日向
植え付け時期　5月～9月

南国のヤシの木のような見た目をした常緑性の低木。幹の先に束上の厚くて艶のある羽状の葉をつける。土質はあまり選ばないが乾燥に強く水はけのよい土壌を好む。

カラタネオガタマ

モクレン科／常緑性・高木
日照：日向～半日陰
植え付け時期　3月～4月

モクレンに似た花木で5月～6月ごろに甘い香りを放つクリーム色の小さな花を咲かせる。成長がゆるやかなので剪定の手間があまりいらず比較的育てやすい。

シラカシ

ブナ科／常緑性・高木
日照：日向
植え付け時期　5月～6月

シラカシはカシ類の一種で材木にしたとき材が白いことから「シラカシ」と呼ばれる。暑さや乾燥に強く、ドングリがなる木の一つでもある。

ヒメシャリンバイ（姫車輪梅）

バラ科／常緑性・中低木
日照：日向～半日陰
植え付け時期　3月～4月　9月～10月

枝先から多数出る小枝が車軸のように見えることから車輪梅の名がついた。生長が遅いため剪定の手間も少なくて育てやすい。梅に似た小さな花が楽しめる。

ヤマモミジ

ムクロジ科／落葉性・高木
日照：日向～半日陰
植え付け時期　12月～3月

春から夏には若々しい緑の葉を、そして秋には美しい赤や黄色のグラデーションの紅葉を楽しませてくれる人気の樹木。日本の気候風土に適しており管理が楽。

エゴノキ

エゴノキ科／落葉性・中高木
日照：日向
植え付け時期　11月～3月

果皮が有毒でえぐみがあることからエゴノキの名がついた。北海道以外の地域で植栽可能の雑木で5月から6月に釣り鐘状の白い花を下向きにつけ、秋に卵形の果実がなる。

アオダモ

モクセイ科／落葉性・高木
日照：日向～半日陰
植え付け時期　1月～2月

雑木の庭に似合うとして人気が高いのがバットの材料としても知られるアオダモ。4月～5月ごろに白やクリーム色の花を咲かせ樹冠に雪が降り積もったように見える。

花を楽しむ樹木

庭を華やかに飾る花木。その中でもシンボルツリーとして庭に取り入れやすいおすすめの樹木を紹介します。

花によって季節の移ろいが感じられる

庭やその家の印象を大きく左右するシンボルツリーとして、美しい花を咲かせてくれる花木を植えたいと考えている方も少なくないでしょう。花木は、その樹木を彩る花々から、季節の移り変わりを強く感じられるのも大きな特徴です。

花木を育てるのは難しいと思われるかもしれませんが、栽培しやすいものも多く一度根づけば手間もかからず意外に育てやすいものも少なくありません。

ヤマボウシ

ミズキ科／落葉性・中高木
日照：日向～半日陰
植え付け時期　2月下旬～3月、11～12月
同属であるハナミズキと似た白い花をつけるが開花時期が遅く梅雨時に花が楽しめる。華やかさは少ないが、里山風庭園などにぴったりの雑木として人気が高い。

ジンチョウゲ（沈丁花）

ジンチョウゲ科／常緑性・低木
日照：半日陰
植え付け時期　3月～4月、9月～10月
甘い香りを放つ美しい花をつけることから人気のある花木。樹高は1m~1.5mほどとコンパクトで生長しても丸く樹形を保ってくれるので特に剪定は必要ない。

モッコウバラ

バラ科／常緑性・低木
日照：日向～半日陰
植え付け時期　10月～11月
非常に丈夫で、病害虫の被害も少なく育てやすいバラ。4月～5月ごろに開花し花は白や淡い黄色で一重咲きと八重咲きがある。生育も旺盛で定期的な剪定が必要。

キンモクセイ（金木犀）

モクセイ科／常緑性・高木
日照：日向～半日陰
植え付け時期　3月～4月
9月から10月ごろにかけて強い芳香を放つオレンジ色の小さな花を密生させながら咲かせる。夏の高温多湿にも耐える丈夫な花木だが寒さにはやや弱い。

ムクゲ

アオイ科／落葉性・低木
日照：日向
植え付け時期　12月～3月
大変丈夫なことから道路脇の街路樹などにも利用されるムクゲは育てやすいのが特徴。8月から9月の夏の時期に白やピンクなどの美しい花を咲かせる。

ハクモクレン

モクレン科／落葉性・高木
日照：日向
植え付け時期　1月～3月
3月～4月ごろにコブシに似た白い花を咲かせる。花は見た目に美しいだけでなく甘く上品な香りも楽しめる。10m～15m近くになることもあるのでこまめな剪定が必要。

実のなる樹木

緑の葉や花だけでなく、なった実を食べたり鑑賞したりできる樹木もシンボルツリーとしておすすめです。

四季の楽しみがさらに広がる果樹

シンボルツリーとして実のなる樹木を植えるのもおすすめです。緑の葉や美しい花が楽しめるだけでなく食べられる実なら収穫を楽しむことが可能です。そのため、四季を通じての楽しみがさらに広がります。

注意点は大きく生長する種類の果樹は予想外に庭のスペースを取ってしまうこと。植える場所にも注意して、定期的な剪定は必ず行うようにしてください。比較的育てやすいおすすめの実のなる樹木をご紹介します。

レモン

ミカン科／常緑性・低木
日照：日向
植え付け時期　3月～4月

強い酸味とさわやかな香りが特徴のレモンは柑橘類の中でも比較的丈夫で初心者でも育てやすい。花は5月、7月、9～11月ごろと年3回ほど咲き実の収穫時期は11月中旬から。

ジューンベリー

バラ科／落葉性・低木～高木
日照：日向～半日陰
植え付け時期　11月～3月

6月以降に果実が収穫できることからジューンベリーの名がついた。実付きが良く果実は紅色から紅紫色で甘く生食が可能。また、ジャムや果実酒などとしても利用できる。

ブルーベリー

ツツジ科／落葉性・低木
日照：日向
植え付け時期　1月～2月　11月～12月

栽培しやすくあまり大きくならないので初心者にも育てやすい果樹。果実は6月～9月ごろに収穫でき、そのまま生食やジャム、ジュースなどで幅広く楽しめる。

イッサイユズ（一才柚子）

ミカン科／常緑性・小高木
日照：日向
植え付け時期　3月～4月

柚子の仲間で、果実が小さく短期間で実ができることから「一才柚子」と呼ばれている。「はなゆず」、「ハナユ」などとも呼ばれる。1本で結実し、病気にも強いのも特徴。

ユスラウメ（山桜桃梅）

バラ科／落葉性・低木
日照：日向
植え付け時期　12月～3月

梅に似た花を枝いっぱいに咲かせるユスラウメは寒さに強く比較的育てやすい。梅雨の入りしてから間もなく付ける真っ赤な小さい実は生食のほか、ジャムなどにも利用される。

センリョウ（千両）

センリョウ科／常緑性・低木
日照：半日陰～日陰
植え付け時期　4月～5月

11～1月ごろの冬の時期に赤や黄色のかわいらしい実を付けるセンリョウは正月の縁起物としても昔から利用されている。日陰に強く栽培しやすいうえ実もよくつける。

一年草《いちねんそう》と多年草《たねんそう》、宿根草《しゅっこんそう》

草花には一年草や多年草、宿根草など育ち方のサイクルによる分類があります。
それぞれどう違うのかその特徴の違いを解説します。

多年草と宿根草は違う？それとも同じ？

　種や苗のラベルを見ると、そこには多年草や宿根草、一年草などと書かれているのに気がつくはずです。これらは何が違うのか、それは育ち方のサイクルです。「多年草」はその名の通り、開花から結実後も枯れることがなく、このサイクルを多年にわたって繰り返す草花の総称です。何年も続けて花が楽しめ、毎年植え替えをする必要がないため経済的なのも特徴です。

　そして多年草の中でもシーズンが過ぎると地上部分が枯れ地下に根が残り、翌年に再び花などを咲かせるものがあります。それが「宿根草」です。多年草が大きなくくりで宿根草は多年草の一部と考えればいいでしょう。

パンジー / ビオラなどの一年草とマーガレットなど多年草を組み合わせることで一年中華やかな花壇を楽しむことができる。

ギボウシ（ホスタ）など斑入りの多年草は、花がない時期でもその個性的な葉の紋様や色を楽しむことができる。

一年でサイクルを終えるのが一年草

　一年草はその名の通り、一年でサイクルを終え枯れてしまう草花です。ただ多年草でも日本の気候に合わず一年で枯れてしまうものもあります。それらは多年草ながら一年草扱いとなります。多年草と一年草は組み合わせて栽培すると一年を通して花を楽しむことができます。

彩り華やか花壇の主役
一年草

発芽から開花、枯れるまでを一年で終える一年草。持てるエネルギーを一年ですべて使いきることから鮮やかで大ぶりな花が楽しめます。

管理が簡単で鮮やかな花を咲かせる一年草

一年草はその名前通りで、一年という短いサイクルで発芽から開花、結実までを終える草花のことです。生育スピードが早めで、花が咲き結実するとやがて枯れるので管理が比較的簡単です。

また、鮮やかな花を咲かせるものや丈夫で育てやすいものなど種類が豊富なのでガーデニング初心者でも育てやすいでしょう。最初は苗から育てるのがおすすめですが種が取れれば翌年また栽培して楽しむことが可能です。

インパチェンス

ツリフネソウ科／一年草
日照：半日陰
植え付け時期　5月〜7月
日当たりの悪い場所でもよく育つインパチェンスは生育が早く、生長すると株がドーム状に盛り上り株いっぱいに花を咲かせる。花色は白、赤、朱赤、ピンクなど。

コスモス

キク科／一年草
日照：日向
植え付け時期　4月〜9月
6月から11月頃にかけてピンクや白、赤やオレンジといったカラフルな花を咲かせるコスモスは、丈夫で土質をあまり選ばないため初心者でも育てやすい。

パンジー／ビオラ

スミレ科／一年草
日照：日向
植え付け時期　10月〜12月
花の大きいものをパンジー、小さいものをビオラと一般的に呼ぶ。秋から春にかけ花が咲く。冬を代表する植物の一つで花色が豊富なため庭を華やかに彩ってくれる。

ペチュニア

ナス科／一年草（多年草）
日照：日向
植え付け時期　4月〜6月
生長が早く大輪から小輪、八重咲きなど品種が多いため花壇を飾る花として人気が高い。本来は多年草だが日本の気候条件では一年でサイクルを終えるため一年草として扱われる。

ネモフィラ

ムラサキ科／一年草
日照：日向〜半日陰
植え付け時期　2月〜4月
花壇やコンテナの寄せ植えなどに利用されるネモフィラは爽やかなブルーの愛らしい花を咲かせる。草丈は10〜30㎝ほどで花壇のグランドカバーとしても人気が高い。

マリーゴールド

キク科／一年草（一部多年草）
日照：日向
植え付け時期　4月〜6月
花壇を飾る定番の花として人気が高いのがマリーゴールド。4月から12月ごろまで黄色やオレンジ色の華やかな花を咲かせ長期間楽しませてくれる。品種も多彩。

一度植えれば何度も花が楽しめる
多年草・宿根草

植えておけばシーズンが来るたびにきれいな花を咲かせてくれる多年草（宿根草）。あまり手間がかからないのも大きな魅力です。

常緑性の多年草なら グランドカバーにもなる

多年草はその名の通り、一度植えてしまえばその後何年にもわたって花を咲かせてくれるとても経済的な植物です。常緑性多年草なら寒さなどに注意することでグランドカバーとして一年を通じてきれいな庭を維持するのにも役立ちます。

そして、宿根草はそんな多年草の一つで、花が終わった後に葉や茎など地上部は枯れ、根は生きているのものです。

ガーベラ

キク科／多年草
日照：日向
植え付け時期　3月～5月、9月～11月
真っすぐに伸びた花茎から5～10cm程度の明るく華やかな花を咲かせるのが特徴。多彩な花色や、一重、八重、スパイダー咲き、セミダブルなど豊富な花形を持つ。

カンパニュラ

キキョウ科／多年草、二年草
日照：日向～半日陰
植え付け時期　9月～10月
風鈴のような花を持つカンパニュラは越冬して春に再び花を咲かせる宿根草。しかし品種によっては一年草、二年草もある。寒さには比較的強いが夏の高温多湿は苦手。

クレマチス

キンポウゲ科／多年草
日照：日向～半日陰
植え付け時期　12月～2月
クレマチスは世界中に多くの品種を持ち花の種類が変化に富んでいるのが特徴。つる性の植物のためトレリスやフェンスなどと組み合わせて楽しむことができる。

アイリス

アヤメ科／多年草
日照：日向
植え付け時期　2月～3月、6月～7月
遠くからでも一目でわかる独特の形をした花が特徴。花色は紫、白などだが品種によっては多彩な花色が楽しめる。毒があるのでペットがいる家庭では注意が必要。

マーガレット

キク科／多年草
日照：日向
植え付け時期　3月～6月、9月～10月
開花期間が11月～5月と長いマーガレットはガーデニングでも人気が高い。1株でも大輪の花が咲く品種など、花形も豊富なため庭を華やかに演出してくれる。

ガザニア

キク科／多年草
日照：日向
植え付け時期　3月～5月、9月～11月
別名クンショウギクの名の通り勲章のようなはっきりとした形とオレンジや黄色など目が覚めるような鮮やかな花色が特徴。グランドカバーとしても人気が高い。

花の咲く季節を考え複数の品種を組み合わせる

宿根草は花が枯れてしまうと地上部が寂しくなってしまいますが、その分冬の間も寒さ対策をしなくても翌年再び葉を茂らせて花を咲かせてくれます。

宿根草を含め多年草は、手間がかからず、一度植えれば水やりや施肥などの手入れがあまりいらない品種も多く比較的管理が楽です。

ただし、花期が短いものも多いので違う季節に咲く多年草や一年草などをうまく組み合わせ、一年を通して美しい花を楽しめるような庭づくりをすることがおすすめです。

常緑性多年草と宿根草

多年草には、一年を通じて葉を茂らせる常緑性のものと、生育期が終わると地上に出ている部分が枯れてしまい根の部分だけで冬を越す宿根草があります。常緑性の多年草でも日本の寒さに耐えられず、冬に枯れてしまう非耐寒性の種類もあるので、多年草でもどのような性質の植物なのか購入前にキチンと調べるようにしましょう。

アジュガ

シソ科／多年草
日照：半日陰〜日陰
植え付け時期　3月〜6月、9月〜11月
日当たりの悪い場所でもよく育つシェードガーデン向けの植物の一つ。乾燥には弱く直射日光は苦手だが丈夫で育てやすく、寒さに強いのでグランドカバーにおすすめ。

芝 桜

ハナシノブ科／多年草
日照：日向〜半日陰
植え付け時期　3月〜6月、9月〜11月
芝のように地面に広がるように生長し、春にはサクラに似た花を咲かせる。常緑で地面を覆いつくすように密生するのでグランドカバーにもなるが踏圧に強くないので植える場所に注意が必要。

エリゲロン

キク科／多年草、一年草
日照：日向
植え付け時期　3月〜5月、9月〜10月
開花した小さな花が徐々に白からピンクに変化することから、これを源氏と平家の白旗と赤旗になぞらえ別名源平小菊と呼ばれる。栽培も容易でグランドカバーにも最適。

クリスマスローズ

キンポウゲ科／多年草
日照：半日陰
植え付け時期　10月〜3月
冬の、花が少ない時期に花を咲かせる。寒さや暑さに強く日陰でも育つため手入れがあまりいらない。種で増やせるが、1株ごとに花色や花形が異なり同じような花を咲かせないのも魅力。

ギボウシ（ホスタ）

キジカクシ科／多年草
日照：半日陰
植え付け時期　2月〜3月
別名はホスタ。斑入りの葉などが特徴的な日陰向きの植物。シェードガーデン用のカラーリーフとしても人気が高い。丈夫で一度植えれば何年も育つためあまり手もかからない。

ウインターコスモス（ビデンス）

キク科／多年草
日照：日向
植え付け時期　4月〜5月
その名の通り10月〜12月の冬の時期にコスモスに似た花を咲かせる。繁殖力が非常に強く、防寒性も高いため越冬が可能だが日が当たらない場所では徐々に弱り枯れてしまうので注意。

強い日差しにも負けない
日向向けの植物

日本の、暑さが厳しい夏の時期でも美しい花が楽しみたいなら、暑さに強い、熱帯・亜熱帯地方原産の植物がおすすめです。

植物にとっても厳しい日本の酷暑

日本の酷暑は人間だけでなく植物にも厳しいもの。そのため、植物によっては暑さに負けて枯れてしまうものや生き残るため夏の間生長を止め休眠するものなどがあります。

もし夏の暑い時期でもきれいな葉や花が楽しみたいなら種類は限られますが日差しや暑さに強い植物を植えましょう。代表的なのはひまわりですがそのほかにもいくつか種類があるのでおすすめのものを紹介します。

サルビア

シソ科／多年草、一年草
日照：日向
植え付け時期　5月～7月
鮮やかな赤い花が印象的なサルビアは中央メキシコ原産で花期が長く育てやすい。花色は赤以外にも白や青などがある。多年草だが寒さに弱く一年草として扱われる。

ジニア

キク科／一年草、多年草
日照：日向
植え付け時期　5月～7月
別名「百日草」と呼ばれるだけあって開花期間が非常に長く、真夏の陽ざしにも負けずに色鮮やかな花を次々と咲かせる。また品種によって花色の種類が豊富なのも魅力。

トレニア

アゼトウガラシ科／一年草、多年草
日照：日向～半日蔭
植え付け時期　4月～8月
東南アジア原産で初夏から秋にかけての暑い時期に小さく可愛らしい花を咲かせる。丈夫で育てやすい植物で丁寧に育てると初夏から秋まで長期間花が楽しめる。

アガパンサス

ムラサキクンシラン科／多年草
日照：日向
植え付け時期　3月～4月、9月～10月
丈夫な多年草であまり手をかけずとも毎年きれいな青い花を咲かせてくれる。寒さにも強いが、冬に落葉し休眠する落葉種と、一年を通して葉が茂る常緑の品種がある。

アメリカンブルー

ヒルガオ科／多年草
日照：日向
植え付け時期　4月～6月
高温や乾燥に強く暑い夏の間でも元気に育ち初夏から秋にかけての長い期間、涼しげな青い花を咲かせてくれる。多年草だが寒さに弱いため寒冷地では一年草として扱われる。

ひまわり

キク科／一年草
日照：日向
植え付け時期　4月～6月
夏を代表する花。明るく鮮やかな黄色い花が特徴で暑い夏でも元気に育ち背丈が数ｍに伸びることもある。小輪のものや大輪のもの、一重咲きや八重咲きなど品種も豊富。

少ない日照でも育てやすい 日陰にも強い植物

庭が日陰でも植物の栽培をあきらめる必要はありません。日陰でも元気に育ち、美しい花が楽しめる植物はたくさんあります。

日陰で育つ植物でシェードガーデンを楽しもう

日当たりが悪いと植物は育たないわけではありません。シェードガーデン(日陰の庭)でないと育たない草花や樹木も実はたくさんあります。ですから庭の日当たりが悪くてもガーデニングをあきらめる必要はありません。

庭が日陰ならばその日照条件に合った植物を選べば美しい庭づくりも可能です。そこで日陰でも育つ、おすすめの植物をいくつか紹介します。

ブルンネラ

ムラサキ科／多年草
日照：半日陰
植え付け時期　3月～5月、9月～11月
美しい斑入りのハート型の葉を持ちシェードガーデンのカラーリーフとしてよく用いられる。4月～5月ごろにはワスレナグサに似た小さなブルーの花を咲かせる。

シュウメイギク

キンポウゲ科／多年草
日照：日向～半日陰
植え付け時期　3月～4月
名前はキクだがキクではなくキンポウゲ科の多年草。半日陰の湿った土壌を好み、夏から秋に白や薄ピンクのかわいい花を付ける。乾燥には弱いが手入れはあまりいらない。

シュウカイドウ

シュウカイドウ科／多年草
日照：半日陰～日陰
植え付け時期　3月～4月
シュウカイドウはバラ科のカイドウに似た花を秋に咲かせることからその名がついた。湿り気のある半日陰でよく育ち、夏から秋の日陰の庭を花で彩ってくれる。

紫陽花

アジサイ科／落葉性・低木
日照：日向～半日陰
植え付け時期　12月～3月
日本産の落葉低木。丈夫で育てやすく、乾燥に気をつければ栽培は比較的簡単。花びらに見えるのは実は花のガクで、花色は、土壌の土壌のpH(酸性度)に大きく影響される。

ツワブキ

キク科／多年草
日照：半日陰
植え付け時期　3月～4月
ツワブキはフキに似た日本原産の植物で斑入り葉を持つ品種はシェードガーデンのカラーリーフとしても使われる。秋になるとキクに似た黄色い花を咲かせる。

ジギタリス

オオバコ科／多年草
日照：日向～半日陰
植え付け時期　3月～4月、10月～11月
真っすぐに伸びた茎からベルのような形のかわいらしい花を穂状につける。本来は宿根草だが暑さに弱く夏に枯れることが多いので二年草として扱われている。

難易度 ★★★☆☆

芝《しば》の張《は》り方

見た目に美しく花壇《かだん》の花とも相性抜群

青々とした芝生は洋風の庭、和風の庭ともよく合い鮮やかなグリーンは花壇の花をより美しく引き立ててくれます。

また夏場は照り返しを減らし暑さを軽減してくれる効果が期待でき、雑草などが生えるのを防止することもできます。そんな見た目に美しく様々なメリットのある芝生をご自宅の庭に張ってみませんか。

芝には高麗芝《こうらいしば》や野芝《のしば》、西洋芝などいくつか種類がありますがおすすめは高麗芝です。園芸用として一般的で、なおかつ丈夫で管理しやすい高麗芝の切り芝（マット状の芝）なら張る作業も決して難しくありません。

ポイントは芝張りの時期と張る場所、そして芝の種類です。まず張る時期は芝が良く育つ春から秋にかけてがオススメです。適した場所は日当たりや水はけが良く風通しの良い環境。ご自宅のお庭がそのような条件に合っているなら、芝張りに挑戦してみてはいかがでしょう。

道具

- ■スコップ
- ■レーキ
- ■ふるい
- ■ほうき
- ■園芸バサミ
- ■ホースリール

材料

- ■切り芝
- ■パーライト
- ■腐葉土
- ■芝の目土

下地を整え、切り芝を張る

芝を張る前にまずは床土づくりを行います。ポイントは水はけをよくすること。雑草や小石などを取り除いてから庭の土をスコップで15cm程度耕します。

耕した土が粘土質で水はけが悪いときには、土に対して、土壌改良材のパーライトを混ぜて水はけを良くします。混ぜたらいったん平らにならします。

次に培養土を全体に敷きます。ふるいで小石などを取り除きながらまくといいでしょう。土に培養土を混ぜると保水性を高めることもできます。

培養土をまいたらレーキなどを使って表面を平らにならしてください。さらに足で踏み固めて凹凸や段差ができないようにしておきます。

使用する芝は扱いやすい切り芝がおすすめです。このようにマット状になっているのでスペースに並べるだけで簡単に張ることができます。

張り方にはいくつかバリエーションがあります。このように隙間なく切り芝を敷き詰めていくのが「べた張り」です。芝を多く使用しますが早く仕上がります。

切り芝の数を節約できる並べ方が「市松張り」です。ただし美しい芝生が完成するまでに一年以上かかるので家庭の庭にはあまり向かないかもしれません。

「目地張り」は切り芝どうしの間に3～5cmくらいの目地(すき間)をあける張り方です。芝の量が節約できますが、目地が埋まるまで時間がかかります。

隅の部分など中途半端な隙間を埋めるには切り芝を園芸バサミなどでカットして使います。切り芝はシート状なので好きなサイズに簡単にカット可能です。

切り芝をすべて張り終えたら芝どうしの隙間を埋めるために芝の上から目土を入れていきます。入れたら目土が全体にいきわたるようにほうきで広げてください。

目土を入れ終えたら芝をしっかりと足で踏み固めます。木の板などがあれば芝の上に敷きその上から足で踏み固めると均等な力を加えることができます。

最後にホースリールを使って水をまきます。張ったばかりの芝は乾燥しやすいので芝生の根まで水がいきわたるようにたっぷりとまいてください。

難易度 ★★☆☆☆

おしゃれな外《そと》水《すい》栓《せん》を作る

シンプルな立水栓を装飾カバーで素敵にアレンジ

屋外の立水栓は、植物への水やりや洗車などにとても便利ですが、樹脂製のシンプルなものが一般的で庭の雰囲気にあわないことがあります。立水栓を交換するとなると業者による工事が必要ですが、既存の立水栓にかぶせるカバー方式であれば、費用を抑えて簡単に好みのデザインに変えることができます。

木材を四角い柱状のカバーに組み立てて屋外用塗料で塗装するだけでもOKですが、漆喰を塗ったり、タイルを貼ったりすると、さらに素敵なアレンジができます。新しい装飾カバーにあわせて水栓金具を交換するのもおすすめです。

Before

■立水栓を装飾するさいの注意

カバー取り付けのために水栓金具を取り外す場合は、必ず作業前に止水栓を閉めて水を止めてください。また、カバーを取り付けたあとは、水もれしないようにシールテープを使って水栓金具を取り付けましょう。

■装飾にはシートタイルが便利

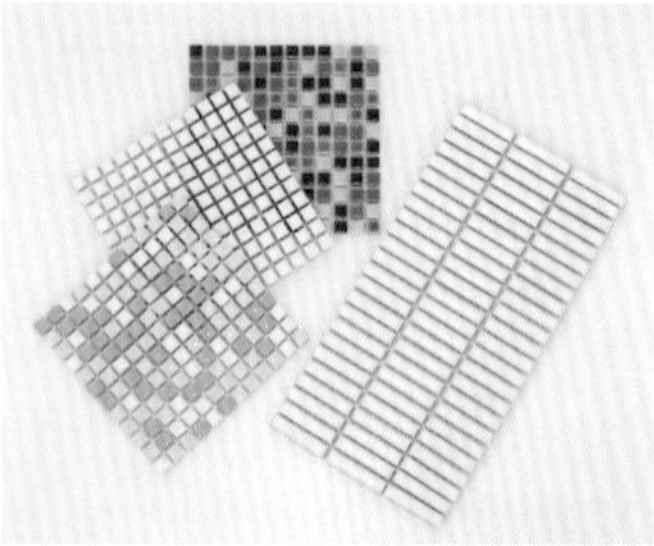

ひとつずつが小さいサイズのモザイクタイルは、一般的にはシート状にユニット化されています。サイズあわせは目地に沿ってカットすればよく、広い面に貼る場合でも作業はとても簡単です。タイルの表面に紙を貼り付けてあるタイプもありますが、写真のように裏面にネットを貼り付けているタイプは、ネットごと接着剤に貼ればよく、作業しやすくおすすめです。

道　具

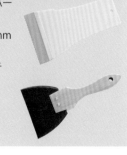

- ■電動ドリルドライバー
- ■ドライバービット
- ■ドリルビット　20mm
- ■ハサミ
- ■接着剤用クシ目ゴテ
- ■ゴムベラ
- ■マスキングテープ
- ■バケツ
- ■スポンジ

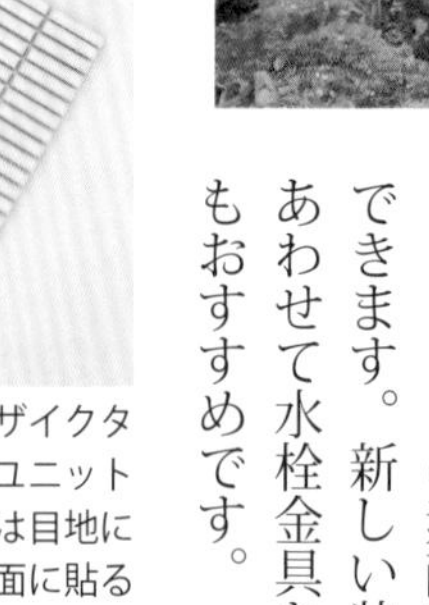

材　料

<70mm角立水栓用>

- ■スギ材（12×90mm）
  - 側板：600mm４枚
  - 天板：56mm　２枚
- ■モザイクタイルシート
- ■タイル用目地材
- ■タイル用接着剤
- ■木ネジ　長さ30mm
- ■シールテープ

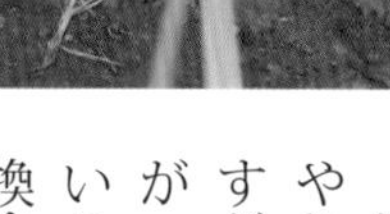

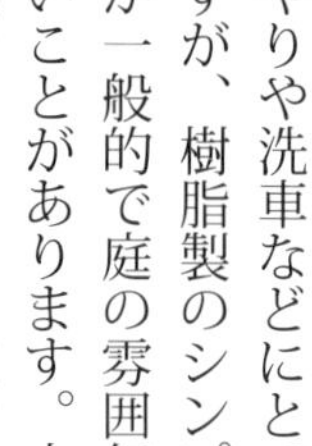

タイル貼りの立水栓カバーをつくる

立水栓の水栓取り付け穴の位置にあわせて、20mmのドリルビットを使って穴をあけます。

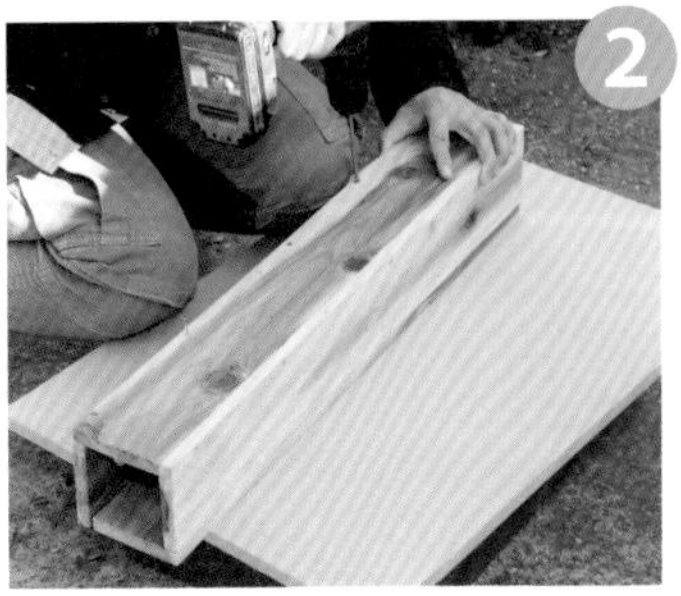

30mmの木ネジを使って４枚の側板を柱状に組み立てます。まん中が正方形になるように板を組み合わせてください。

組み上がった柱の上部にフタをするように、30mmの木ネジで２枚の天板を固定します。

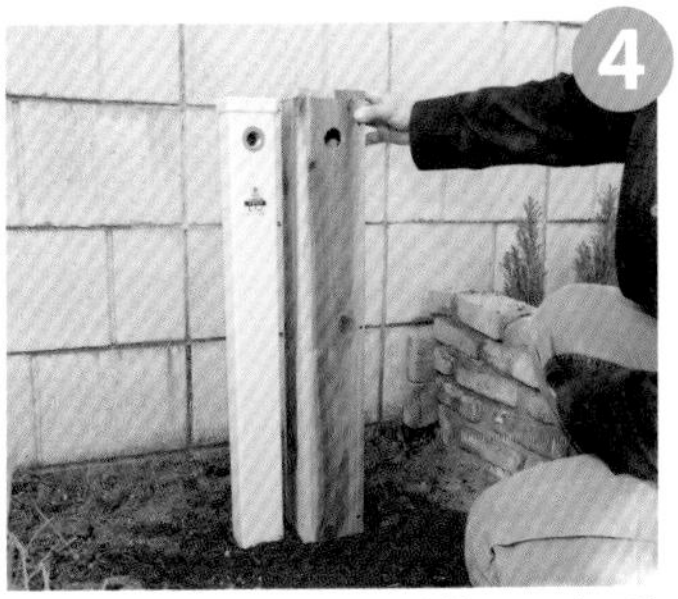

既存の立水栓にかぶせる柱状のカバーができあがりました。この箱が装飾のベースになります。

モザイクタイルのシートを仮置きして、タイルの配置を検討します。幅や長さは目地に沿ってカットして調整します。

タイルを貼る面にタイル用接着剤をたっぷりと出します。

クシ目ゴテを使って、接着剤を平らに伸ばします。

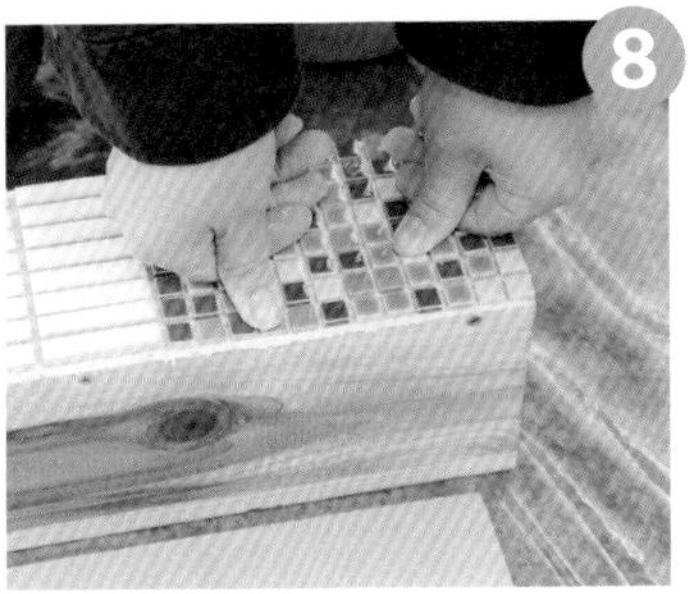

モザイクタイルを貼り、表面が平らになるように均等な力で強く押さえます。シートの間の目地幅をそろえましょう。

一面ごとにマスキングテープを貼って固定し、上面まですべて貼ったら接着剤が乾くのを待ちます。

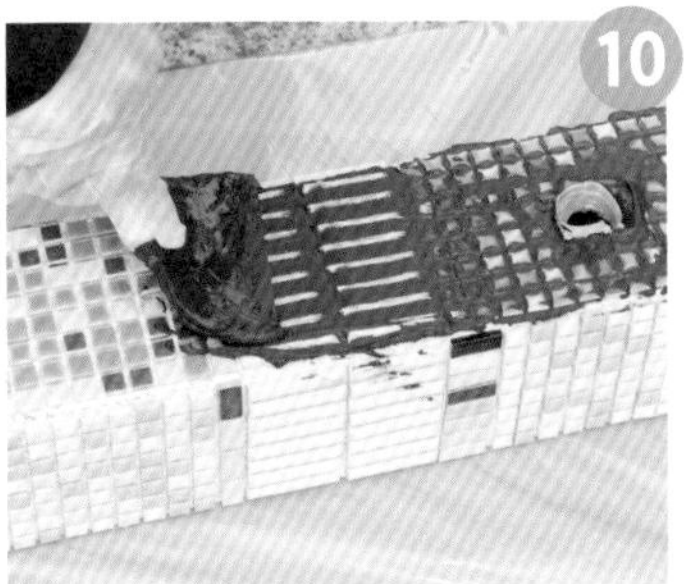

穴をマスキングテープで養生し、水で適度な固さに練った目地材を、ゴムベラを使って目地に塗り込みます。

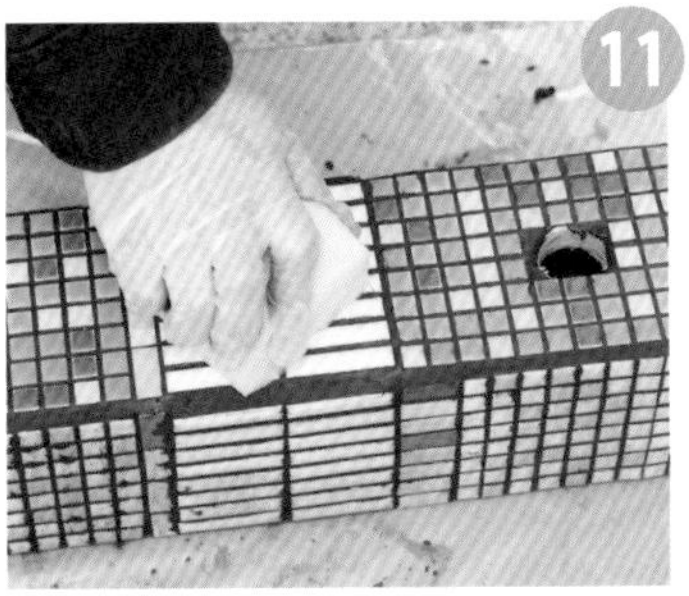

水で濡らしたスポンジでタイルの表面についた目地材をふき取ります。目地部分を取らないように注意しましょう。

目地が乾いたら既存の立水栓にかぶせます。水栓金具のネジ部分にシールテープを巻いて立水栓にねじ込んで完成です。

土の再《さい》生《せい》

処分が難しい古い土を再生してリサイクルしよう

プランターなどで一度使った古い土は、使い終えたら新しい土に変えるのが基本です。なぜなら、古い土には栄養がなくゴミも多いうえにカビや害虫の卵が入っている可能性があるからです。

しかし大変なのは、古い土の処分。土は通常普通ゴミとして捨てられません。ではどうすればいいのか。そこでおすすめなのが土の再生です。根や石などを取り除き、土の改良材を使用すれば再利用が可能になります。その方法を紹介します。

古い土をビニールシート上に広げます。その状態でゴミや古い植物の茎、根、葉っぱなど、大きなものを取り除きます。

古い土を目の粗いふるいにかけ根や虫などを取り除きます。次に目の細かなふるいにかけ、土の目詰まりの原因になる粉状になった土を取り除きます。

次に土を太陽の熱で消毒します。ビニールシート上の土に水をかけて湿らせたら熱を吸収しやすい黒いビニール袋に入れます。

ビニール袋に入れた古い土を、日なたに放置します。天日干しをだいたい２～３週間ほど行い、蒸してしっかりと殺菌しましょう。

天日干しで土が乾燥したら、ホームセンターなどで手に入る土壌改良材（土の再生材）を、古い土に対して3～4割程度混ぜ合わせます。

最後に養分を補給します。たい肥や腐葉土など有機物を古い土に対して半分くらいの量を混ぜ、土のバランスを整えます。これで再生完了です。

03

第3章
ウッドデッキ

難易度★★★★★

ウッドデッキ

室内と庭をつなぐ新しいスペースを作る

建物と一体感のあるウッドデッキをデザインしたいもの。製作例では建物のL字部分にはまって2つの掃き出し窓から出入りできるように設計しました。

ウッドデッキは不思議なスペースです。屋外であるのに続き部屋のように気軽に行き来する気になり、庭の一部でありながら開放的なリビングとしてくつろいだり、食事を楽しむことができ、庭の楽しみ方を変える力があります。もしウッドデッキを作ろうかと迷っているとしたら、覚悟を決めて製作に取り掛かることをお勧めします。

長くて重い木材を何本も組み立てていくので、製作はそれなりに大変です。初心者であれば時間もかかるでしょう。ただ、技術的に難しいことはほとんどありませんから、重要な基礎作りから土台作りまで水平、垂直を確認しながらていねいに作業をすれば、確実に完成までたどり着けます。

まずはデザインを考えることから始めましょう。家や庭とよくマッチする大きさや形、楽しみ方や景色にかかわるフェンスやベンチ、完成後をイメージしながら楽しんでください。

基本の構造図・配置図

■簡単な図面を書いてみる

ウッドデッキを設置する場所の寸法を測って、右のような図面を書いてみましょう。まず基礎と土台をどのように配置するかを決めます。根太は床板に直交するように配置するので、床板の並べ方、根太の向きの順に決めます。床板に2×6材、束柱に4×4材を使う場合は、根太の間隔は600〜900mm、根太と同じ方向に並べる束柱の間隔は600〜1200mmを目安にして等間隔になるように配置しましょう。平面図は床板の幅と間隔をもとに列数を計算して書きます。これらの図があると完成や作業手順をイメージできますし、必要な材料の数量を割り出すためにも役立ちます。

材　料

■基礎
束石
150×150×100mm　15個
■土台
4×4材　1820mm　8本
2×6材　1820mm　18本
■床板
2×6材　1820mm　34本

<オプション>
■手すり＆フェンス
1×6材、1×3材、1×2材
■ベンチ
1×6材、2×4材
■ステップ
2×4材、2×6材
■床下収納
2×4材、2×4専用金具
■屋外木部用塗料
■角材
■木ネジ
35mm　45mm　75mm

道　具

■インパクトドライバー
■電動ドリルドライバー
■丸ノコ
■ジグソー
■サンダー
■ノコギリ
■水平器

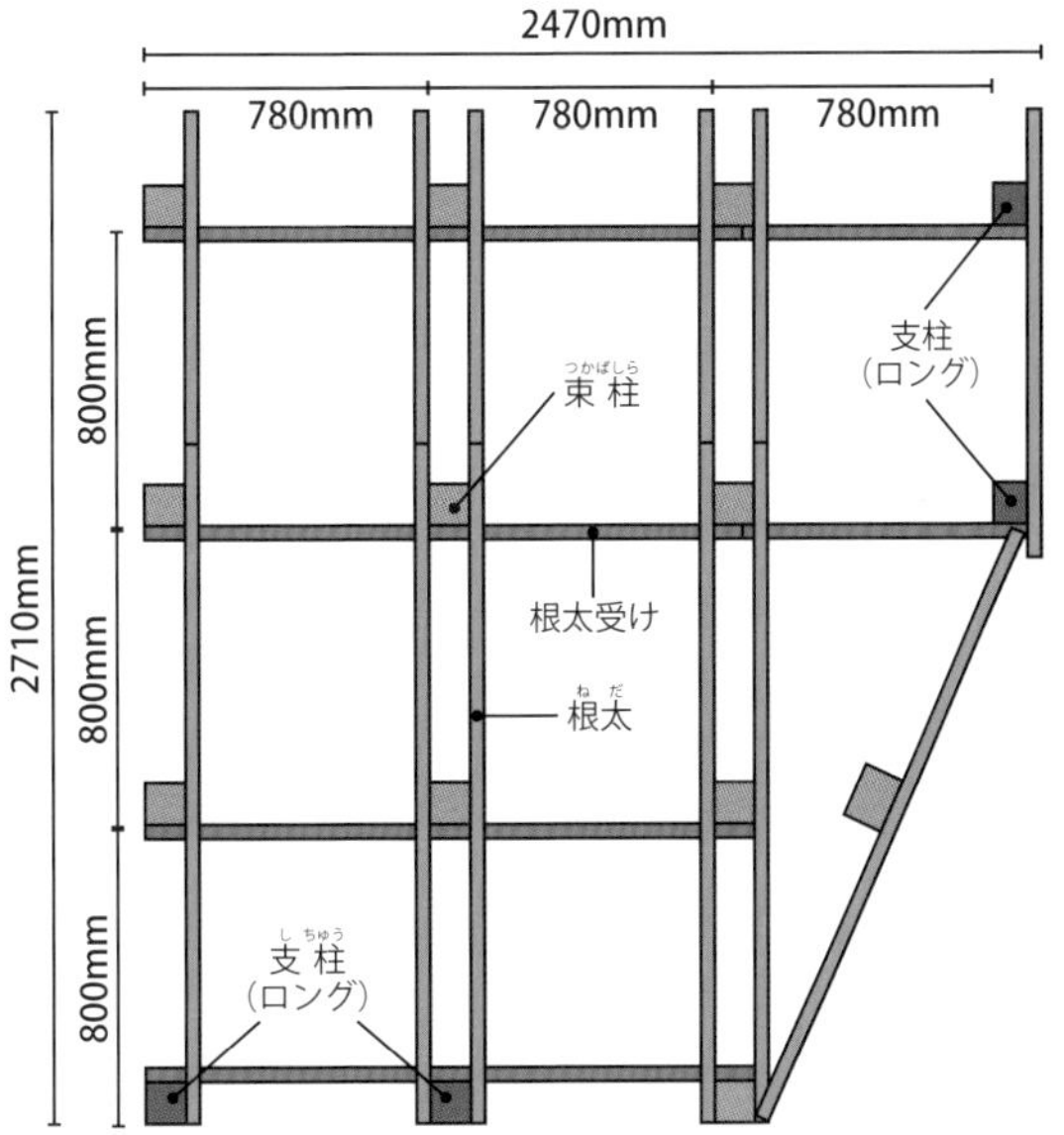

■束柱・根太配置図

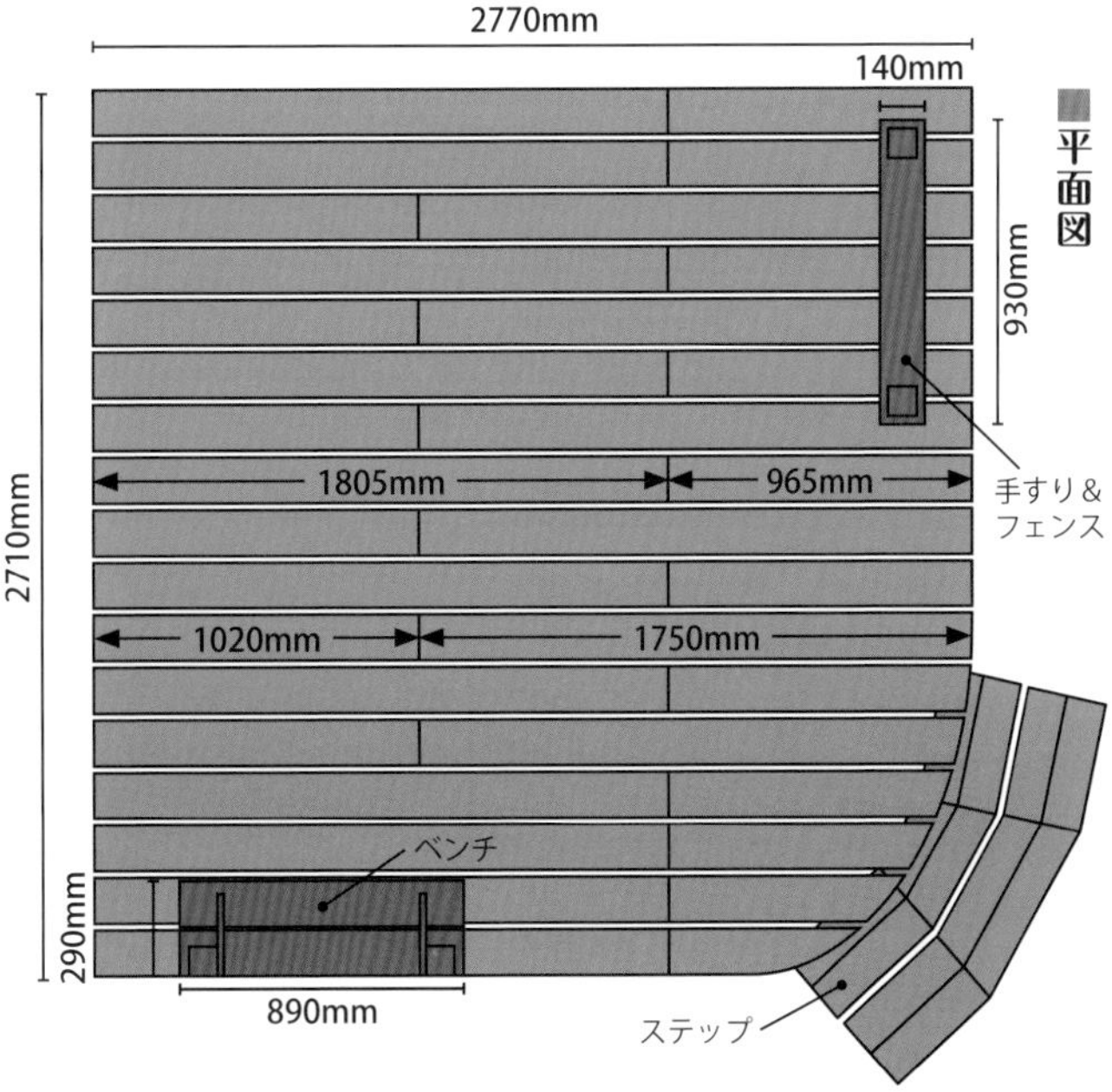

■平面図

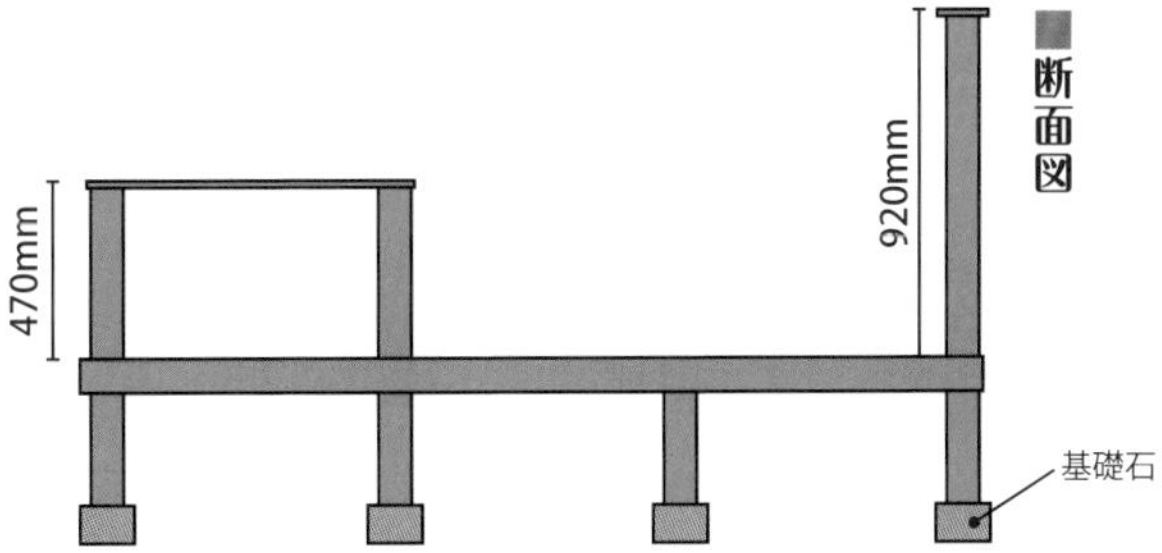

■断面図

木材の種類と選び方

ウッドデッキに使える木材にはさまざまな種類があります。そのなかでも価格がてごろで入手しやすいのは、SPF材やACQ材(防虫防腐剤注入済みSPF)、ウェスタンレッドシダー、サーモウッドなどのホームセンターで販売されているものです。ウリンやセランガンバツなどのハードウッドは耐久性や防腐性が魅力であるものの、切断や穴あけなどの加工性が悪くDIY向きとはいえません。床材などにこだわりたい場合は、通販サイトで国産のデッキ材を探す方法もあります。予算と相談して決めるとよいでしょう。

木材のサイズは、束柱や支柱に4×4材、根太や根太受け、床板に2×6材、ステップや幕板に2×8材や2×10材を使うのが一般的です。強度を上げるために根太や根太受けには長い木材を一本通しで入れたいところですが、運搬や組み立てがとても大変です。慣れない人が少人数で作業するときなどは、長さ1820㎜の木材を使うことを検討するとよいでしょう。

左からウェスタンレッドシダー、SPF（ACQ）、SPF。防腐性に優れているのはレッドシダー。塗装は必要だが価格とのバランスで選ぶのならACQ材がおすすめです。

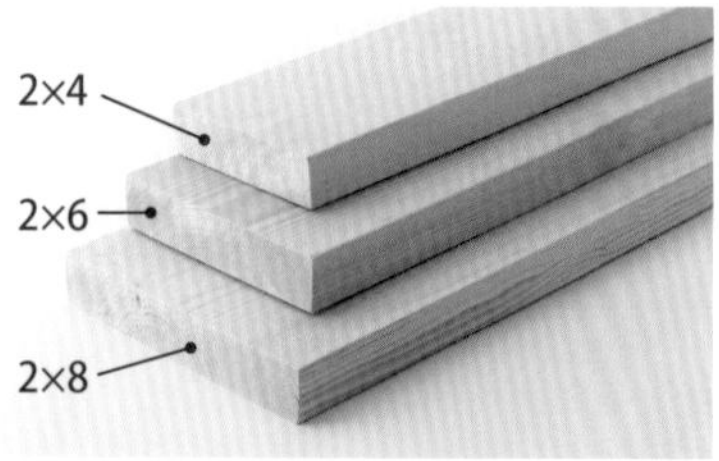

建材として安定したニーズがある2×材は、入手しやすくサイズの種類も豊富。スタンダードなウッドデッキ材です。

準備作業

防草

ウッドデッキの下は日陰になるので植物は育ちにくい環境ですが、庭の条件によっては雑草が生えてしまうことがあります。完成してからは対策することができないので、念を入れるのなら基礎を設置する前に防草シートを敷いておきましょう。

建物のきわやシート同士をつなぐ部分にすき間ができないように敷き詰めましょう。

塗装

割れや腐りなど屋外での使用に特有の劣化から木材を保護するために、SPF材やACQ材などの耐久性の低い材料には塗装が欠かせません。束柱や根太、床板の裏側のように完成してからでは塗装できない部材が多いので、あらかじめ塗装をしておいてから組み立てましょう。

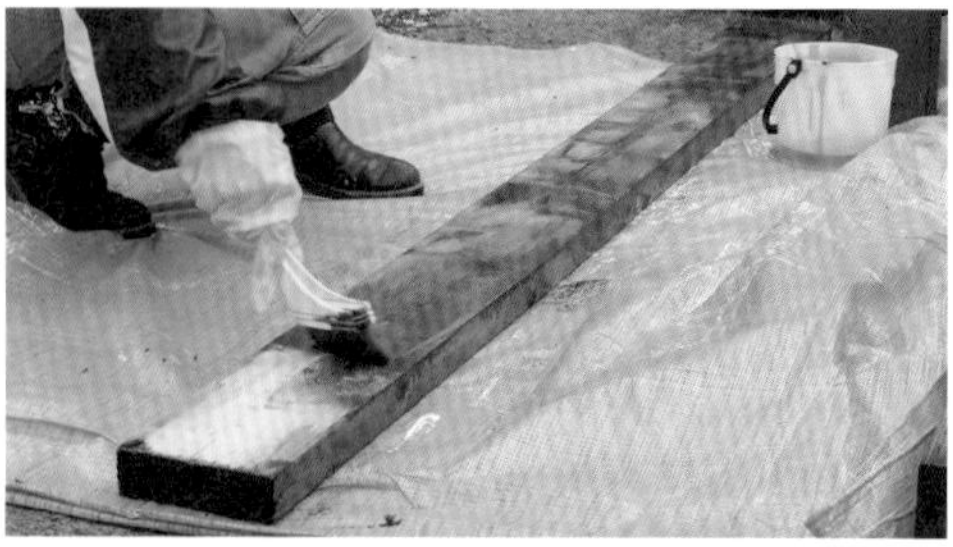

木材には屋外木部用の塗料を使用。組み立て段階でカットした木口などは最後に塗り直します。

基礎石を配置する

基礎づくりの基準となる建物の外壁に沿って基礎石を並べます。建物からの距離が同じになるように置いていきます。

まず両端に置く基礎石の位置を決めて糸を張ると、列をそろえやすくなります。1 列に置く基礎石の数は束柱の位置に合わせて決めましょう。

基礎石を等間隔で配置するように調整します。

今回は外壁が 2 面あるので、建物沿いの 2 列の配置を測って決めています。その他の石は、この時点では大まかに置いておけば OK です。

それぞれの基礎石を水平に調整します。砂を 2 ～ 3cm の厚さに敷いておくと、高さの微調整を簡単に行なえます。

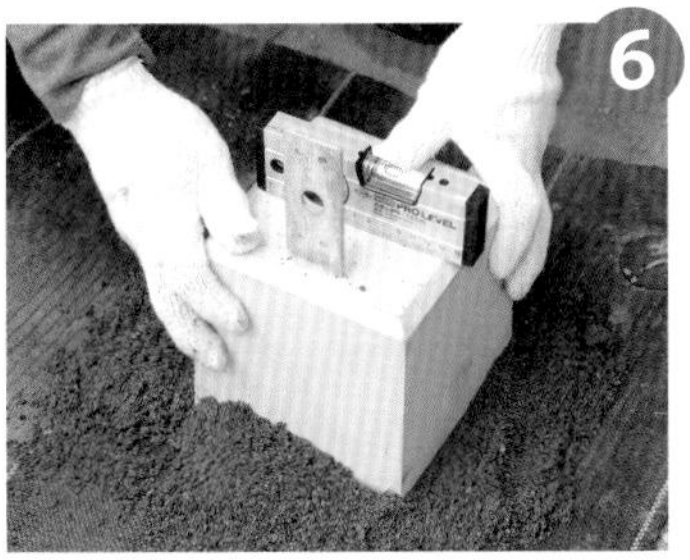

水平器を使って 2 方向の水平を確認しながら調整します。基礎石が水平になっていないと束柱が垂直に立たないので、ていねいに作業しましょう。

外壁に沿って置いた基礎石を基準にして、距離も同時に合わせておきます。基礎石の高さをそろえる必要はありません（下段囲み参照）

今回は途中で根太をつなぐので、この時点ですべての基礎石をまっすぐに並べます。正確に配置しておくと、根太を取り付ける作業をスムーズに行えます。

根太を 1 本で通す場合は、両端に置く基礎石を正確に位置決めしておけば、中間の石の配置は後で調整しながら作業できます。

砕石を入れて沈み防止

ゆるい地盤でなければ、地面を足で踏み固めて基礎石を置くだけで十分です。ただ造成したばかりの宅地などで沈み込みが心配な場合は、地盤を補強しましょう。

基礎石を置く場所に3～5cmの深さに穴を掘り、砕石を入れて埋めます。

角材でしっかり突き固めてから砂を敷いて、基礎石の水平調整をします。

ここがポイント！

基礎石の高さはそろえる必要なし

同じ庭でも地面の高さは場所によってまちまち。コンクリートテラスがあると、庭の地面と5cm以上の高低差が生じることがあります。基礎石の高さをそろえるのはとても手間がかかるので、束柱の長さを調整して根太の水平を出す方法で作業します。

土台の構造と高さの決め方

基礎・土台・床の関係を側面から見たのが左のイラストです。基礎の上に立てる束柱で根太を支え、水平に取り付けた根太で床板を受け止めます。根太の下に垂直方向に入る根太受けには、根太の強度を高めて、なおかつ束柱が横倒しにならないようにつなげる役割があります。

庭に面した掃き出し窓の外側に作るケースが多いウッドデッキは、室内の延長のようにすると使いやすいため、サッシの下枠とデッキ床面の高さをそろえるのが一般的です。高さの基準はサッシ下枠のいちばん外側についている水切りです。床面を水切りの上部に合わせて作ると段差がなく安全で、見た目にもすっきりします。

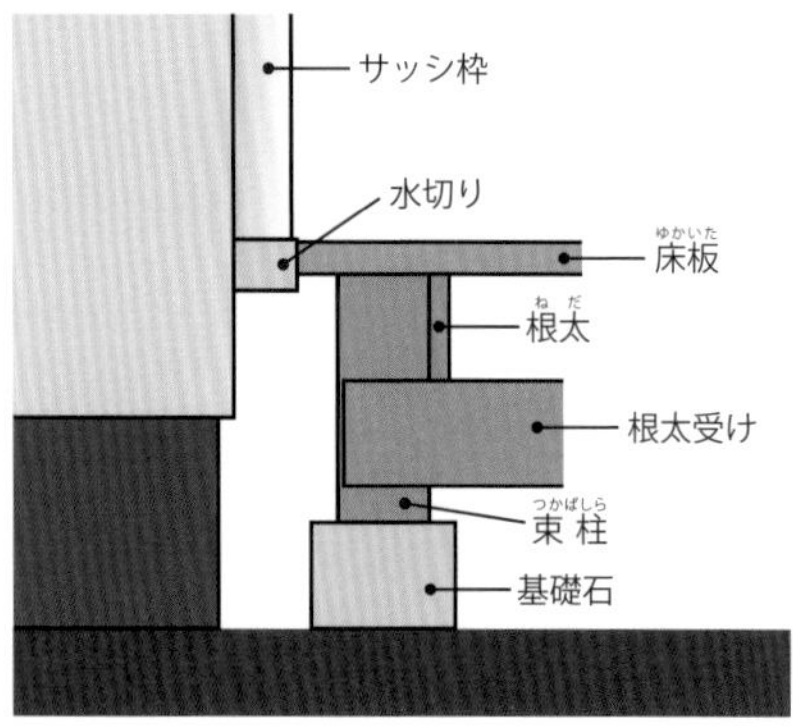

ウッドデッキを作るときは床の高さ（＝水切りの高さ）を基準に、そこから逆算して部材の寸法を決めます。床面と基礎の高さの差から床板の厚さを差し引くと、必要な束柱の高さを割り出すことができます。

水切りの下に床をもぐらせないのは、サッシの水抜き穴をふさがないことも理由です。

掃き出し窓の下枠と床面があっていると、室内と庭をスムーズに出入りできるようになります。

基礎石に束柱を立てる

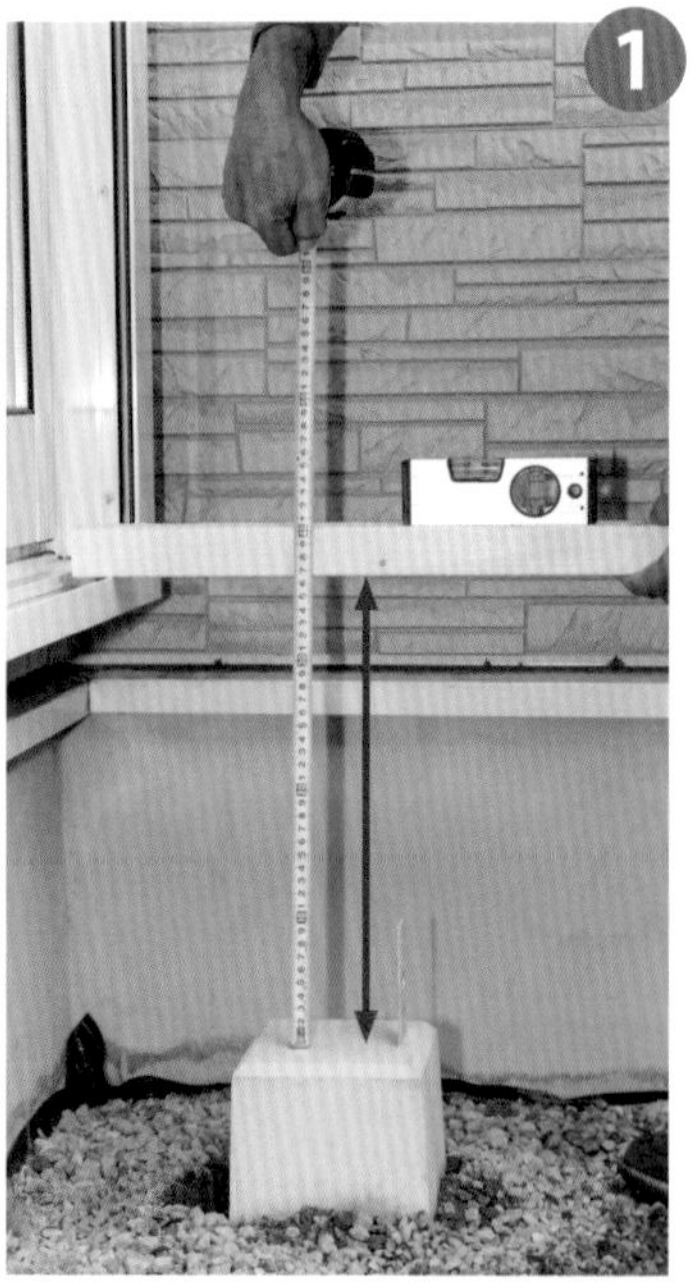

水切りから水平に角材を伸ばし、窓枠と基礎石の高さの差を測ります。角材の下側の数値を読み、その寸法から床板の厚み(38mm)を引いた数字が束柱の長さになります。

寸法にカットした4×4材を基礎石の羽子板に取り付けて束柱を立てます。束柱を垂直に立てるために切り口を直角にしましょう。

束柱は基礎石の真ん中になるように置き、35mmの木ネジを打ちます。斜めに見えたら、水平器をあてて垂直を確認してからネジどめしましょう。

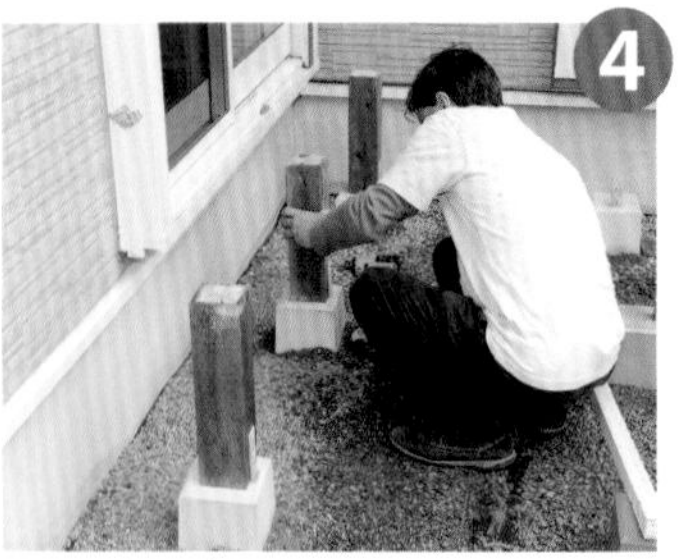

上端の高さが同じになるようにそれぞれの基礎に合わせて束柱をカットし、1列分を取り付けます。

束柱の上端に合わせて2×6材の根太を取り付けます。根太はつないで使うので、束柱の真ん中で合わせるように寸法取りをしてカットしておきます。

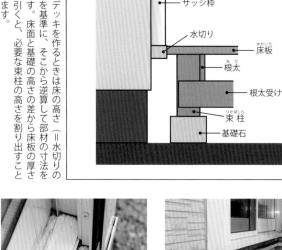

根太、根太受けを取り付ける

束柱の高さがそろっているので、上端に合わせて75mmの木ネジで根太を水平に固定します。束柱が上にはみ出すと床板を張れないので注意しましょう。

手すりやベンチを作りつける場所は束柱の代わりに長い支柱を立てておきます。支柱は仕上がりより長めにしておき、床板を張った後で寸法にカットします。

1列目の根太から角材を水平に出して基礎石からの高さを測り、2列目に使う束柱を用意します。

1列目の根太と平行になるように距離を確認し、束柱同士の間隔も1列目と同じになっていることを確認しておきます。

床板を水平に張るためには根太が水平で、高さがそろっている必要があります。1列目から角材を渡して水平器をあて、高さを確認しましょう。

すべての根太をつけ終えたところです。根太の高さをそろえるために束柱がはみ出してしまった場合は、ノコギリでカットしてください。

根太受けの2×6材を取り付けます。それぞれの根太にしっかり押しあてた状態で固定しましょう。

根太受けを途中でつなぐ必要がある場合は、根太と同じように各場所で寸法を測って束柱の真ん中で合わせるようにします。

床板を途中でつないで張るために、ネジどめ用の根太を追加しておきます。1本の板で張れる場合はこの作業は不要です。

ウッドデッキ作りにあると便利な水平器

一人で作業をするときなど、通常の水平器を当てることができない場面があります。糸や木材に取り付けられる技あり水平器を活用しましょう。

2方向の水平と垂直を同時に測ることができ、水平器を当て直さずに支柱の垂直をチェックできます。

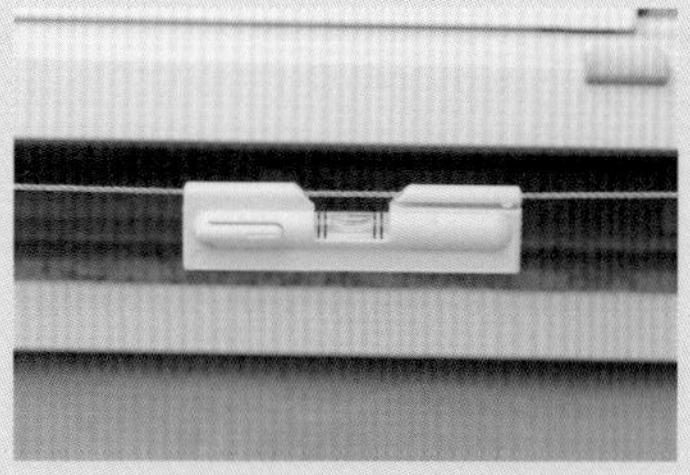
水糸に引っ掛けるタイプは束柱の高さをそろえる作業に便利。水糸をピンと張った状態で水平を測ります。

すき間をそろえて床板を張る

1

建物側から順に2×6材の床板を75mmの木ネジで張っていきます。窓枠の水切りとのすき間、床板同士のすき間は、スペーサーを入れて間隔をそろえます。

2

1列目に長さをそろえて床板をカットします。途中で板をつなぐ場合は、1本ずつ寸法取りをする現物合わせのほうが仕上がりがきれいにそろいます。

3

支柱が立つ部分は切り欠き加工をしてからはめ込みます。支柱の周囲には水切りをよくするために5mm程度のすき間を設けておきます。

4

床板のつなぎ目がそろわないように、長短の板を1列ずつ交互に張っていくと見栄えがよくなります。

5

すき間がそろっているか、床板が斜めになっていないかを確認しながら作業しましょう。縁を曲線にカットしない部分はこのまま張って床を仕上げます。

6

窓枠の横に残った半端なスペースを埋めるために、根太のないところに床板受けを取り付けます。2×6材をネジどめできる長さにカットして用意します。

7

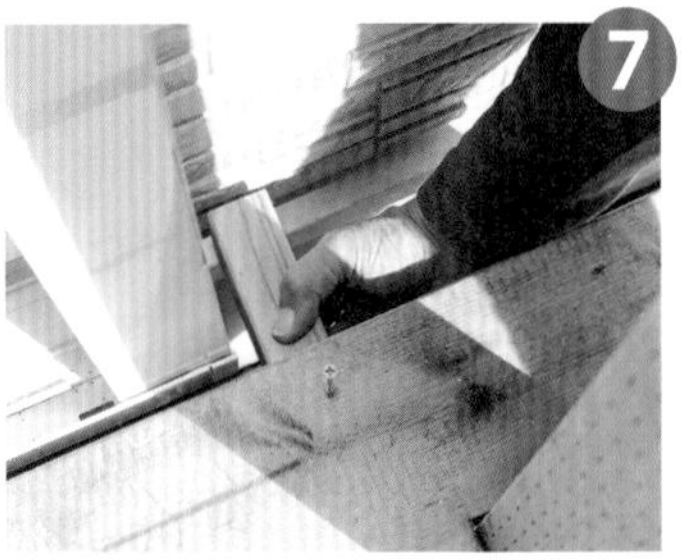

床板受けを窓枠の脇に上からネジを打って固定します。ほとんど人が乗らないところなので、このくらいの強度があれば十分です。

8

スペースに合わせてカットした床板を取り付けます。

気になる段差を修正する

床板をつないで使うと、根太の高さのわずかの差から気になる段差ができることがあります。修正にはホームセンターなどで販売している万能パッキンが役立ちます。

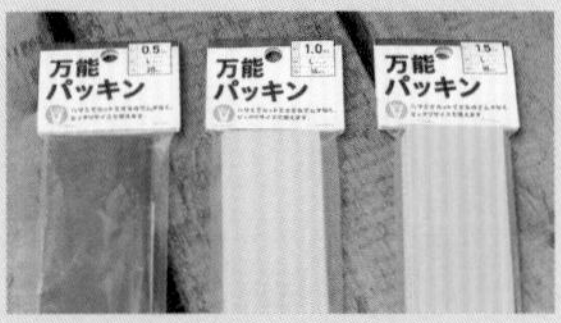

万能パッキンは0.5mm単位で厚さの違う種類が用意されています。

低い方の床板の下に適した厚さの万能パッキンを挟むだけで簡単に修正できます。

スペーサーの作り方

すき間に合わせて厚さ5～10mm程度の合板と落下防止の引っ掛かりになる木材(どちらも端材でOK)を適当なサイズにカットします。

2つの材料をネジどめすればスペーサーのできあがりです。同じものを2つ用意してセットで使用します。

変形部分の根太を取り付ける

床の曲線部分に斜めの根太を入れるためのつなぎ材を作ります。根太に使う 2 × 6 材を取り付け位置に合わせた状態で、長さと角度を現物合わせします。

角度を細かく調整できるスライド丸のこを使うと、素早く正確な角度切りができます。

つなぎ材を接合する根太に取り付けます。

つなぎ材に斜めの根太を木ネジで固定します。

反対側も同じようにして固定します。

取り付けた根太の真ん中に、長さを合わせた束柱を固定します。

少し難しい加工が必要ですがイレギュラーの根太が入りました。変形デザインのウッドデッキを作るときに応用できる方法です。

斜めに取り付けた根太の上に残りの床板を張ります。

支柱部分の床板を切り欠く

まずは支柱の位置と幅を測って加工する床板に線を引きます。寸法取りは現物合わせが簡単で確実です。

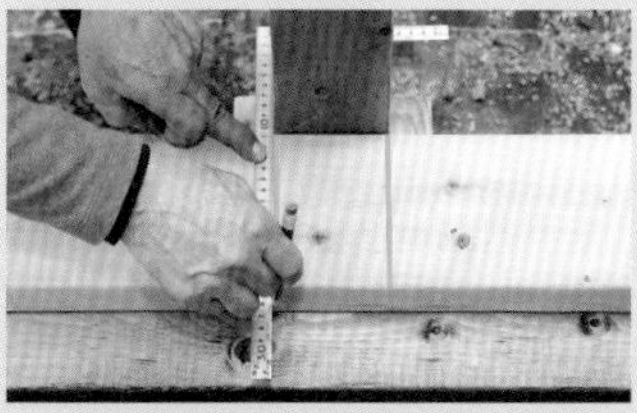

張る位置に合わせて床板を置き、支柱の側面にさしがねを当てて線を引きます。

切り欠く必要がある深さを測って寸法通りに線を書き加えます。

ジグソーで切る

両側の直線に沿って切り込みを入れた後、内側を曲線切りで切り抜きます。

ノコギリで切る

切り欠く部分に細かく切込みを入れます。

つけ根の部分をノミで削り落とします。

床板を曲線カットする

好きなデザインで曲線を引きます。長い角材を利用した簡易コンパスを作ればきれいな円を描くことができます。フリーハンドで描いてもOKです。

描いた線に沿ってジグソーで床板を切り落とします。

床板張りが完了してウッドデッキの全体像が見えてきました。完成まであと一息です。

幕板を取り付ける

床板や根太の木口が丸見えでは見栄えがよくないので、1×4材を使った幕板ですっきり目隠しをします。

上側を床の仕上がり面に合わせて45mmの木ネジで固定します。

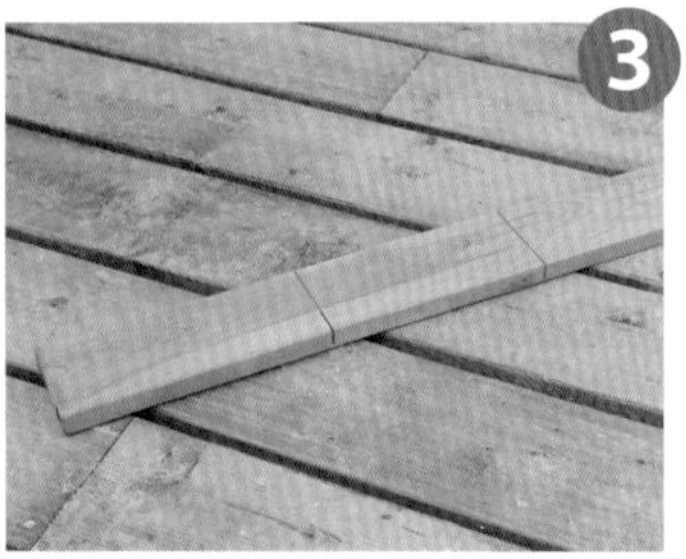

曲線部分は幕板を加工します。薄皮を一枚残す感じで数カ所に切り込みを入れます。丸ノコの刃の出し量を調整しながら端材でテストしましょう。

折らないように気をつけて、床板の曲線に合わせて幕板を曲げます。

各部分を床板にネジどめして幕板全体を固定します。

幕板が面白い装飾になりました。こうしてアイデアを凝らして工夫するのも、DIYならではの楽しみです。

床下を有効利用する収納を作る

1 根太、根太受けの間で床板の区切りのよいところに、600mm角程度の開口を作ります。切り落とす床板は元の位置がわかるように数字と矢印を書いておきます。

2 最初に丸ノコを使って床板を切ります。刃が回転した状態で上から切り込んでいき、ベースが板についたら前へ切り進めます。

3 根太や根太受けを切らないように気をつけて床板を切り落とします。丸ノコで切ることができない端の部分はノコギリを使います。

4 切断面はバリ取り、面取りをしてから塗装をし直しておきます。

5 フタ受けを取り付けます。2本の根太の内寸と同じ長さの2×4材を2本用意し、根太の高さに合わせて金具と35mmの木ネジで固定します。

ここがポイント!

2×4材専用金具を利用すると、部材を後から付け足す場合でも高い強度で接合することができます。

6 切り落とした床板を2×4材のつなぎの上に並べてネジどめします。元の並び順、方向を間違えないように作業しましょう。

7 取っ手にする部分をジグソーで切り欠きます。フタに組み立てる前の状態で板を加工しておくと、より簡単です。

8 2×4材や端材をすのこ状に組み立てて収納ケースの置き台にします。床下の高さに合わせて収納ケースを出し入れしやすい高さの台を作りましょう。

9 密閉性が高い防水仕様の収納ケースを置いて収納庫として使用します。

10 ウッドデッキでよく使うバーベキュー道具や夏にだけ活躍するシェードなどを収納するために便利。見た目はすっきりで実用性の高い収納です。

格子を組んでフェンスを作る

手すり用支柱の高さを９００㎜にします。床の仕上がり面から寸法を測って線を引きます。

ノコギリで2本の支柱の余分をカットします。

手すり用の1×6材を支柱の外側に20mmずつはみ出るようにカットして45mmの木ネジでとめます。

手すりの下の部分の内寸をタテ、ヨコで測り、そこにぴったり入る枠を1×3材で組み立てます。

できあがった枠の内寸をタテ、ヨコで測って格子用の1×2材を用意します。格子の間隔は1×2材の幅(38mm)程度を目安にして本数を決めましょう。

タテ格子はスペーサーを入れて間隔をそろえて45mmの木ネジで枠に固定します。回転しないように片側はネジを2本打っておきます。

ヨコ格子はタテ格子に木ネジを打って固定します。35mmの木ネジを使います。

オリジナルのラティスフェンスのできあがりです。タテ格子だけ、ヨコ格子だけ、またX状に入れるなど好きなデザインで作りましょう。

塗装したフェンスを手すりの下にはめ込みます。

支柱の真ん中に入るように位置を合わせて木ネジで固定します。

格子を組むことでデザイン性の高いフェンスになりました。1×2材を組んで作った格子は強度が高く、プランターなどを掛けておくにも安心です。

ローカウンターにもなるベンチを作る

1

ベンチ用の支柱を床の仕上がり面から450mmの高さにそろえてカットします。

2

座板受けの部材を用意します。250mmの2×4材を45度にカットして上の受け材を作り、現物合わせで下につく補強材を作ります。

3

座板受けを75mmの木ネジで支柱に固定します。水平を確認しながら調整しましょう。

4

下側の補強を上側の座板受けにぴったり合わせて固定します。

5

2人が座ってももつように、座板受け、補強ともに木ネジを4本ずつ打ってがっちり固定しておきましょう。

6

座板は支柱の両側に10mmずつはみ出す長さにカットした1×6材を2枚用意します。

7

45mmの木ネジを打って座板を座板受けに固定します。両側、後側が10mmはみ出すように位置を合わせています。

8

スペーサーを入れて10mmのすき間をあけて2枚目の座板を固定します。

9

背もたれをつけずに高さを抑えて作ったシンプルなベンチです。室内から庭を眺めるときに視界を妨げません。キャンプチェアなどに座るとローカウンターとしても使えます。

曲線に合わせてステップを作る

2×4材と4×4材でステップの土台を作ります。横材は下段550mm、上段250mm。1段が200mm前後で等間隔になるように、段数と段差を決めます。

曲線に合わせて土台を仮置します。土台の数はステップの幅や形状に合わせて決めてください。

設置した土台から現物で寸法を測って踏み板にする2×6材をカットします。

踏み板のつなぎ部分の角度を出します。土台のセンターに差し金を当てて位置決めした踏み板に、角度のわかる線を引きます。

最初の1枚を角度切りしたら、隣に張る踏み板はそれから現物合わせで角度をとってカットします。すべての踏み板を土台にネジどめします。

踏み板の形状を床に合わせた曲線に仕上げます。下側が280mmのL字型のジグを作り、床の縁に沿って動かしながらジグの先端で線を引きます。

線に沿ってジグソーで踏み板の不要な部分をカットします。

丸ノコを使って踏み板の両端を扇形にカットします。見栄えの問題なのでこの加工はお好みで。

曲線カットの加工をして、手づくり感や見た目の柔らかさのあるステップになりました。2段目の土台の強度が不足していたため、最後に補強の木材を入れています。

標準的なステップの作り方

1

地面から床面までの高さを測ってステップの段数と角度を決めます。段差は200mm前後で等間隔、角度は45度を目安にすると使いやすいでしょう。

2

決めた角度で側板をデッキに立て掛けて、下側に地面と平行に線を引きます。45度にする場合はさしがねを使って45度の線を引きます。

3

側板の下側を引いた線に沿ってカットします。

4

下側の角度を地面に合わせて側板を置き、上側にデッキの側面と平行に線を引いてカットします。

5

側板に踏み板の受けになる段をつけるために直角の切り欠きを作ります。

6

踏み板の受けは段差の寸法ずつあけて、下側と平行にします。踏み板の幅に合わせ直角に切り欠きます。

7

側板を設置場所に仮置し、ステップの幅を決めて寸法を測ります。左右に20mm程度はみ出す長さに踏み板をカットします。

8

踏み板を受ける部分に補強材をネジどめします。踏み板に厚みのある2×材を使う場合はこの補強は不要です。

9

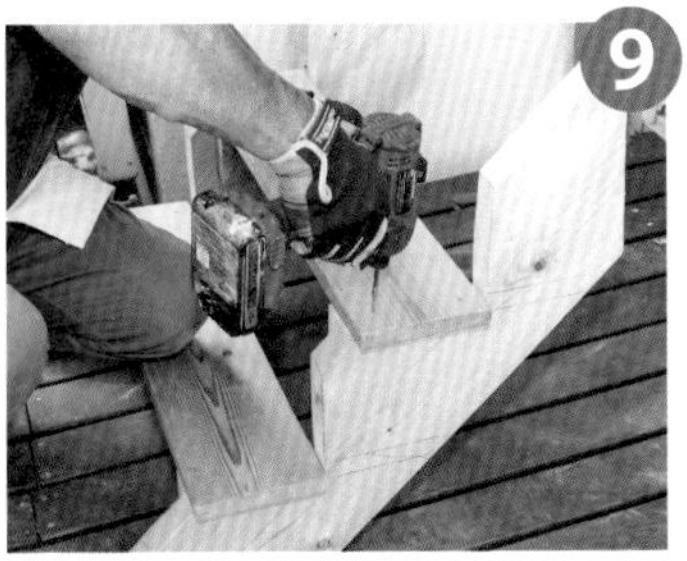

踏み板を2枚の側板にネジどめして固定します。完成したステップが大きくなる場合は、先に側板をデッキに取りつけておくほうが楽に作業できます。

10

床面より上にはみ出す部分をカットしてから、2×4材用金具を使ってデッキ本体に固定します。

11

ここでは踏み板受けの部分を切り欠いて作る方法を紹介しましたが、角材を取り付けて踏み板受けにすると、側板を加工する手間が少なくより簡単に作ることができます。

庭に鳥を呼ぶバードハウスを作ろう

住宅街に姿を見せるスズメやシジュウカラ、ムクドリなどは、風雨や寒さをしのぐために木の洞《ほら》のかわりになる場所を求めているそうです。鳥の声をよく聞くようなら、休憩場所になるバードハウスを庭に置いてみてはいかがでしょうか。材料には厚さ10㎜前後の一枚板を使い、鳥の種類に合ったサイズで玄関の穴を作ってあげましょう。塗装は外側だけにして、内側は木の面を残しておくのがポイントです。

■バードコール

鳥の声に似た音を出す道具

広葉樹などの硬い木の枝に穴をあけてアイボルトをねじ込めば、バードコールを作ることもできます。

材　料

■側板
スギ板　15×118×100mm　2枚
　　　　15×118×180mm　2枚

■屋根
スギ板　15×118×200mm　2枚

■底
スギ板　15×118×200mm　1枚

■とまり木
アイボルト（No.17）

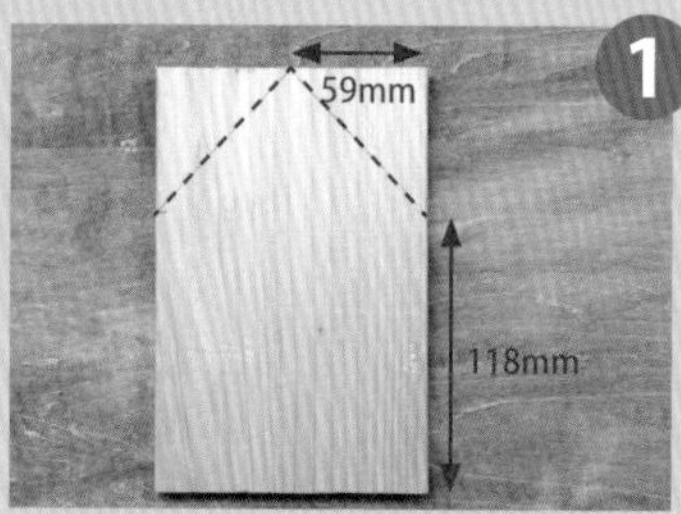

180mmのスギ板を山型にカットします。板幅の真ん中、左右壁の高さを結ぶ斜めの線を引いて角を切り落とします。

前壁の下から120mmの位置に玄関の穴をあけます。呼びたい小鳥に適したサイズのホールソーを使いましょう。

玄関の穴から20mm下にとまり木用の穴をあけます。ここではアイボルトのサイズに合わせて7mmドリルビットを使用。

32㎜のスクリュー釘を打って側板と底板を組み立てます。

山型の頂点に合わせて屋根を固定します。1枚は上から被せるように合わせてすき間ができないように取り付けます。

❸であけておいた穴にアイボルトをねじ込めば完成です。屋外木部用塗料で外側を塗装して仕上げましょう。

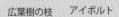

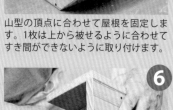

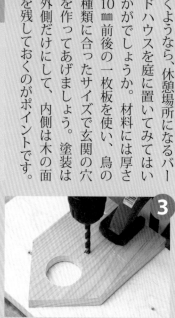

04

第4章 ガーデン木工

難易度 ★☆☆☆☆

プランターカバー

ナチュラルな雰囲気で草花を引き立てる木製プランターに

花を寄せ植えしたり、野菜を育てるためにプランターを利用している方は多いでしょう。実用性を考えれば軽くて価格も手頃なプラスチック製が使いやすいのですが、雰囲気に欠ける見た目がなんとも残念です。そんな実用プランターを庭にマッチするものに変身させるために、無垢材で素敵なカバーを手づくりしましょう。

　ここでは底板つきの箱型タイプと、底がない囲みタイプの2種類を紹介します。底付きタイプは高さを調整して植物への日当たりや見栄えを変えることができます。一方の囲みタイプは作りがシンプルで軽く、手軽にイメージチェンジできるのがメリットです。

　木製のプランターカバーは水やりや雨の水対策が大切です。水がたまらないように木材のつなぎ目にすき間を設け、底板をつけるときは水はけよく作るようにしましょう。

展開図

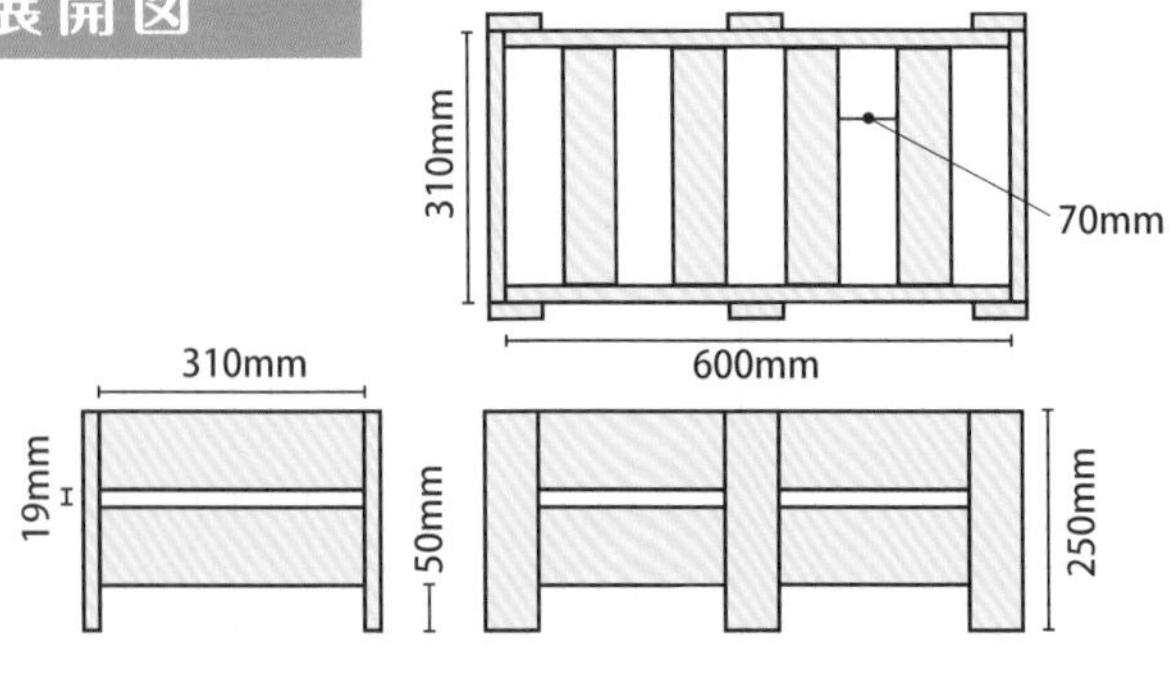

材　料

■側板　1×4材　600mm　4本
　　　　　　　　310mm　4本
■タテ材　1×3材　250mm　6本
■底板　1×3材　270mm　4本
■屋外木部用塗料　■木ネジ 40mm

道　具

■電動ドリルドライバー
■サンダー　■ノコギリ

底板付きのプランターボックスを作る

枠を組み立てるために310mmと600mmの側板にネジの下穴をあけます。木材をあてて角をそろえて作業すると、位置をずらさずにあけられます。

40mmの木ネジで木材を固定します。1×材のような薄い木材の木口付近は木割れしやすいので、スリムタイプの木ネジを使いましょう。

上下２段分の枠を組み立てます。

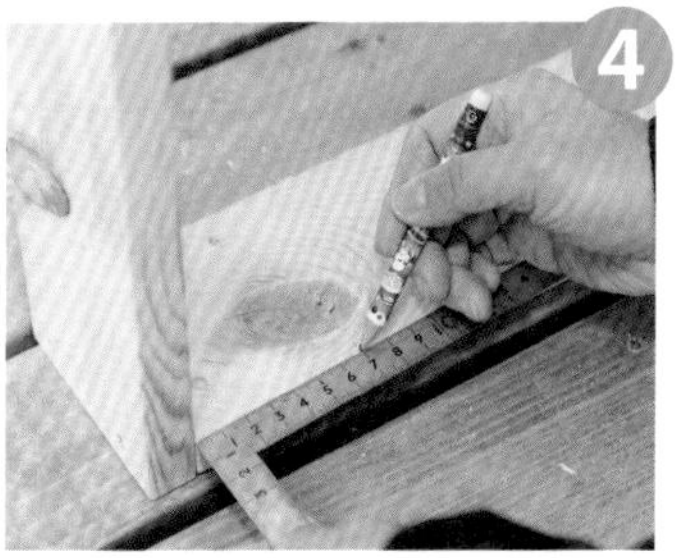

下段の枠に底板を取り付ける位置を決めます。4本の1×3材を均等に配置する（ここでは70mm間隔）ための印をつけます。

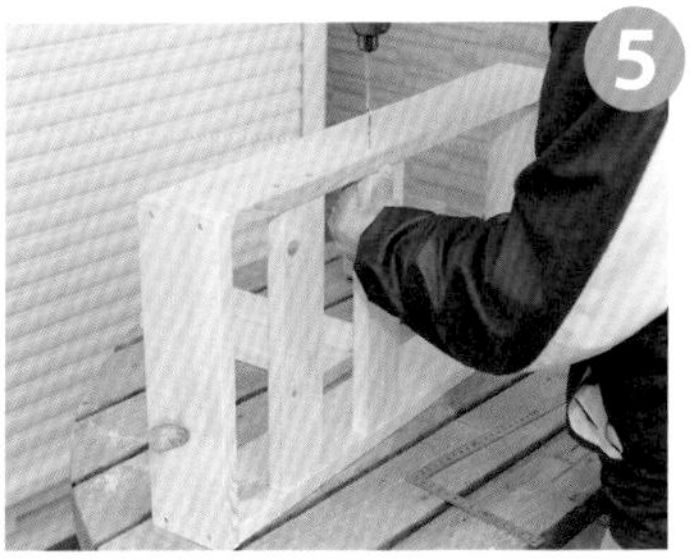

❹でつけた印に合わせて底板をネジどめします。底板を枠の下側に合わせて、厚みの真ん中に下穴をあけてから木ネジを打ちましょう。

底の部分は写真のようにすき間の大きいスノコ状になります。プランターと土の重さを支える十分な強度があって、水はけのよい構造です。

上段の枠の角に合わせて脚をネジどめします。接合強度を高めるために１箇所につき４本の木ネジを打っておきます。

続けて下段の枠と脚を固定します。スペーサーとして１×材を挟み、枠のすき間をそろえておいてネジどめします。

枠の真ん中に位置を合わせてセンターの脚を固定して、底板付きプランターボックスの完成です。

耐久性と耐候性に優れている屋外木部用塗料で塗装します。底板は水に濡れることが多いので、裏面までしっかり塗っておきましょう。

深さは使用するプランターの高さに合わせて調整しましょう。1～2㎝程度深く作ると内側のプランターが目立たず、水やりがしやすくなります。

囲みタイプのプランターカバーを作る

展開図

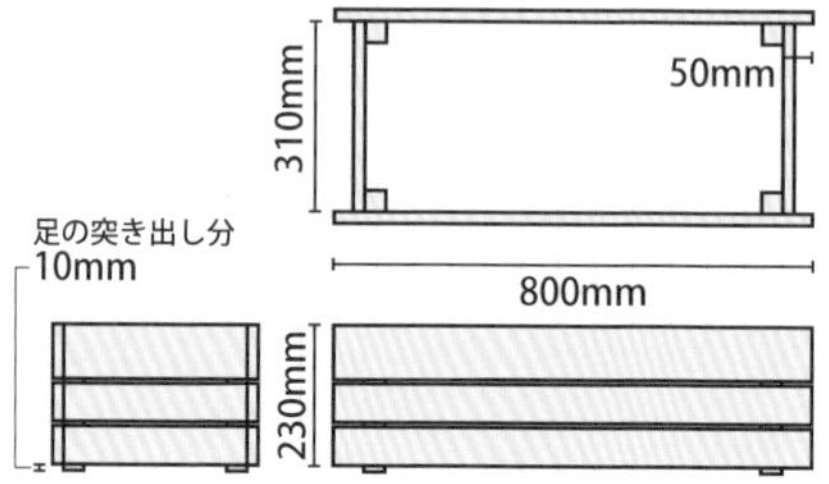

材料

■側板
1×4材
800mm　2本
310mm　2本
1×3材
800mm　4本
310mm　4本
■つなぎ材（脚）4本
35×35×200mm
■木ネジ　40mm

組み立てのための位置決めをします。800mmの側板の端から50mm、つなぎ材の下から10mmのところに位置合わせの線を引きます。

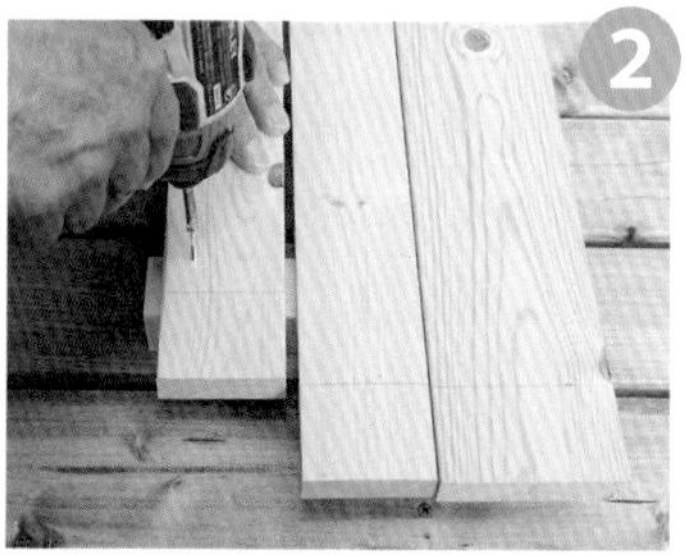

❶で引いた2本の線を基準にして1×3材の側板とつなぎ材を40mmの木ネジで固定します。側板の反対側にもつなぎ材をとめます。

仕上がりをプランターの高さに合わせるために、上段に入る1×4材の側板の取り付け位置を決めて印をつけます。ここでは高さを230mmにしています。

上段の側板をつなぎ材にネジどめします。中段は最後に取り付けるので、1本分をあけたままにしておきます。

上下のすき間をそろえて中段に入る1×3材の側板をネジどめします。

長い面の側板を組み立て終えた状態です。下に突き出たつなぎ材の先端が脚になります。同じようにもう１面を組み立てます。

できあがった2面を310mmの側板でつなぎます。幅の同じ材料を高さを合わせてネジどめします。

シンプルな囲みタイプの完成です。１×材は幅の種類が豊富です。プランターの高さにちょうどよい組み合わせになるサイズを選んで製作してください。

プランターに植物を植える

移動ができて、土のない場所を華やかに演出できるところはプランターの魅力です。ただ、植え付けスペースが限られるため、いろいろな種類を寄せ植えする場合は、いくつかの気をつけたいポイントがあります。

まず、ひとつのプランターに植える植物は、日当りの好みや耐寒性などの性質が似ていて、同じ管理で育てられるものを選ぶことが大切です。花を楽しむ寄せ植えにする場合は、そのうえで開花期が同じものをそろえておきましょう。

また、見栄えをよくしようとして植物を詰め込みすぎないように注意が必要です。植栽はプランターに植え付けたときが完成型ではありません。成長したときのボリュームを予測して、生育するために十分な間隔をあけて植えるようにしましょう。

最初に水はけをよくする鉢底石（軽石など）を入れます。底のネットが隠れる程度に敷き詰めればOKです。

プランターの1/3～1/2程度の高さまで土を入れます。土に肥料が入っていない場合は元肥を混ぜておきます。

ビニールポットに入ったまま仮置してレイアウトを検討。根や葉の成長を考えて少し余裕のある配置にします。

ビニールポットをはずして植え付けます。根が伸びすぎたものは、手で揉んで軽くほぐしておきます。

あいているところに苗と同じ高さまで土を入れます。苗が小さいものは、下に土を入れて高さをそろえます。

底から流れ出るくらいにたっぷりと水を与えます。その際に表面が沈んだところには土を足しておきましょう。

ハンギングを作るときのポイント

壁やフェンスに掛けたり吊ったりする、ハンギングならではの植え方と管理方法を紹介します。

❶植物の選び方

正面や横から見ることが多いハンギングには、あまり背丈の高くない植物を選びます。葉が横に広がる種類や垂れ下がる種類を手前に入れると、ボリュームが出て見栄えがよくなります。

❷植え付け

ハンギング用の軽い土を使うのがおすすめです。観賞期間が短いので植物の間隔を詰め気味にして、間に土を押し込みながら植え付けましょう。

❸管理のポイント

鉢植えに比べて乾燥しやすい環境です。土の状態をこまめにチェックして、水切れさせないように注意しましょう。

難易度

ハンギングスタンド

好きな場所に植物を飾るフレーム

玄関まわりや庭の入口などにスペースがない場合でも植物を飾る方法として、フレーム型のハンギングスタンドがおすすめです。移動して好きな場所に置けますし、装飾性の高いフレームに吊ることで小さいハンギングでも目に入りやすくなります。殺風景な玄関まわりを華やかにしたり、植物がいっぱいの庭にアクセントをつける効果もあるでしょう。またハンギングのかわりにメッセージを書いた黒板を吊るせば、友達を招待するときのウェルカムボードとしても利用できます。

　この作品の特徴は、部分ごとに2×材のサイズや向きを使いわけていることです。同じサイズの木材だけで組み立てると単調になってしまうところを、立体的で変化のあるデザインに仕上げています。専用工具や難しい技術を使わずに材料の組み合わせを工夫して木ネジで固定しているだけなので、DIY初心者でも簡単に素敵なフレームを作ることができます。

展開図

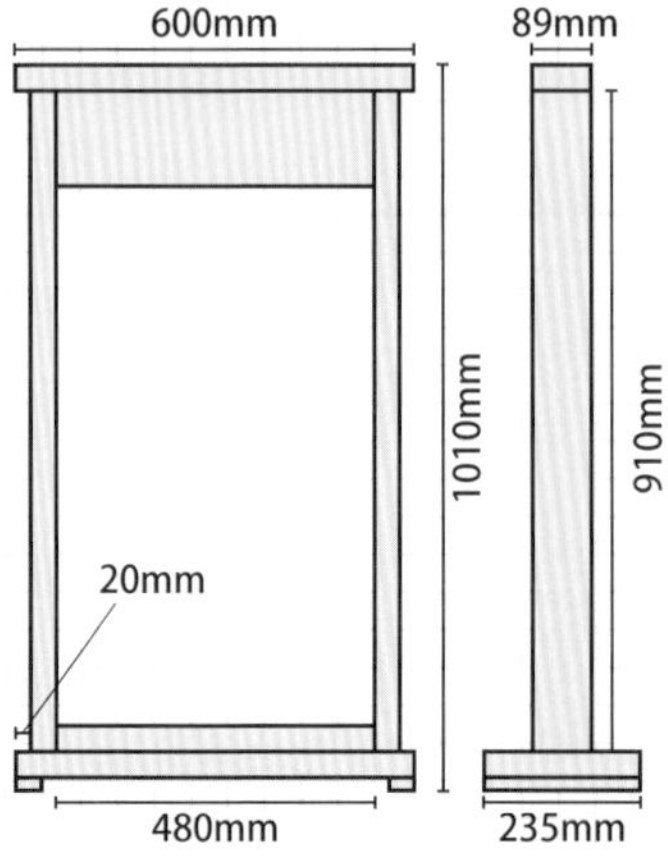

道　具

- ■電動ドリルドライバー
- ■インパクトドライバー
- ■サンダー
- ■ノコギリ
- ■ステンシルシート
- ■スポンジ

材　料

■枠　2×4材　910mm　2本
　　　　　　　480mm　1本
　　　2×6材　480mm　1本
■台　2×10材 600mm　1本
　　　1×2材　235mm　2本
■上部ヨコ材
　　　2×4材　600mm　1本
■その他　ヒートン、水性塗料
■木ネジ　35mm、65mm

2×材でおしゃれなフレームを作る

1
枠に使う910mmと480mmの2×4材を65mmの木ネジで固定します。組み立て前にサンダーで切断面を磨いてバリを落としておきましょう。

2
枠の上部に2×6材を取り付けます。2×6材は広い面を前に向けて枠のセンターに合わせます。位置を合わせるために木材を下にあてています。

3
台に脚を取り付けます。2×10材の両端に35mmの木ネジで1×2材を固定します。木材の表面からネジ頭が出ないように締め込みます。

4
台に枠を取り付けるため、それぞれのセンターに線を引いて位置を合わせます。左右は20mmずつあけています。

5
枠を台の上に取り付けます。65mmの木ネジを3箇所に打って固定します。

6
枠の上に飾りの2×4材を取り付けます。土台と同じように左右を20mmずつあけてネジどめします。

7
組み立てが完了。木口の角や切断面の荒れなど気になるところがあれば、塗装する前にサンダーをかけておきましょう。

8
水性塗料を塗って仕上げます。軒下に置く場合でも耐候性に優れた屋外用塗料を使用するほうが塗装が長持ちして、色あせや木割れがしにくくなります。

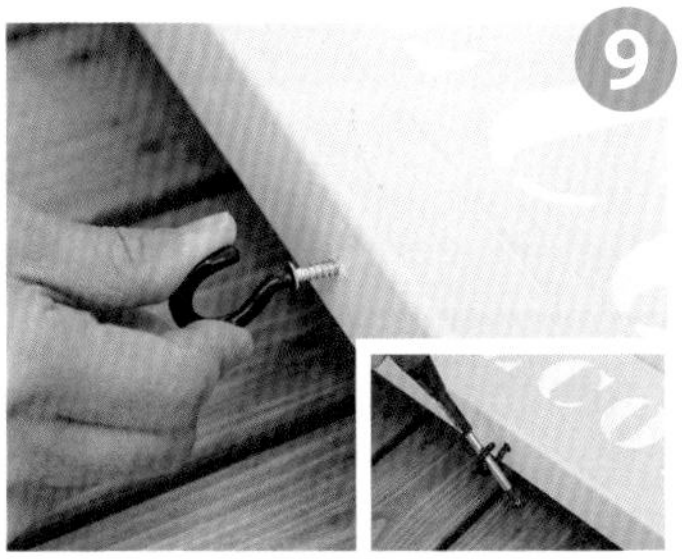

9
ハンギングを吊るためのヒートンを取り付けます。枠のセンターにキリで下穴をあけてからねじ込みます。きつい場合はドライバーを差して回してください。

ステンシルできれいに文字入れ

塗装での文字入れに便利なのがステンシル。市販のシート（型）を利用すれば誰でもおしゃれな文字やイラストで、作品を仕上げることができます。

好みのフォントのステンシルシートを用意して、マスキングテープを使って装飾したい面に貼ります。

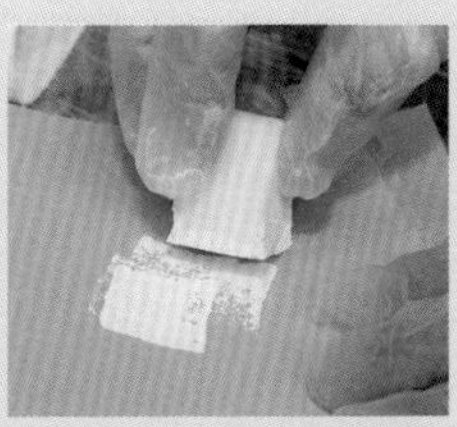

小さくカットしたスポンジに塗料をつけて、余分を拭き取ります。つけすぎないのがきれいに仕上げるコツです。

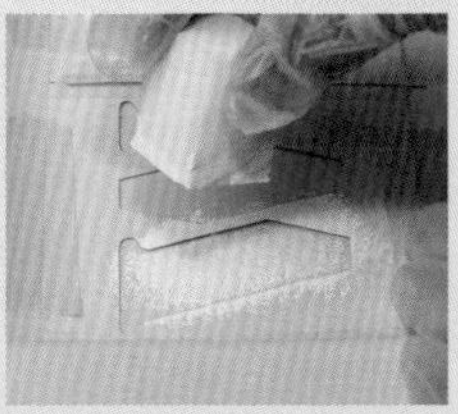

上から軽く叩くようにして薄く塗り重ねると、はみ出さずにシャープな輪郭に仕上がります。

難易度 ★★★★☆

円形テーブル

人数や設置場所に合わせて変形する分割タイプ

作りやすいのはオーソドックスな四角いテーブルですが、ここでは使い勝手のよい分割式の円形テーブルの作り方を紹介しましょう。円形テーブルのよさはなんといってもソフトなイメージ。厚みのある2×4材で作ると得てして武骨になりがちですが、円形の天板は見た目を柔らかくしてくれます。コーナーの区切りがないので、大勢になったときに囲みやすいのもメリットです。

分割式は製作する手間がかかりますが、大型テーブルにはとくにおすすめです。組み合わせ方をアレンジしていろいろな使い方ができますし、移動するときも2人でらくらく動かせます。せっかく作った家具をどんどん活用するためには家族の使いやすさが大切です。分割の有無やサイズはそれぞれに決めて製作してください。

材　料

■天板
　天板
　　2×4材
　　1820mm　10本
　　900mm　4本
　つなぎ
　　2×4材
　　650mm　2本
　　550mm　4本
■脚
　2×4材
　　635mm　8本
　　500mm　8本
　　400mm　4本
■屋外用水性塗料
■木ネジ　65mm

道　具

■インパクトドライバー
■電動ドリルドライバー
■丸ノコ　■サンダー
■ジグソー
■ノコギリ

展開図

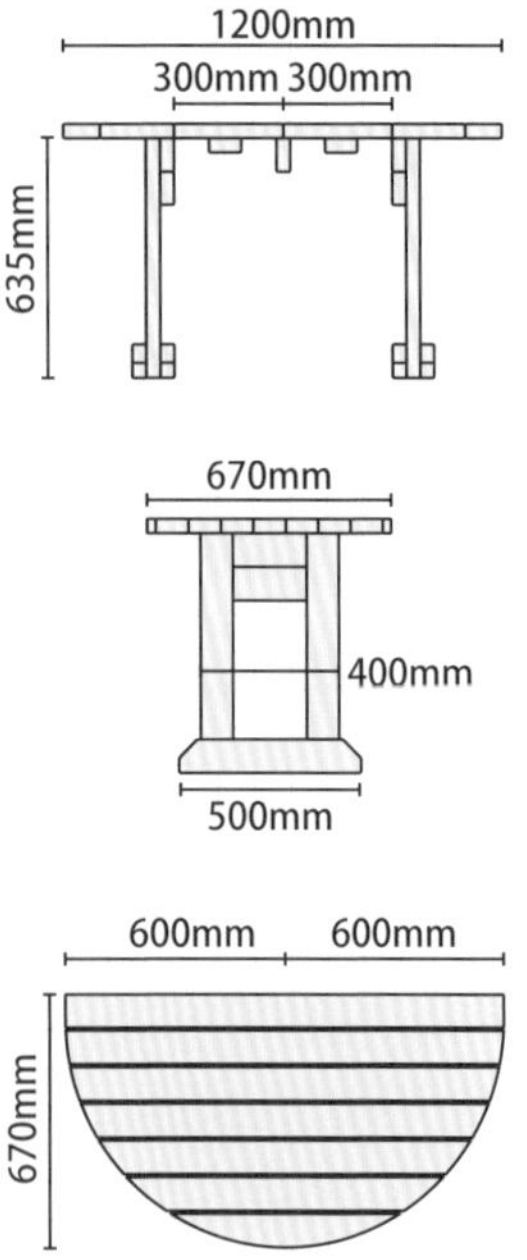

天板を組み立てる

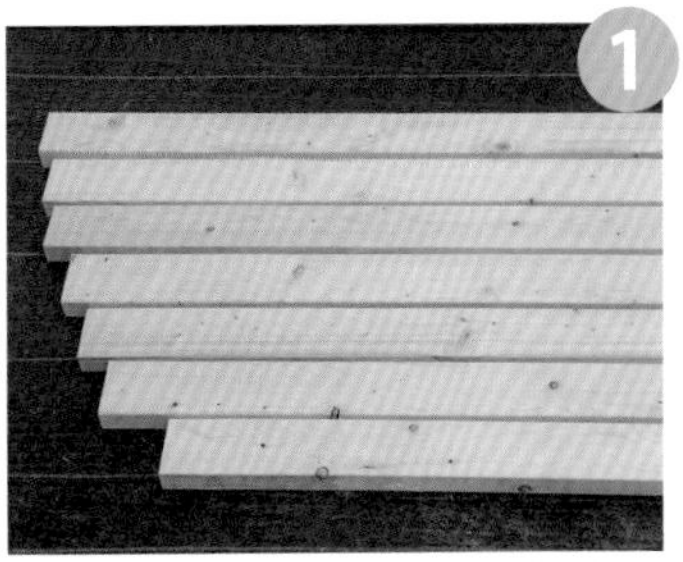

天板を半径600mmの楕円形にするため7本の2×4材を使用します。水がたまらないようにするため10mmのすき間分を入れて本数を計算します。

木材は半径600mmの半円をカバーできる長さにし、3本のつなぎ材を必要な長さにカットします。

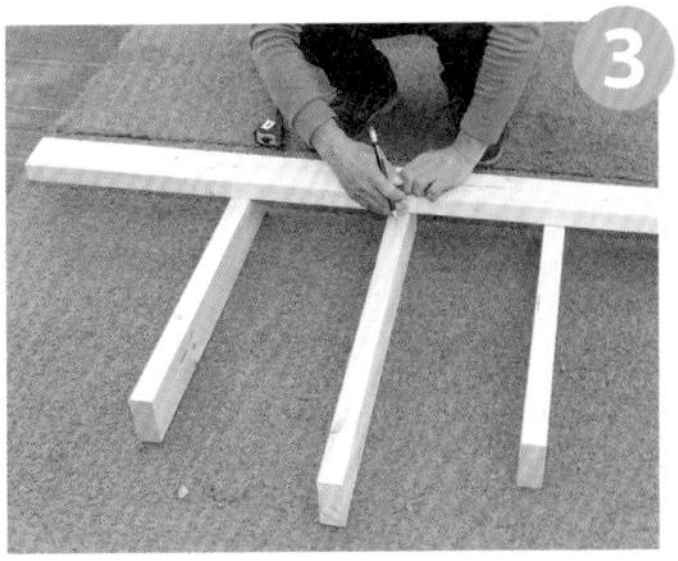

つなぎ材は天板の真ん中とその両脇に300mmの間隔で入れます。天板材とつなぎ材に目印の線を引いておいて位置合わせをしましょう。

長い木材から順につなぎ材に固定します。位置合わせをして木ネジ (65mm) を1本打ち、木材を垂直に調整してから2本目を打ちます。

2本目以降を固定するときは厚さ10mmのスペーサーを入れてすき間を均等にします。

合わせ位置とすき間がずれないように確認しながら、天板材を取り付けていきます。

天板材に引いた位置合わせの線に沿って木ネジを打っていくと、一直線上にきれいにそろえることができます。

フシや割れがあると仕上がりがきれいになりません。木材の裏表をチェックして、きれいな面が上面になるように固定しましょう。

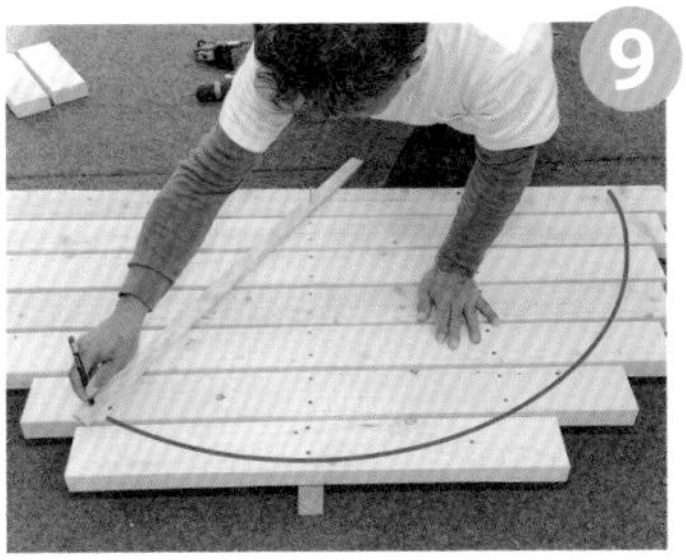

天板に半径600mmの半円形のカット線を引きます。ここでは下段囲みで紹介しているコンパスを使っています。

組み合わせて使うときに楕円形になるように、いちばん長い天板材の両端は直線にしておきます。

ヒント

コンパスの作り方

円形の家具やウッドデッキの曲線など、大きな円や円弧を書くときには、木材を加工してコンパスを作ると便利です。

長い木材に描きたい円の半径分の距離をあけて (上の作業では 600mm) 木ネジと鉛筆を差す穴をあけます。

円の中心となるところにネジ穴を合わせて固定し、もう一方の穴に鉛筆を差して⑨のように使用します。

天板を半円形にカットする

前の作業で描いた線に沿って余分な部分をジグソーでカットします。ブレードがつなぎ材にあたらないように注意してください。

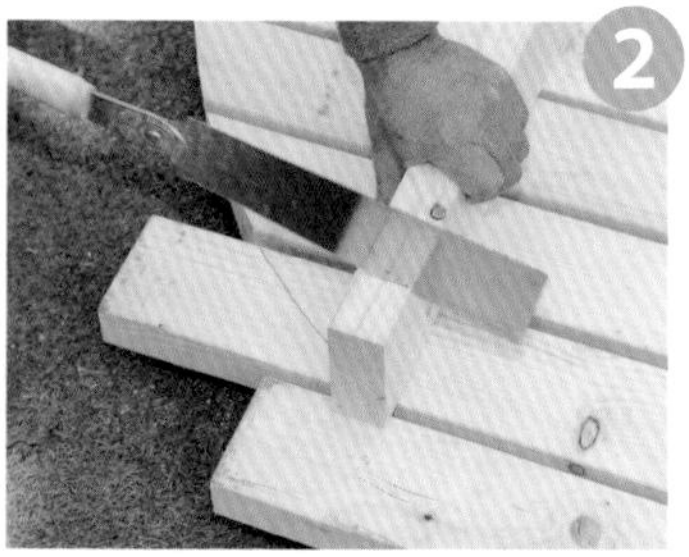

つなぎ材が長すぎた場合は、ジグソーでの切断を中断して、円の内側に収まるように余分な部分を切り落とします。

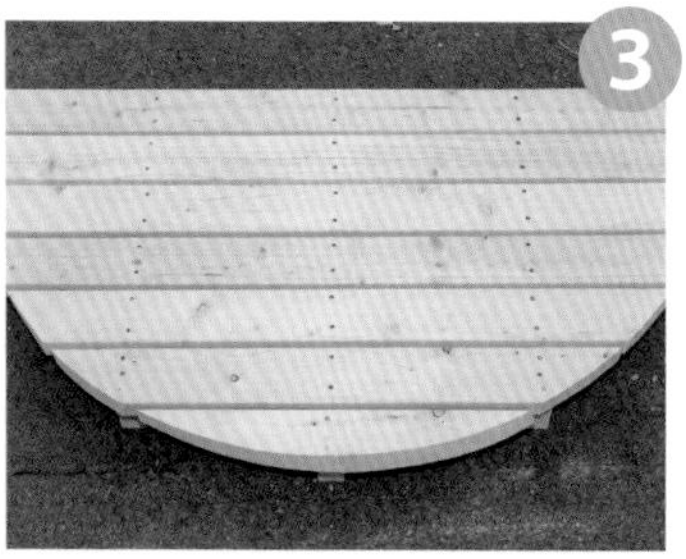

ようやく天板の形が見えてきました。この時点ではいちばん短い天板材にはつなぎが１本しか入っていないので強度が足りていません。

適当な長さにカットした2×4材を裏からネジどめして補強します。

切断部分をサンディングしてバリ取りや角を丸くする面取りをします。切り口のでこぼこが目立つ場合は、80番のペーパーで整えてから120番で磨きます。

最後につなぎ材の角を切り落としておきます。座るときに足があたりにくいようにするための加工です。

脚を組み立てる

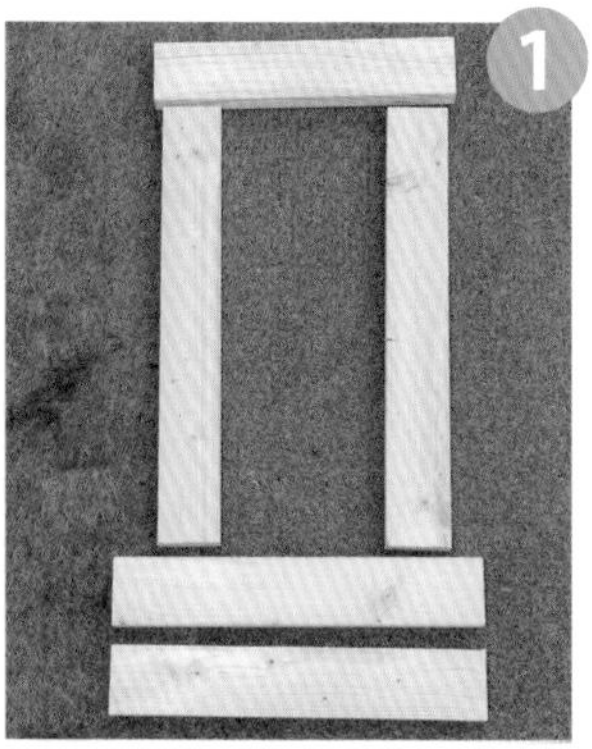

脚も2×4材を使って作ります。写真の木材は1組分です。

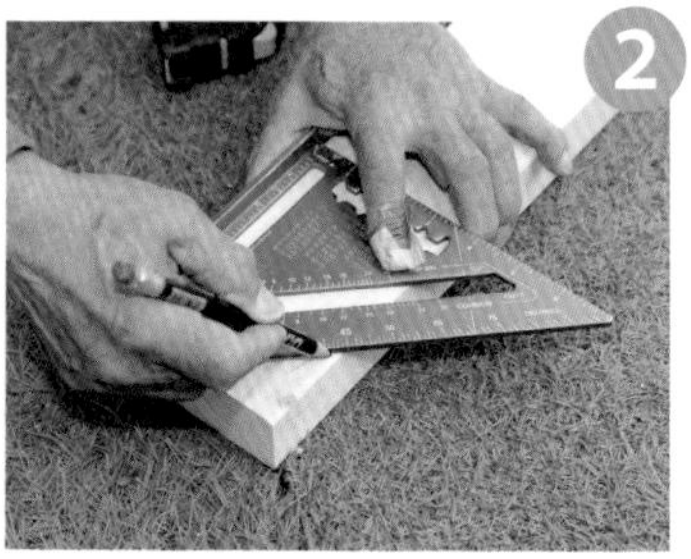

下側に取り付ける500mmの2×4材の角を切り落とします。角から40mmの2点を結んで45度の線を引きます。

線に沿ってノコギリで余分な部分をカットします。もう一方の角も同じように加工します。

タテ材の取り付け位置がわかるように線を引きます。両側とも木材の端から50mmあけています。

線に合わせてタテ材を置き、垂直を確認しながら65mmの木ネジで固定します。垂直の確認はさしがねやスコヤでも行えます。

タテ材を2本とも固定したら、それを挟むようにもう1本の500mm材を取り付けます。下側と両端を木材などで位置合わせします。

上からネジどめします。先に打った木ネジに干渉しないように位置をずらしてください。

タテ材の上側につなぎのヨコ材を取り付けます。天板と接合するために 2 × 4 材が 1 本入るスペースをあけて固定します。

脚を 2 組作ります。ネジの頭が見える方を完成時に内側になるようにそろえておくと、仕上がりがきれいです。

塗装はお好みで。今回は天板と脚を異なるタイプの塗料で塗り分けます。天板には木材の質感を活かせる屋外木部用のステイン塗料を使っています。

天板と脚を接合する

脚は屋外木部用の造膜タイプの水性塗料、いわゆるペンキタイプで塗りました。

天板のつなぎ材の外側に脚の上部を合わせてネジどめすれば 1 台 (半分) は完成です。同じものをもう 1 台作りましょう。

円形テーブルの使用例

直径1200mmの円形テーブルは、大勢の友人を招いて食事を楽しむときなどにゆったりと使えます。

＜右上＞真ん中を円形に切り落とすと、鉢植えの木を入れたり、パラソルを立てたりできます。

＜左上＞少人数のときは分割してカウンターのように使うことも。

＜右＞お子さんが多いパーティなどでは S 字に組んでも楽しそうです。

円形ベンチ

個性的でかわいい形のベンチセット

ベンチというと横長の長方形のものが一般的ですが、前項で紹介している円形テーブルとセットで使える円弧状のベンチも紹介します。1脚をコンパクトサイズにしているのは、円形テーブルをぐるりと囲めることと、使いやすさとを考えあわせてのことです。集まる人数が多ければ4脚以上に増やすなど数を調整しやすいですし、配置もさまざまにアレンジできます。重さは一人掛けのイスと同じくらいに抑えているので、移動するのも楽々です。

座板の幅を３００㎜でそろえるために、長材を加工した同心円を描けるコンパスを使っています。また、脚は下側を少し開いたハの字型にして安定を高めました。DIYで作るベンチとしては加工の手間はかかりますが、より使いやすく見た目には個性的な仕上がりになっています。ぜひ工程を楽しみながら製作してください。

材　料

<ベンチ1台分>

■座板
　2×6材 900mm 3本
　つなぎ材
　2×4材 270mm 3本
■脚
　2×4材 400mm 4本
■屋外木部用水性塗料
■木ネジ　65mm

道　具

■インパクトドライバー
■ジグソー　■サンダー
■ノコギリ

展開図

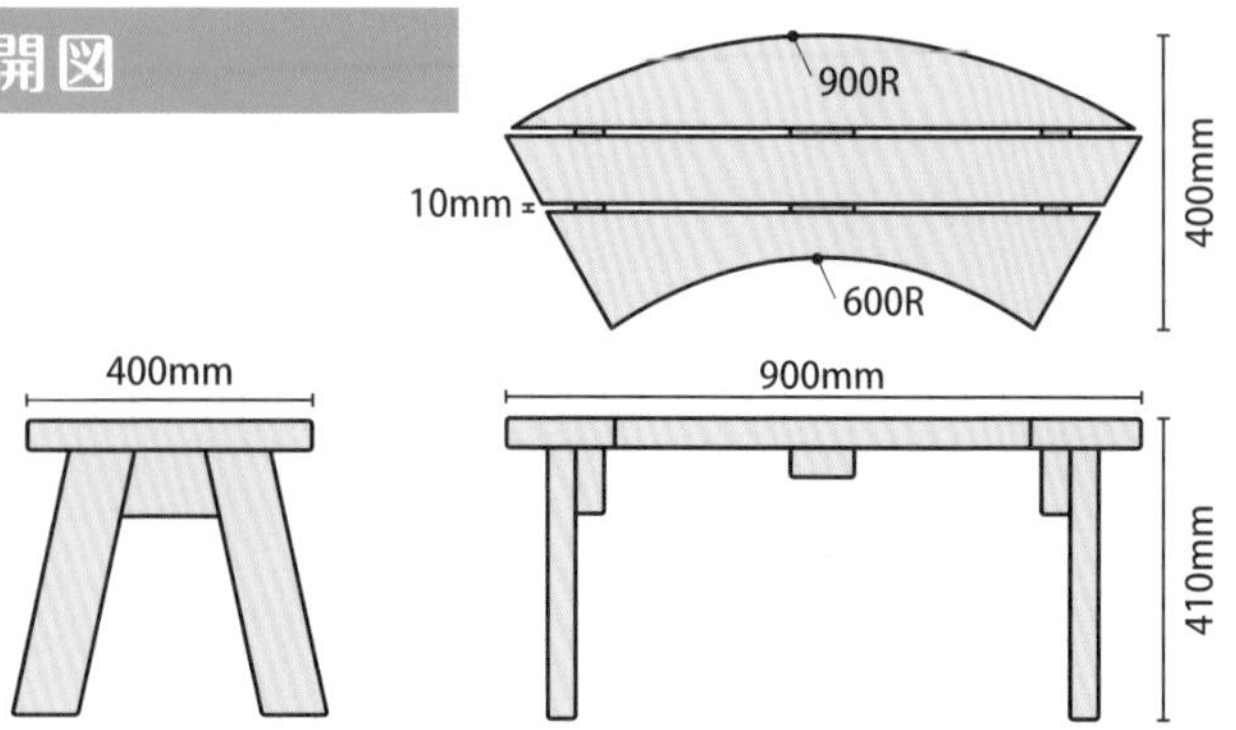

座板にデザインを描く

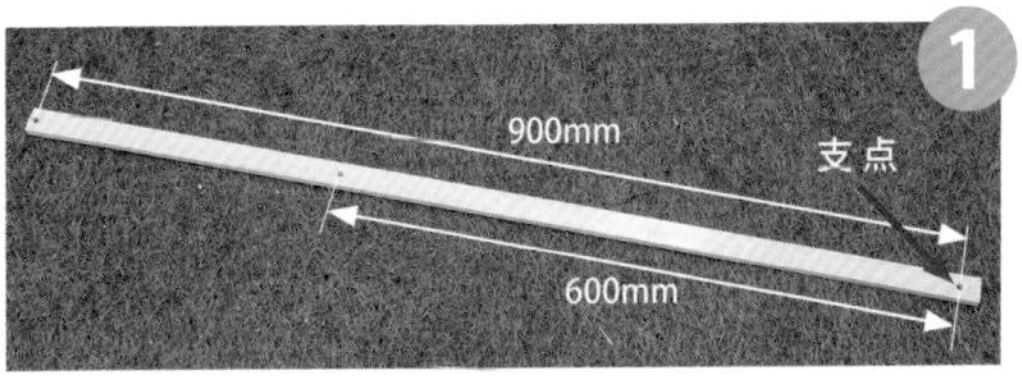

幅300mmの同心円を描くためのコンパスを作ります。細い木材を用意して支点、600mm、900mmの位置に3mm程度の穴をあけます。

2×6材の座板を3枚並べて円の支点となる位置を測ります。支点にネジを打つために、座板とセンターを合わせた2×材を置いて900mmを測っています。

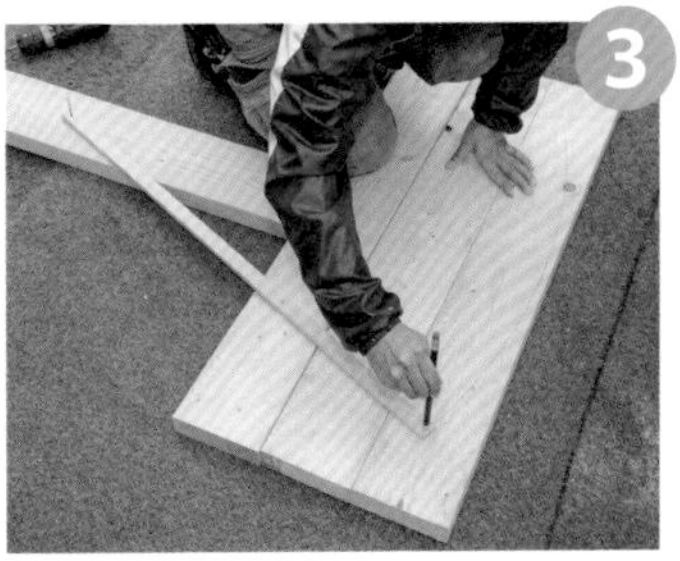

支点をネジで固定し、900mm位置の穴に鉛筆を差して外側の円を描きます。

鉛筆を600mm位置の穴に差し直して内側の円を描きます。支点を固定しているので300mm幅の同心円を描くことができます。

間に厚さ10mmのスペーサーを入れて3枚の座板を仮置します。両端の輪郭線を引くために仕上がり時と同じ配置にします。

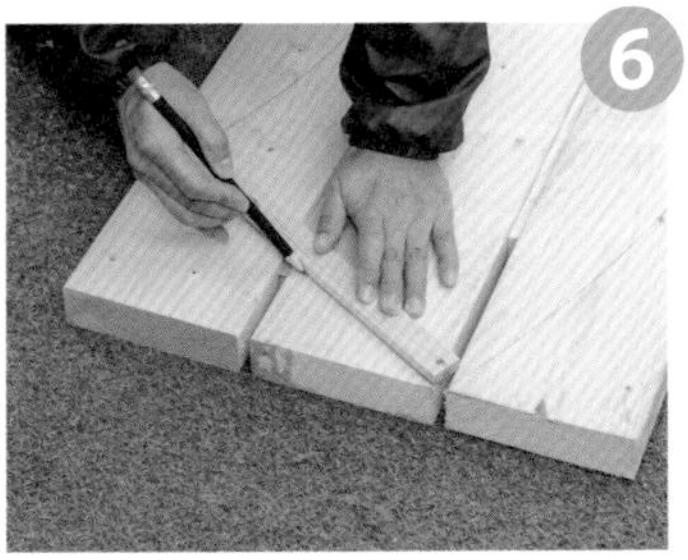

外側と内側の円の端を結ぶ斜めの線を引いて座板の両端を決めます。これで座板を加工するための準備ができました。

座板を作る

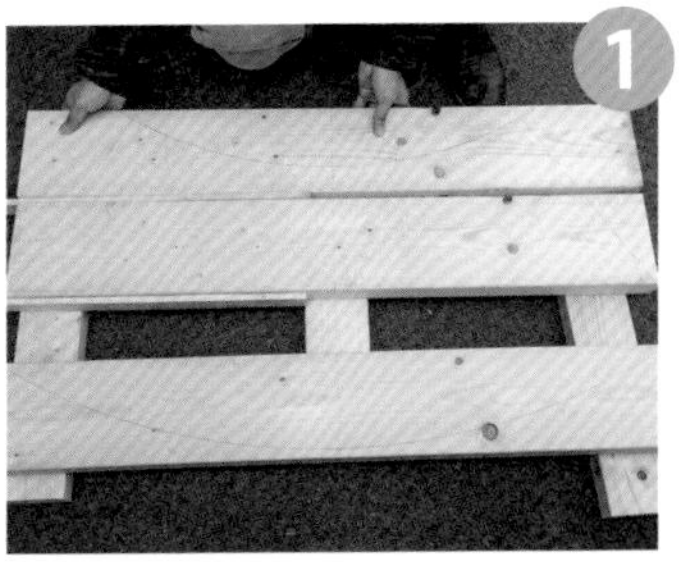

3枚の座板をつなぎ材のセンターに合わせて並べます。つなぎ材が下書きをした円からはみ出さないように位置決めしましょう。

センター線に沿って65mmの木ネジを打って座板を固定します。座板のすき間は10mmのスペーサーを入れてそろえています。

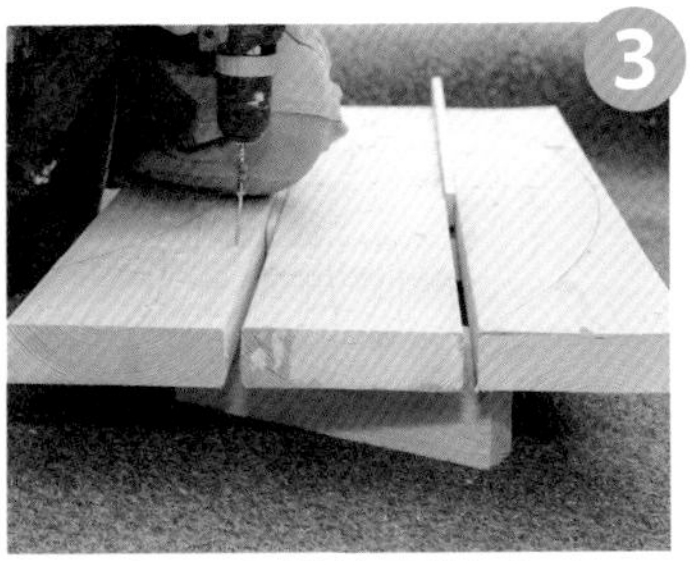

残り2本のつなぎ材を両端から100mm内側に固定します。この2本は立てて置いて木端に対してネジを打っています。

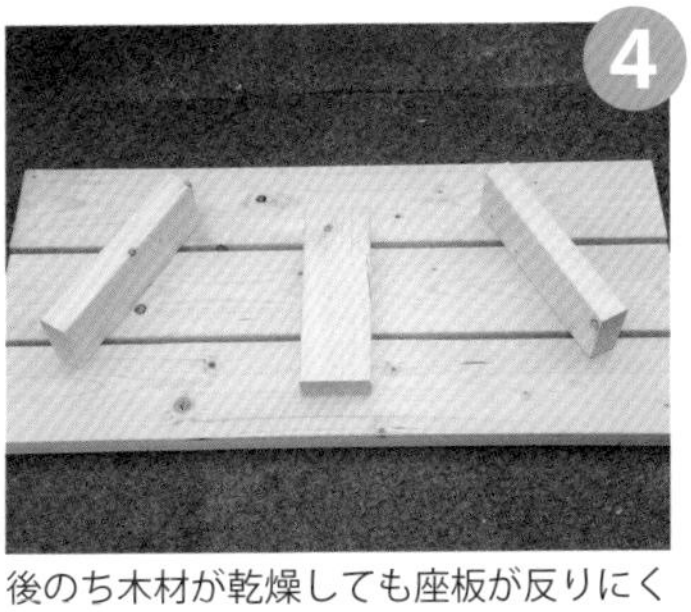

後のち木材が乾燥しても座板が反りにくいように、補強を兼ねて両側の2本のつなぎ材は木端で受けるように取り付けました。

座板をしっかり固定できたところで、上記でデザインした輪郭線に沿ってジグソーでカットします。

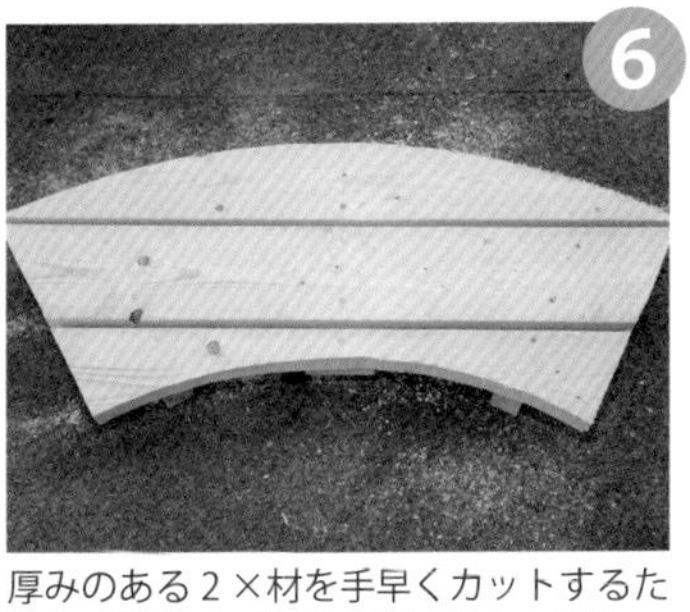

厚みのある2×材を手早くカットするために、ジグソーはオービタルモード（シャクリ）で使っています。切断面は荒れるものの効率はアップします。

脚を取り付けて仕上げる

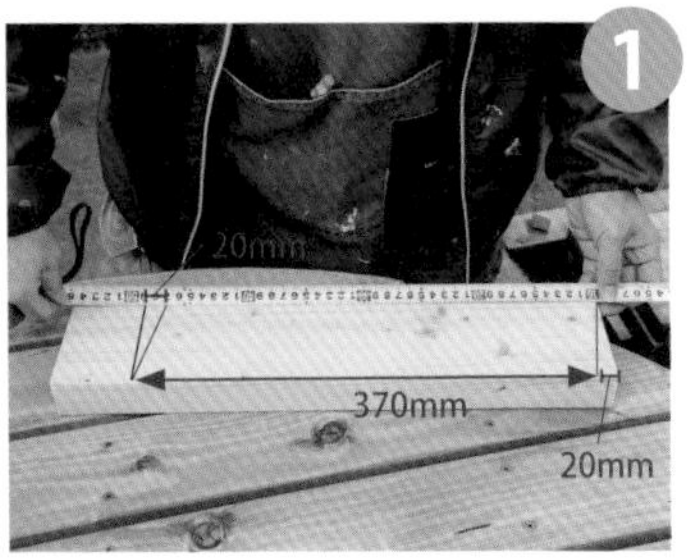

斜めに取り付けるため、脚の上下に約10度の角度をつけて線を引きます。ここでは片側を20mmずらして線を引いています。仕上がりの長さは370mm。

両端ともに斜めに引いた線をノコギリでカットします。

同じように加工して4本の脚を用意します。

脚を座板の裏にあてて取り付け位置を決めます。脚の先が座板の幅から少しはみ出しますが、安定を重視してつなぎ材の端に合わせています。

1本の脚につき4本の木ネジを打ってがっちりと固定します。

脚の取り付け角度がずれるとガタツキの原因になります。斜めにカットした木口が座板の裏に密着するように固定してください。

座板と脚の組み立てが完了しました。体重をかけてもぐらつかないことを確認したら、切断面にサンダーをかけてていねいにバリ取りと面取りをしましょう。

屋外木部用の水性塗料で塗装します。木目が透けるステイン、またはペンキ、それらの組み合わせなど、仕上がりをイメージして仕上げてください。

1~2人がけのミニベンチの完成！ このベンチは4つ並べてほぼ円形になるように設計しています。使用する人数などに合わせて必要な数を作ってください。

工作用の分度器を発見！

さしがねでは描けない角度線を引いたり、現物合わせで角度を測定したいときに便利なのが「プロトラクター」という角度計。そもそもは金型などの計測に使う道具ですが、木工作にも利用できます。

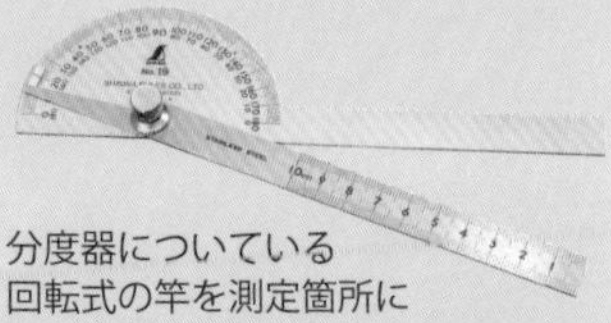

分度器についている回転式の竿を測定箇所にあてて数値を読みます。

角度線を引くときは目盛りを任意の角度に合わせて固定し、竿を定規がわりにして線を引きます。

必要なときにサッと登場する簡単組み立てシェルフ

材　料

■脚タテ材
2×3材　900mm　4本
■つなぎ材
2×3材　410mm　6本
■棚板
集成材
18×400×1200mm　2枚
■木ネジ　75mm

棚板を通すだけで自立します

ＤＩＹ好きのキャンパーの間でよく使われている組み立て式のシェルフは、ウッドデッキや庭での食事の際にも活躍します。脚に棚板を通すだけで組み立てられ、バラしておけば置き場所をとりません。ＢＢＱの食材や食器を置いておく棚としても、予備のテーブルとしても利用できます。基本の作り方を参考にして棚の高さや幅を使いやすくアレンジして作りましょう。

もし屋外に置きっぱなしにするのでしたら、棚板は１×材などの無垢板を使い、屋外用塗料を塗って保護しておきましょう。

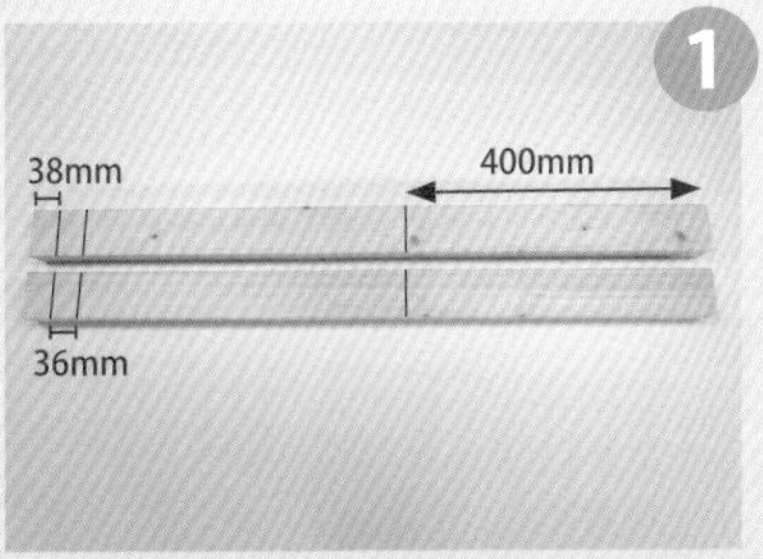

脚タテ材の上から38mmと36mm、下から400mmのところに、つなぎ材を合わせる線を引きます。

線のところにつなぎ材を合わせ、75mmの木ネジで固定して脚を組み立てます。

上段の棚板をつなぎ材の間に通してシェルフを自立させた状態で、脚の下部に床と平行の線を引きます。

線に沿ってカットすれば脚先端の角度調整の完了です。脚をハの字に開いて棚板をロックすることでしっかり固定されます。

難易度 ★★☆☆☆

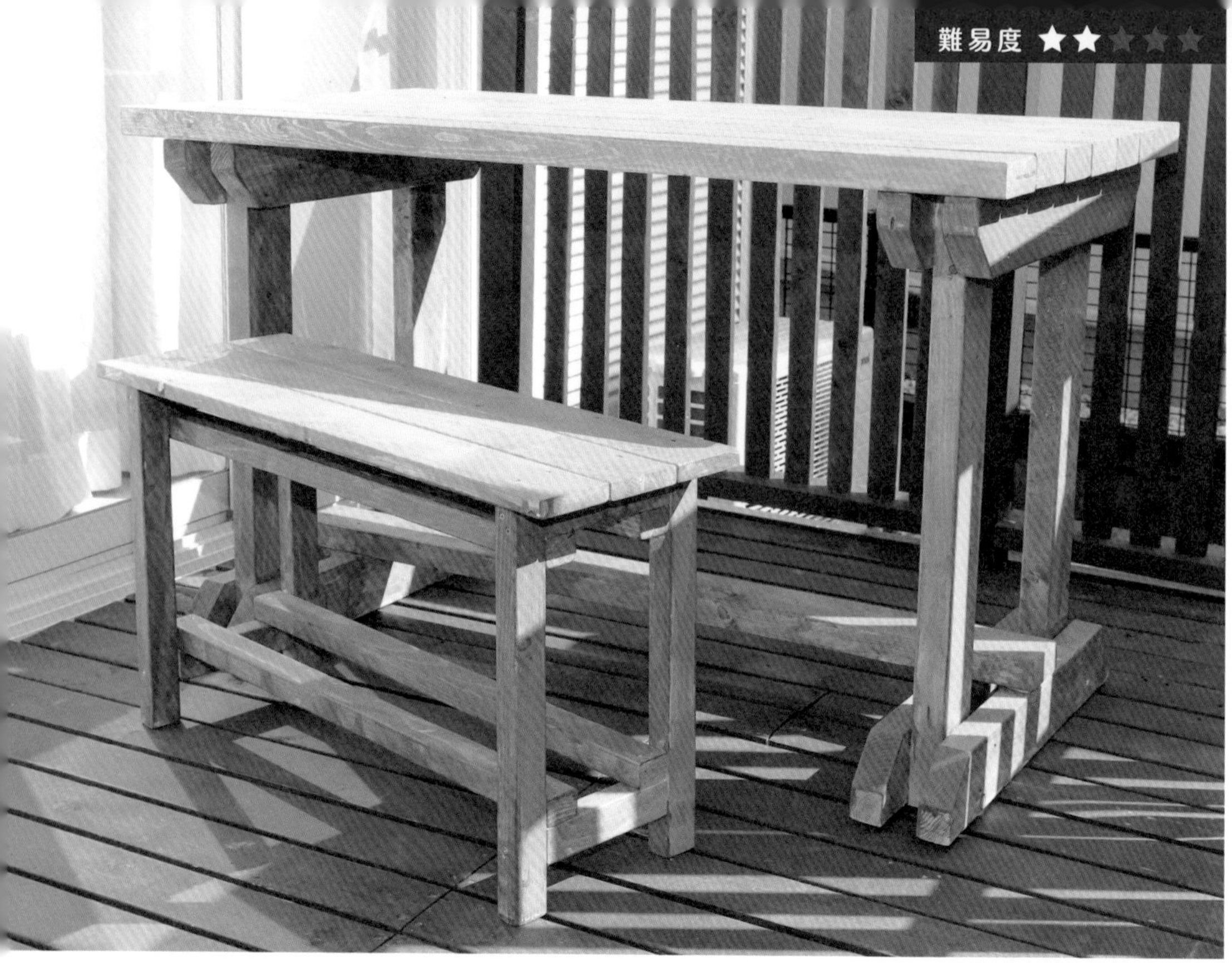

ガーデンベンチ

庭先やベランダで過ごす時間を優雅に演出

暖かい日差しの下でスローな時間を楽しむなら、ガーデンベンチがオススメです。外の空気を吸いながらお茶や読書ができるため、のんびりとしたり、気分転換をするのに最適な場所となってくれます。また観葉植物のディスプレイ台としても使えるなど、アイデア次第で使い道はさまざま。次項のガーデンテーブルと組み合わせれば、より統一感が生まれ、テラスやウッドデッキを素敵なくつろぎ空間へと変えてくれることでしょう。

展開図

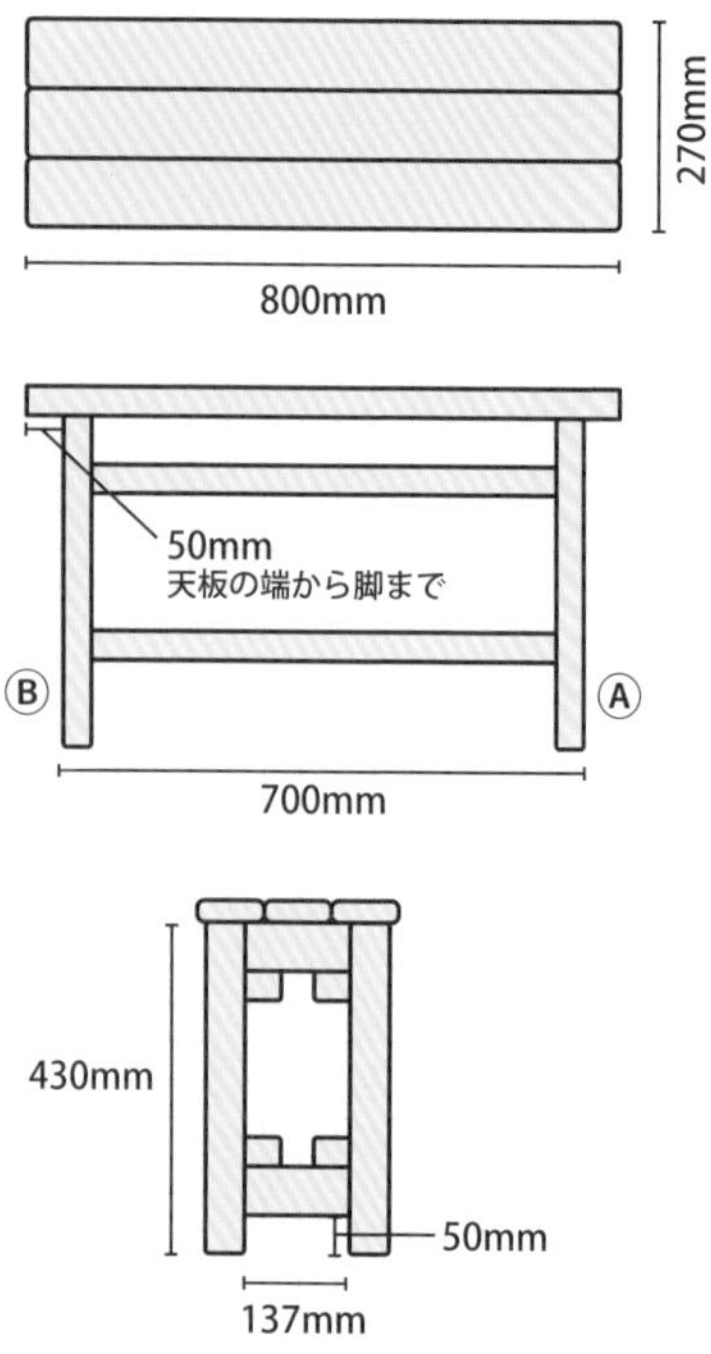

道具

- ■電動ドライバードリル
- ■サンダー
- ■ノコギリ
- ■下穴ビット
- ■メジャー
- ■直角定規
- ■耐水性木工用接着剤
- ■ハケ

材料

- ■SPF1×4材
  長さ800mm　3本
- ■SPF2×3材
  長さ700mm　4本
  長さ430mm　4本
  長さ170mm　4本
- ■屋外用水性塗料
- ■木ネジ　35mm

シンプルで丈夫なベンチを作る

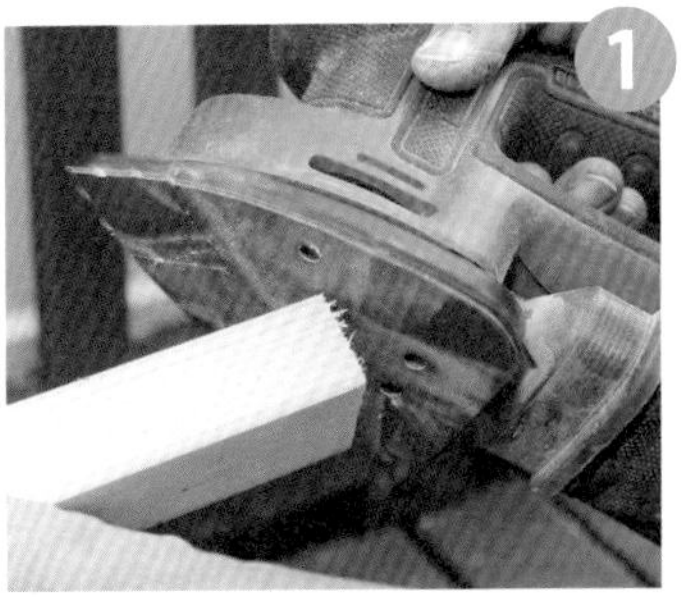

切り出した板材すべてのカット面をサンダーで磨き、荒れやバリを取ってきれいに整えます。

脚のタテ材となるSPF2×3材の下から50mmのところに線を引きます。4本すべてに行いましょう。直角定規を使うと簡単に直角の線を引くことができて便利です。

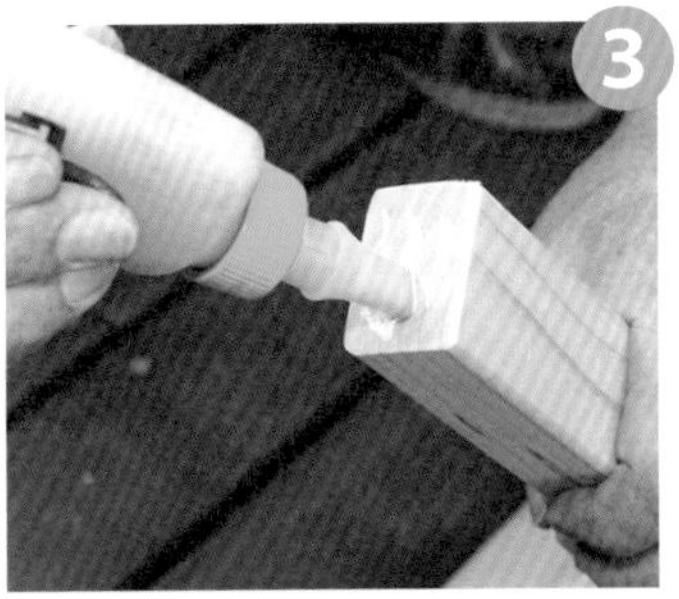

脚のヨコ材となるSPF2×3材の木口に、組み付けたときの接合強度を高めるため、耐水性の接着剤を塗っておきます。

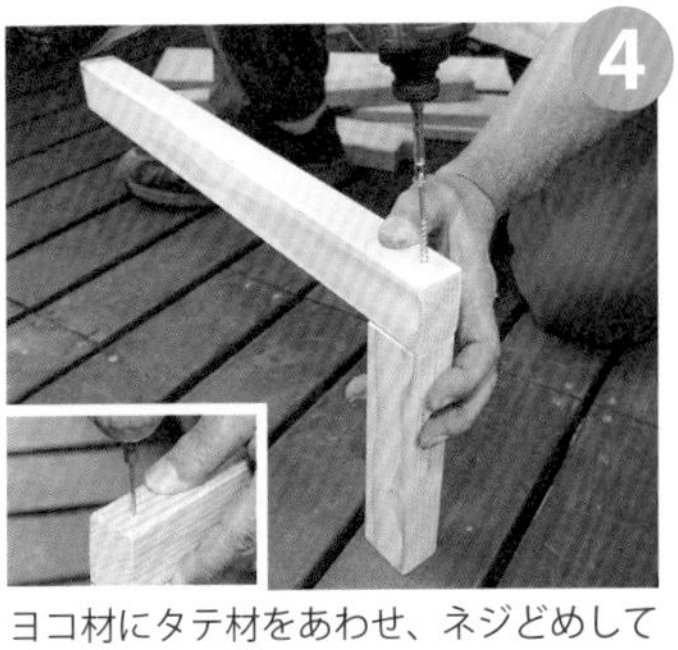

ヨコ材にタテ材をあわせ、ネジどめしていきます。割れを防ぐために下穴をあけてから、ネジを2本打って固定します。

反対側にもタテ材をあわせ、2か所ネジどめをします。ここでも接合面には耐水性木工用接着剤を塗りましょう。

❷で引いたタテ材の線を目印に、もう1本のヨコ材を置き、2か所ネジどめします。同じものをもう1セット作ります。

脚の内側角に700mmつなぎ材を端がはみ出さないようにあわせ、2か所ずつネジを打って固定します。

同じようにして4か所の内側角につなぎ材をネジどめし、2組の脚を固定すると脚部の組み立てが完了です。

天板となるSPF1×4材を脚部の中央に合わせます。両側のはみ出しが50mmになるように位置を調整しましょう。

位置合わせができたら、座板と脚が直角になっていることを確認して、2か所ずつネジを打って固定します。

固定した板の両側に、3mm程度のすき間をあけて残りの2枚を固定します。ベニヤなどで厚さ3mmのスペーサーを作っておくと、すき間調整に便利です。

以上でガーデンベンチの完成です。耐水性や防腐性のある屋外用塗料を塗って、好みの色に仕上げてください。

難易度 ★★★☆☆

ガーデンテーブル

心地よいカフェタイムが自宅で味わえる

ナチュラルウッドの温かみがもたらすおしゃれな雰囲気が味わえるだけでなく、家族が集まる場所として、また友人を招いたホームパーティなど、人と人を自然に繋げてくれるアイテムです。屋外バーベキューや休日ランチといった、ゆったりとした心地よい時間を過ごすのにぴったり。自宅の庭でいつでもアウトドアスタイルを楽しむこともできます。ガーデンテーブルを取り入れて、優雅なライフスタイルを堪能しましょう。

展開図

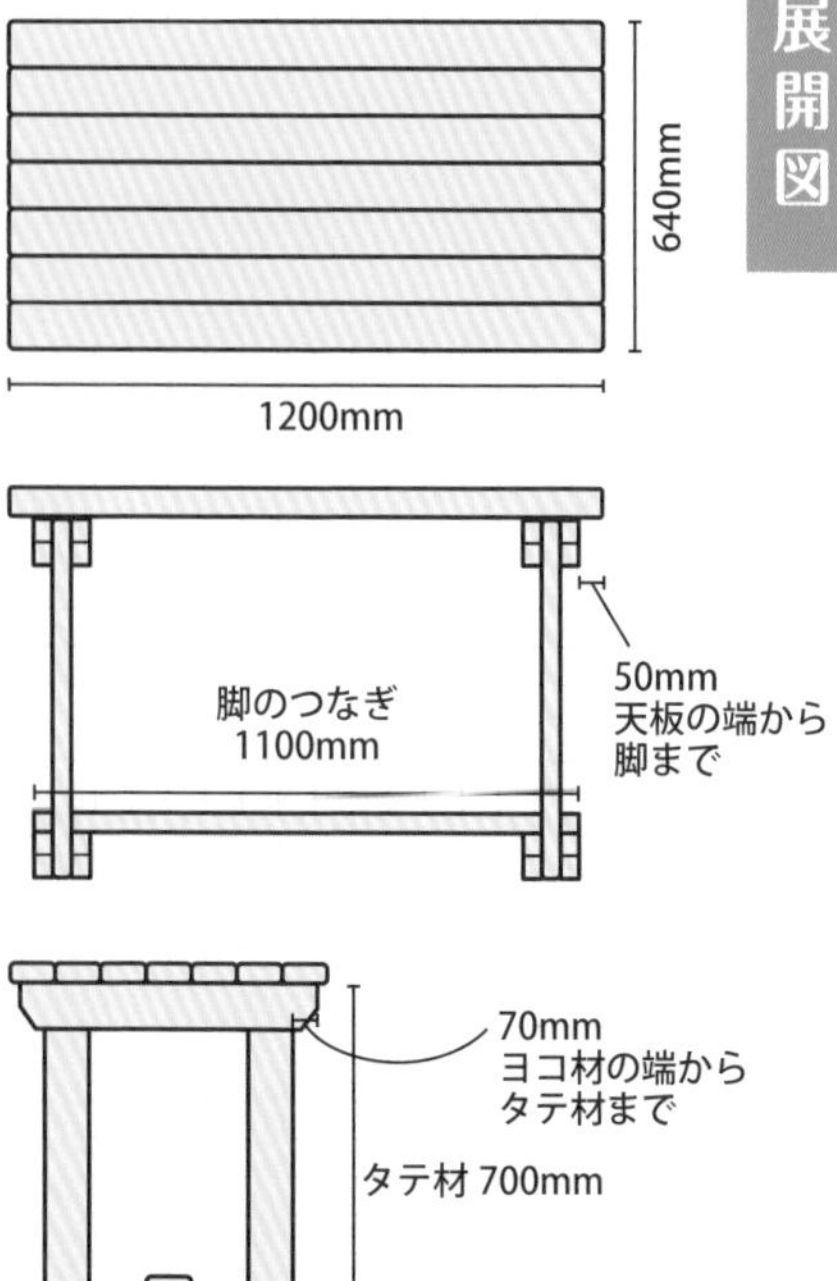

道　具

■電動ドリルドライバー
■サンダー
■ノコギリ
■さしがね（直角定規）
■メジャー
■耐水性木工用接着剤
■ハケ

材　料

■SPF2×4材
長さ1200mm　7本
長さ1100mm　1本
長さ 700mm　4本
長さ 600mm　8本
■屋外用水性塗料
■木ネジ　65mm

2×4材でウッディなテーブルを作る

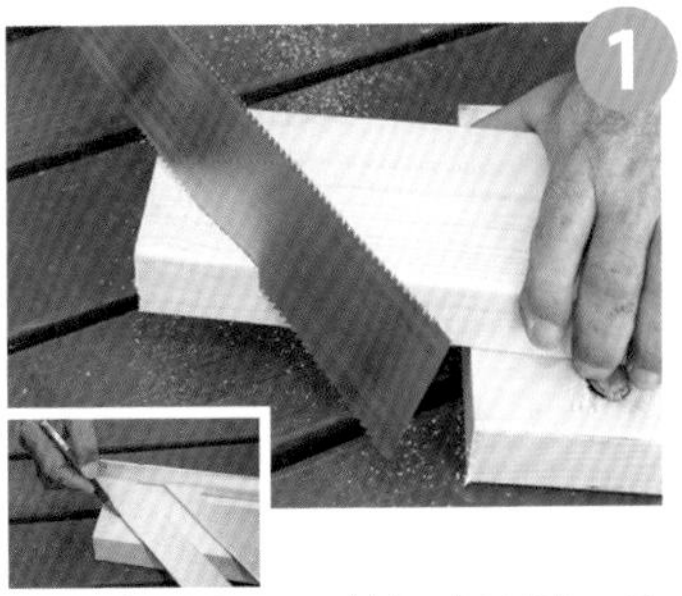

脚と天板受けのヨコ材を8本用意し、それぞれの角から50mmのところに印をつけ、45度の線を引いてカットします。

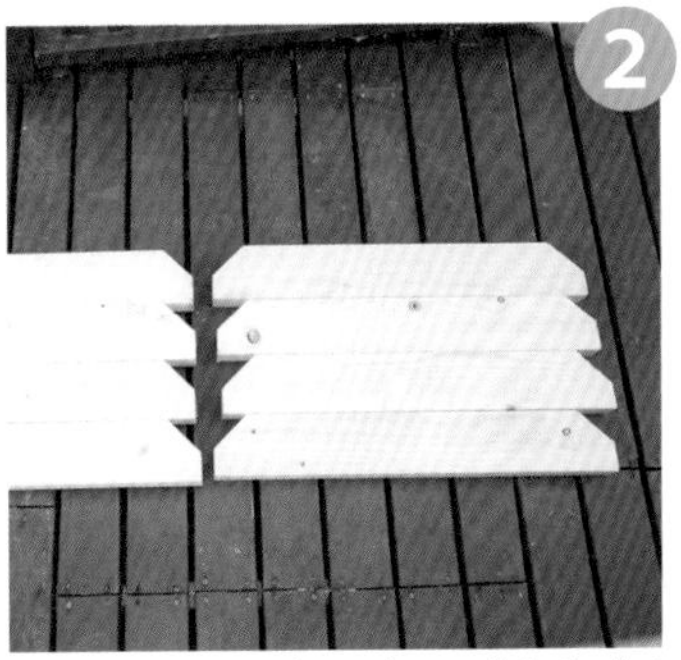

カット面はサンダーで磨いて荒れやバリを取り、きれいに整えておきましょう。

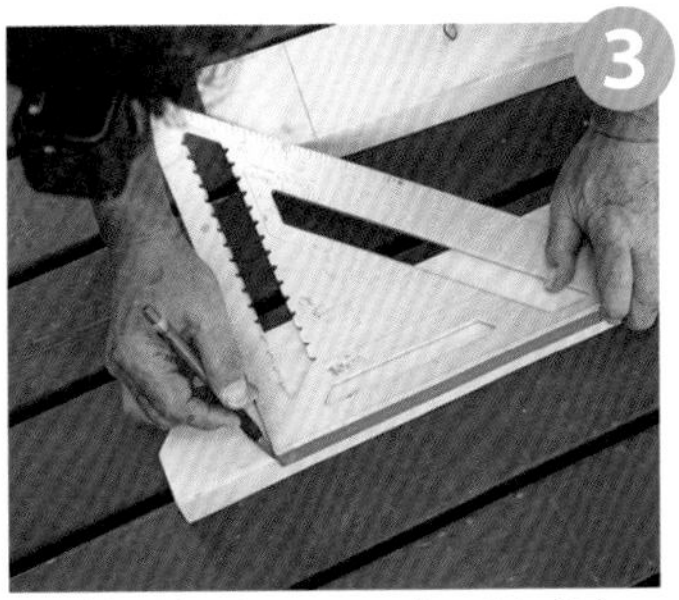

ヨコ材の端から70mmのところに印をつけ、直角に線を引きます。この作業も8本すべて両端に行います。

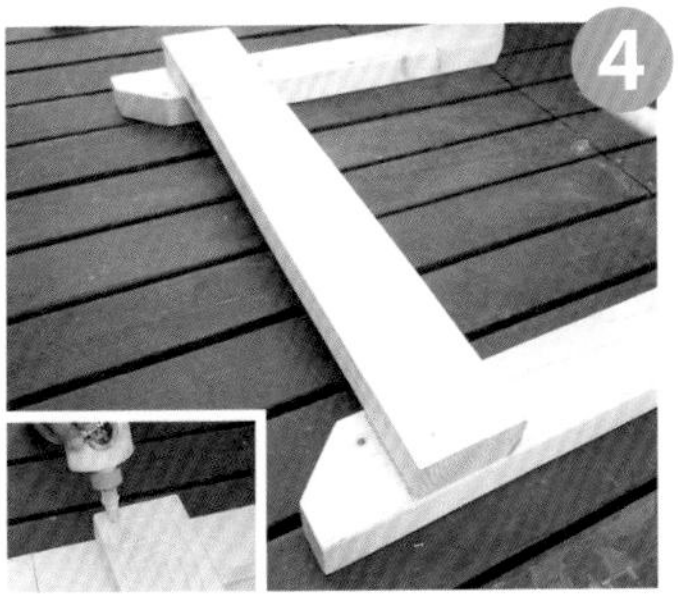

ヨコ材を２本並べ、❸で引いた線に沿ってタテ材を置きます。接合面には、耐水性の木工用接着剤を塗りましょう。

タテ材を取り付けるときは、先に木ネジを１本打ち、定規をあてて直角を確認してから２本目を打って固定します。

同様にして、２本のヨコ材の上に２本のタテ材を直角に固定します。

タテ材を挟むように上からヨコ材を置き、ヨコ材に引いた70mmの線に合わせて２か所ずつネジどめします。

反対側も、タテ材をはさむようにヨコ材を固定し、上下が対称の脚を作ります。同じものを２組作りましょう。

ヨコ材のまん中につなぎ材を直角に固定します。直角を確認しながら４か所をネジどめし、両側の脚を取り付けます。

両端が脚から50mmずつはみ出すように位置決めして、天板を取り付けていきます。まん中から外側に向けて作業するのが、バランスよく固定するコツです。

天板を３mm間隔でネジどめしていきます。3mm厚のスペーサーを作っておくと作業がはかどります。

あとはお好みの塗料を塗って仕上げれば完成です。

難易度 ★★★

室外機カバーを作る

庭になじむ ウッディな外観に

庭やベランダに設置されて野ざらしになっているエアコンの室外機は、周囲の雰囲気にそぐわず、美観を損ねていることがほとんどです。年数がたつと、汚れや傷みも目立つようになります。

また、夏場に日差しを受けて室外機の温度が上昇すると、エアコンの冷房効率が低下するといわれています。室外機をカバーで覆うことは、美観と機能の両面で有効な方法です。室外機カバーは、市販品に頼らなくても木材を使って簡単に自作することができます。庭の雰囲気に合う素敵なデザインを考えて、製作してみましょう。

■設計するときの注意

設計時は、室外機の幅、高さ、奥行を測り、用途や周囲のスペースに合わせて完成サイズを決めましょう。排気口の前にルーバーなどをつけると、冷房効率が低下するので、ふさがないように設計してください。今回は、幅700×奥行250×高さ550mmの室外機のサイズにあわせて製作しています。

上部の空間を有効に活用！

ただ室外機を隠すだけでなく、この作例のようにカバーの上部を棚や作業台として使えるように作ることもできます。作業台にしたいときは、天板の高さを750～900mm程度にすると使いやすくなります。

道　具

■電動ドリルドライバー
■ドライバービット
■メジャー
■さしがね

材　料

SPF材
■縦格子：1×3材　730mm 10枚
■後部フレーム：1×3材　1600mm 2枚
■つなぎ材：30×40×350mm 4本　/　30×40×850mm 2本
■天板：1×2材　910mm 2枚　/1×4材　910mm 2枚
■横格子：1×2材　850mm 3枚　/1×4材　850mm 1枚
■笠木：1×4材　910mm 1枚
■木ネジ　45mm
■フック　3個

作業台を兼ねた室外機カバーを作る

350mmのつなぎ材に縦格子３本と後部フレームを等間隔にならべ、側面のパネルを作ります。

つなぎ材は縦格子の上端と、下から30mmの高さに合わせ、45mmコーススレッドで固定します。

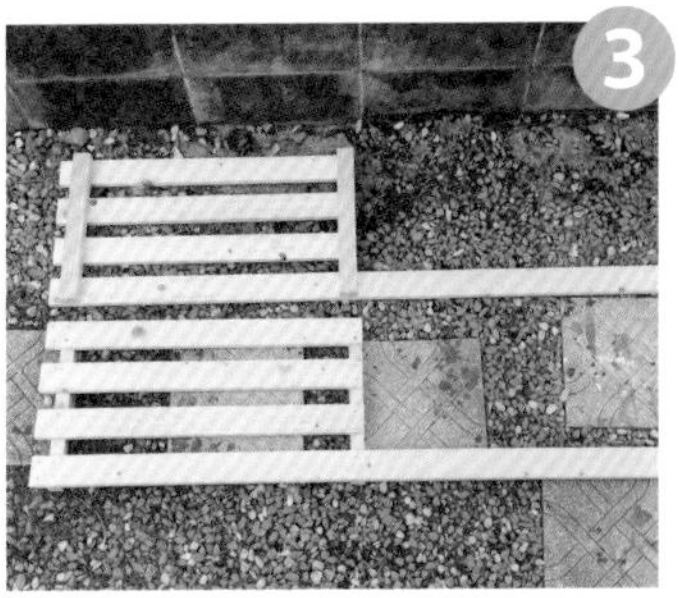

左右のパネルが向き合ったときに対称になるように、木材の位置に注意して組み立ててください。

850mmのつなぎ材を左右のパネルの前端にあわせ、45mmの木ネジで固定します。

上下とも側面パネルのつなぎ材にくっつくようにして、パネルの外側から２か所ずつ木ネジを打ちます。

後部フレームの上部に、45mm木ネジを打って笠木を固定します。両端は均等にはみ出させます。

前面つなぎ材の左端にそろえて、45mmの木ネジを打って縦格子を１枚固定します。

室外機の排気ファンと重なるところを避け、等間隔で右側の縦格子を固定します。お好みで格子の数を決めてください。

上部に天板用の１×２材と１×４材を交互に並べ、45mm木ネジでつなぎ材に固定します。

後部フレームに、上から等間隔で横格子を固定します。道具用のフックを取り付ける１×４材を下に取り付けます。

防水・防腐効果のある屋外用塗料で塗装し、横格子に必要な数のフックをねじ込みます。

完成した室外機カバーを室外機にかぶせ、傾きやぐらつきがないように地面の高さを調整してください。

ガーデンシェッド

2×4工法で作る おしゃれな木製物置《ものおき》

初心者が物置作り、小屋作りに挑戦するときにおすすめなのが2×4工法です。この工法はパネルを立ち上げるだけで壁を作ることができるので、柱や梁《はり》を組む難しい作業が不要です。合板の直線、直角の正確さが重要なため、サイズ加工が必要なときはホームセンターなどのカットサービスを利用して材料を用意するのがおすすめ。材料の無駄やミスを減らすには、合板のサイズ（900×1800㎜）を基準に壁を設計するのがポイントです。

今回はパネルの枠に30×40㎜の角材を使用していますが、もっと大きいサイズで作る場合は2×4材を使って強度を高めましょう。

物置には基礎、壁、屋根、ドアを作る建物作りの基本が詰まっています。より大きな小屋を作る前の練習としてもちょうどよいでしょう。

材　料

■基礎・床
束石
150×150×100mm　5個
2×4材
900mm　2本
525mm　3本
12mm厚合板
600×900mm　1枚
■パネル
12mm厚合板
900×1800mm　1枚
540×1800mm　2枚
150×1630mm　2枚
150×600mm　1枚
30×40mm角材
1800mm　6本
1630mm　4本
820mm　4本
600mm　4本
460mm　6本
70mm　6本
■屋根
12mm厚合板
700×1000mm　1枚
30×40mm角材
540mm　3本
オンデュビラタイル
400×1100mm　2枚
棟カバー　1枚
■外壁
12mm厚スギ材
175×895mm　14枚
175×630mm　26枚
175×145mm　20枚
■ドア
1×4材　1470mm　7本
1×2材　1470mm　2本
552mm　3本
900mm　2本
取っ手、掛け金、丁番
■屋外用水性塗料
■角材
■木ネジ
30mm、75mm、90mm

道　具

■インパクトドライバー
■丸ノコ　■ノコギリ
■水平器
■金づち

主要部材の構成図

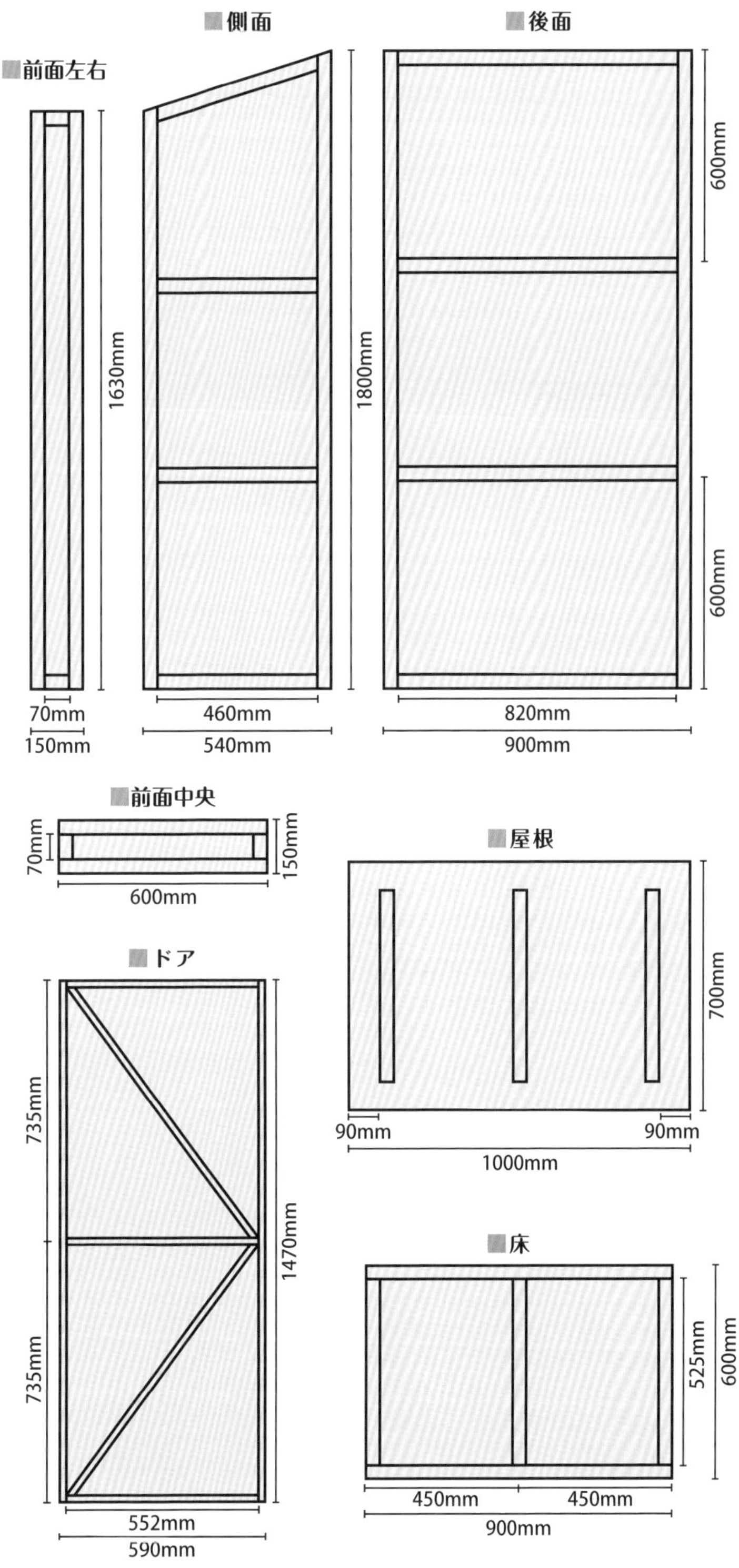

束石を配置して基礎を作る

床面積よりも幅、奥行とも20cm程度広い設置場所を確保し、束石を四隅と中央に仮置きします。設置場所はできるだけ平らな場所を選びましょう。

最初に基準となる束石を設置します。調整用の砂を入れるため、接地面より広めに2～3cmの深さで地面を掘ります。

掘ったところを平らにならしてから、石や木材で叩いて固めます。地盤がゆるい場合は、穴をさらに深く掘って砕石を入れて突き固めてください。

穴に砂を入れて束石の高さを決めたら、水平器で確認しながら石が水平になるように調整します。（下段囲み参照）

束石の水平を出すときは、水平器をあてる方向を変えて2方向以上で確認と調整を行いましょう。

固定した石を基準にしてほかの石を設置します。床の大きさ（900×600mm）より外側に1cmずつ束石が出るように位置を決めましょう。

基礎の設置は砂を使って簡単調整！

束石を設置するときは石同士の高さ合わせ、個々の石の水平調整をする必要があります。この作業におすすめなのが砂の利用です。砂は固く締まらないので削ったりならしたりが容易です。石の下に2～3㎝の厚みで砂を入れておくと、地面の上げ下げの微調整が土よりも簡単です。小屋やウッドデッキの製作では、効率アップに欠かせません。

束石を置く場所を２～３cm程度掘り下げて砂を入れます。

砂の上に束石を置きます。

水平器を使って束石の水平を確認します。

砂を出し入れし、水平になるまで微調整と再確認を繰り返します。

土台を組み立てて床を張る

水平器を使って基準の石に高さを合わせます。2つの石に水平器を渡して置き、水平が出たら同じ高さです。高さが決まったら石の水平を調整しましょう。

基準の石に近いところから順に、ひとつずつ石の配置、高さ、水平を決めていきます。水平器が届かないところは、木材を渡してその上で水平を測ります。

ここがポイント!

水平器の補助具には長くてまっすぐな木材が必要です。曲がりのない垂木などを選んで用意しておきましょう。

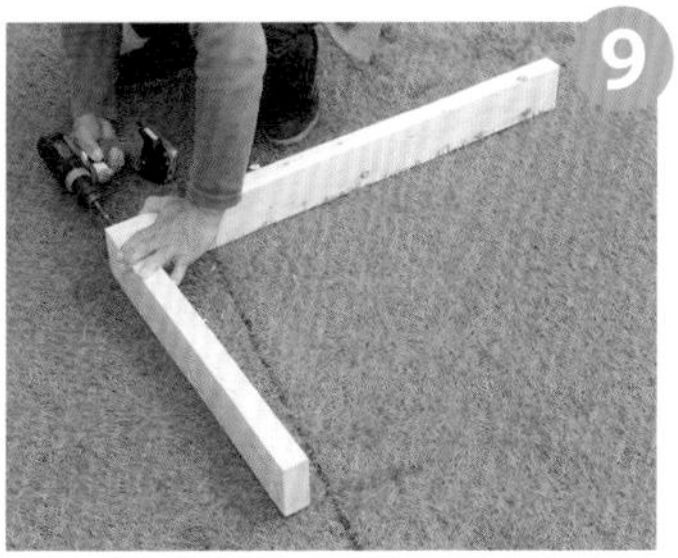

2×4の枠材を90mmの木ネジで固定して土台を組み立てます。平らな場所で作業することが、歪まないように作るためのポイントです。

真ん中に補強の枠材をネジどめします。床に重いものを置きたい場合は、補強の本数を増やすと強度をアップできます。

日の字型の土台が組み上がりました。中に入れる補強の本数を増やす場合は、補強の位置に合わせて束石を配置する必要があります。

束石の上に土台を置いて安定することを確認します。

写真のように束石が1cm程度はみ出すように土台を置きます。このはみ出しが少ないと、ちょっとしたズレで小屋が落ちるので注意しましょう。

12mm厚の合板を30mmの木ネジで土台に固定します。ネジは15cm間隔を目安に打っておきましょう。

床が浮かないように補強材にもネジどめしておきます。床の真ん中を測って目印の線を引きます。

線に沿って木ネジで固定します。

基礎と土台は建物の基準になるので水平と直角が正確であることが大切です。作業ごとに確認をして、ズレや歪みは修正しながら進めましょう。

壁パネルを組み立てる

背面、側面、前面のパネルを個別に組み立ててから土台に立ち上げます。正確にカットされた合板の縁に合わせて枠材を固定し、パネルを作ります。

枠材が合板からはみ出さないように気をつけて30mmの木ネジで取り付けます。枠材同士は90mmの木ネジで固定して、枠の強度を高めましょう。

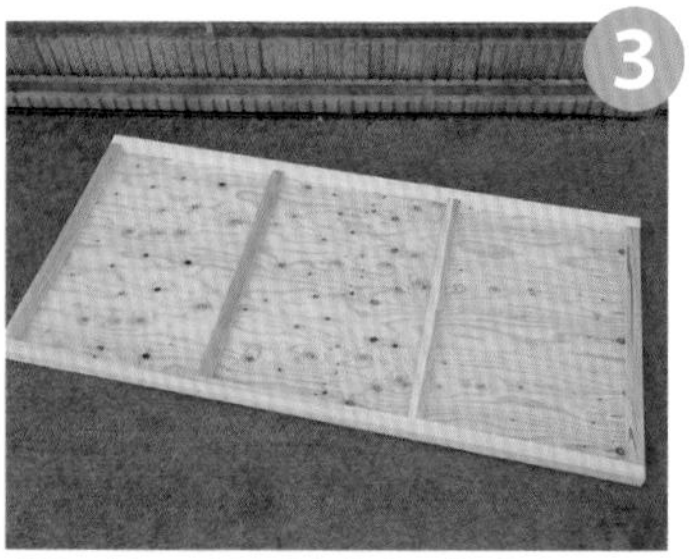

背面パネルは長手方向を三等分するように２本の枠材を入れて補強します。表から枠材の位置がわかるように、合板に線を引いて、木ネジを打ちます。

片流れの屋根にするため、側面パネルは勾配を測って斜めにカットします。今回は一般的な三寸勾配をつけるように角度を決めています（下段囲み参照）。

側面パネルに枠材を取り付けるときは、下側をピッタリとそろえ、斜めにカットした上部は枠材が余るようにネジどめしておきます。

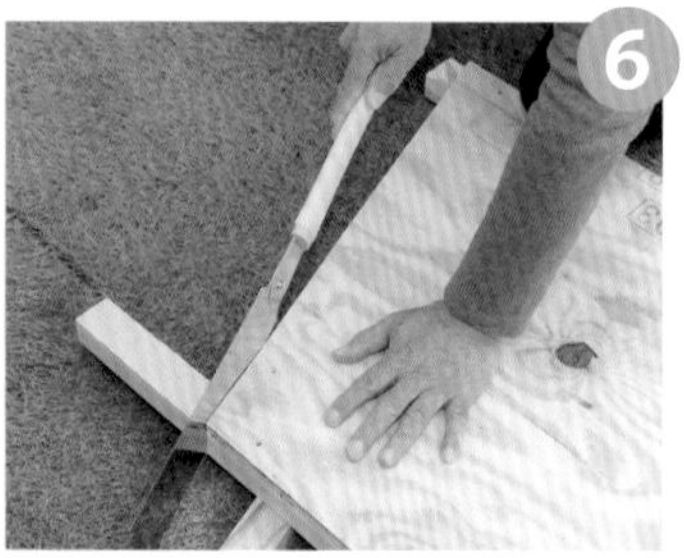

枠材の余った部分は、合板の縁にノコギリを添わせてカットします。枠材が合板からはみ出すと、屋根を載せたときに隙間ができるので注意しましょう。

最後に上部の枠材を固定します。斜めの部分に長さと角度を合わせて枠材をカットしてから（左ページ囲み参照）ネジどめしましょう。

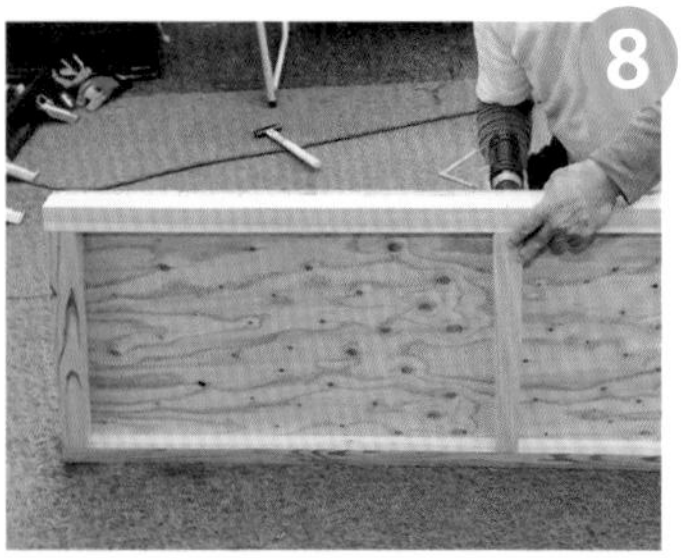

側面パネルにも補強のための枠材を入れます。これは棚受けを兼ねるので、棚の高さを決めてから左右を同じ位置に固定しましょう。

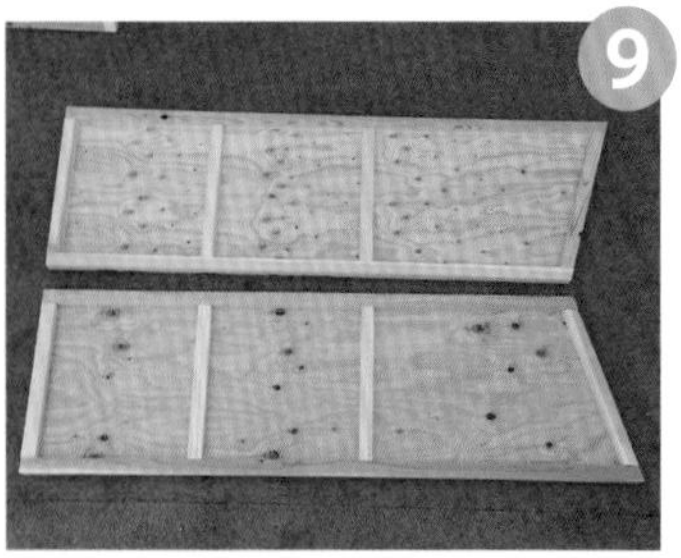

左右に立てる側面パネルの組み立てが終了したところ。上部の高さ（角度）、補強（棚受け）の位置がそろっていることを確認しましょう。

屋根勾配の目安は？

屋根勾配は雨水をスムーズに流したり、雪を落下させたりする役割があり、屋根の耐久性を高めるために必要です。その角度は気象条件やデザイン性を考えて決めます。

屋根勾配は「寸」で表わされ、3寸〜5寸勾配が一般的です。3寸勾配とは水平方向に1尺、高さ方向に3寸で、『水平10：高さ3』の勾配になります。数字が大きいほど勾配は急になり雨や雪は流れやすくなりますが、収納庫としては使いにくい空間ができます。両方のバランスを考えて決めると良いでしょう。

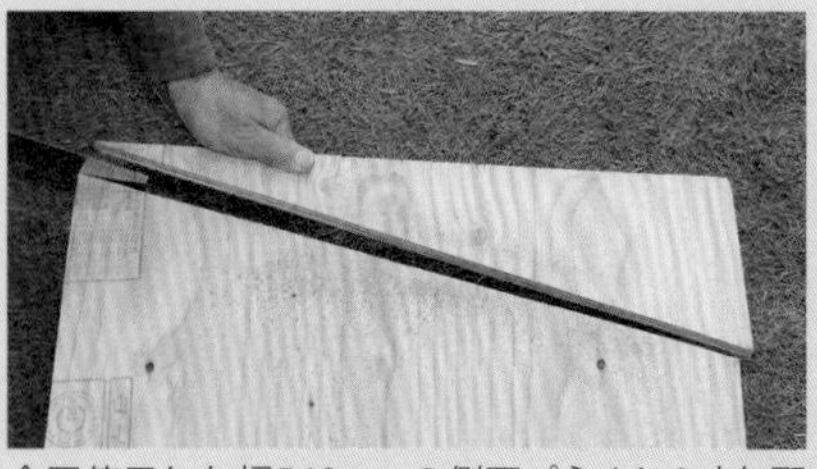
今回使用した幅540mmの側面パネルに3寸勾配をつけるには、高さ方向に162mm［540mm×0.3］の差をつけます。

土台に壁パネルを立ち上げる

背面パネルから立てていきます。パネルの外側を土台の縁に合わせた状態で支えてもらい、90mmの木ネジを5本程度打って固定します。安全のために2人で作業しましょう。

続いて側面パネルを立てます。土台と背面パネルとのズレがないようにぴったりと合わせ、75mmの木ネジを打って背面パネルと接合します。

土台へは90mmの木ネジを打って固定します。

3面のパネルが立ちました。正確にカットした合板は直角がきっちり出ているので、きれいに組み立てられます。

前面は3つのパネルで構成します。ドア開口の両側に立てるパネルは、1630×150mmの合板を使って2組作ります。

組み上がったパネルを側面パネルと土台に木ネジで固定します。ここがずれるとドアの開閉に支障があるので、角をぴったり合わせて固定すること。

ドア開口の上にも左右をつなぐパネルを取り付けます。使用する合板のサイズは600×150mmです。

左右のパネルと上部を合わせ、75㎜の木ネジを打って固定します。このパネルを取り付けることで全体の強度がアップし、開口も歪みにくくなります。

現物合わせでぴったりに!

接合する部材に長さや角度をぴったり合わせて木材をカットするには、実際に接合する部分に木材をあてて寸法や角度を写し取る『現物合わせ』が有効です。ここで紹介する角度と寸法のとり方を覚えておくと、いろいろな場面で役立ちます。

斜め部分の角度に合わせて木材を置き、下の枠材からまっすぐに線を延ばして引きます。

角度を写しとった線に沿ってカットすると、固定した枠材にぴったりの木口になります。

枠材にカットした木口を合わせ、反対側も同様に角度をとります。

線に沿ってカットすると、長さと角度がぴったりの部材を切り出すことができます。

軽量屋根材を張る

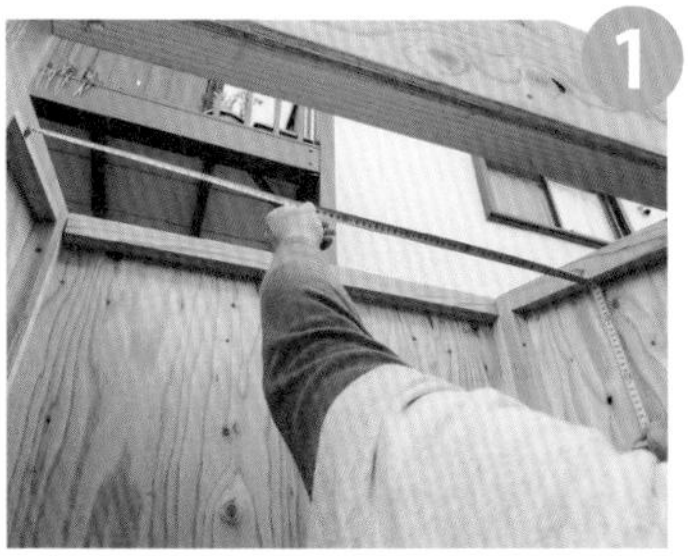

屋根下地に固定用の桟を取り付けるため、組み立てたパネルの内寸を枠の部分で測ります。

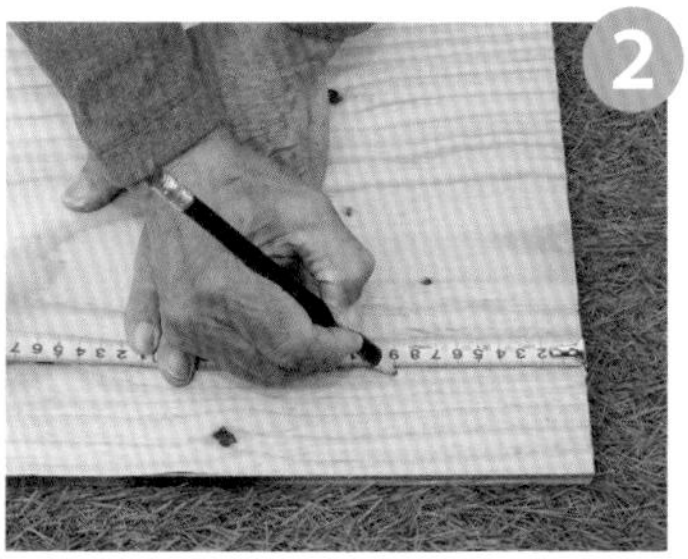

屋根下地は700×1000mmの12mm厚合板を使用。パネルの内寸が820mmだったので左右端から90mm、前から100mmのところに線を引きます。

オンデュビラタイルとは？

今回、屋根材として使用しているのはオンデュビラタイル。波板の一種ですが、表面にザラザラとした質感があり、山が大きく、欧風屋根の趣があるおしゃれな材料です。素材としては軽量で柔軟性があり、ノコギリやカッターで切ることができるなど加工が簡単であるのが特長。取り付けも一般的な樹脂波板と同じように、専用クギや木ネジで下地に固定すればOKです。DIYでの小屋作りにおすすめです。

30×40mmの角材を線に合わせて30mmの木ネジで固定します。センターにも同じ角材をネジどめします。

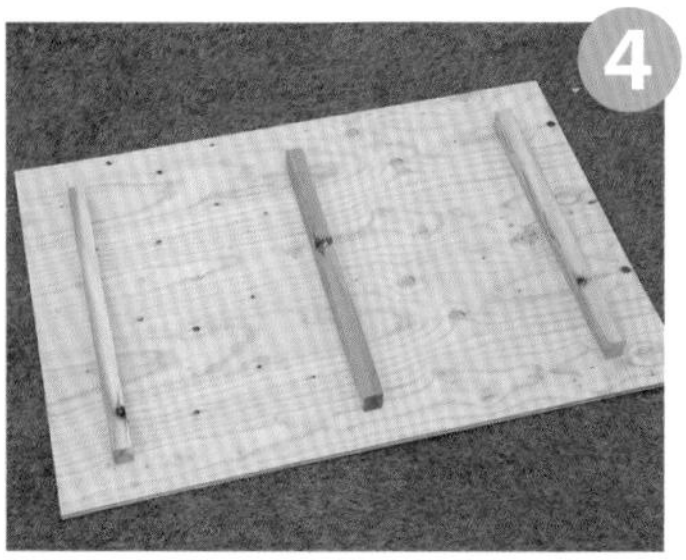

屋根下地に固定用の桟を取り付けたところです。両側の桟がパネルの内側にできるだけぴったり合うように取り付けておくことが重要です。

屋根が下がる方（今回は前側）からオンデュビラタイルを取り付けます。雨が入らないように、前側は下地から 2cm 程度はみ出すように位置を決めます。

専用キャップに通した専用クギ（もしくは木ネジ）を山の部分に打って下地に固定します。

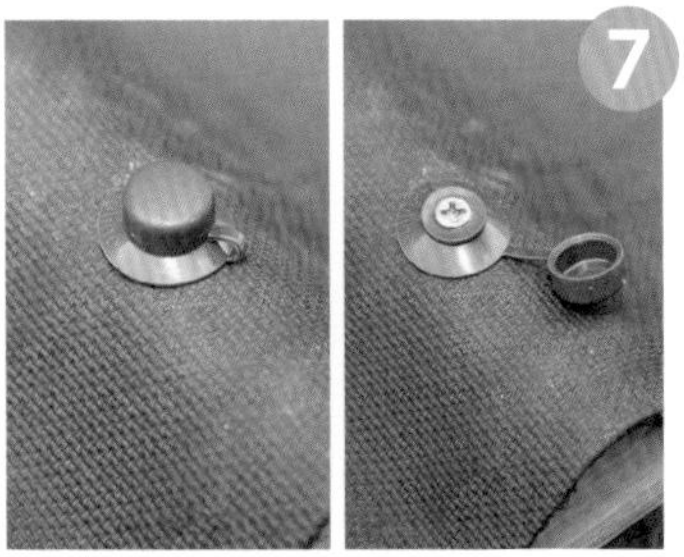

最後にキャップを締めておくことでネジ穴から雨が侵入することを防いでくれます。

2 枚目を重ねて置き、重なっているところに専用クギを打って固定します。棟カバーを取り付けるため、後ろ側は下地からはみ出さないようにしましょう。

パネルの内側に桟をはめ込むようにして屋根をのせます。サイズが小さい小屋の場合は、下で屋根を完成させておくほうが楽に作業できます。

屋根下地の桟とパネルの枠を 75mm の木ネジで固定すれば屋根の取り付けは完了です。

スギ板の横張りで外壁を張る

1

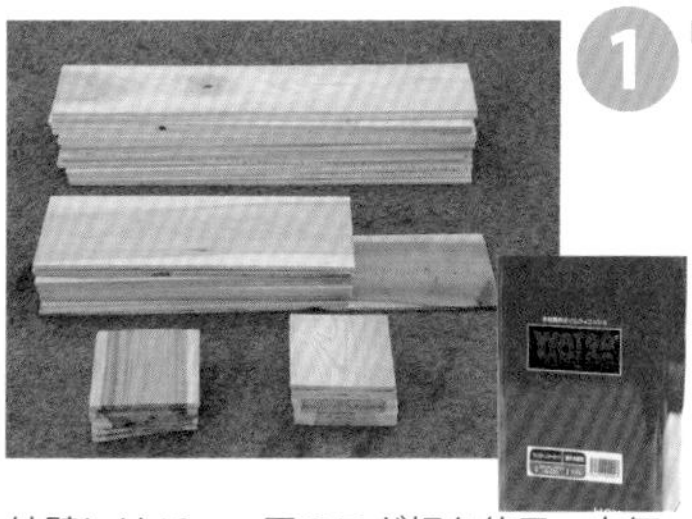

外壁には12mm厚のスギ板を使用。安価な荒材とカンナ仕上げ材があるので、予算や仕上がりの好みで選びましょう。塗料は木目や質感を活かせる屋外用ステインを使用しています。

2

スギ板は壁の下側から継ぎ目を3cmずつ重ねながら張っていきます。板の固定は上側だけ25mmの細ネジで打ちとめればOKです。

ヒント

写真のようにあてるだけで同じ幅を出せるジグを作っておくと、いちいち間隔を測る必要がなく効率よく板張り作業ができます。

3

この横張りの方法は、間隔をそろえて水平に張っていくのがきれいに仕上げるポイントです。

4

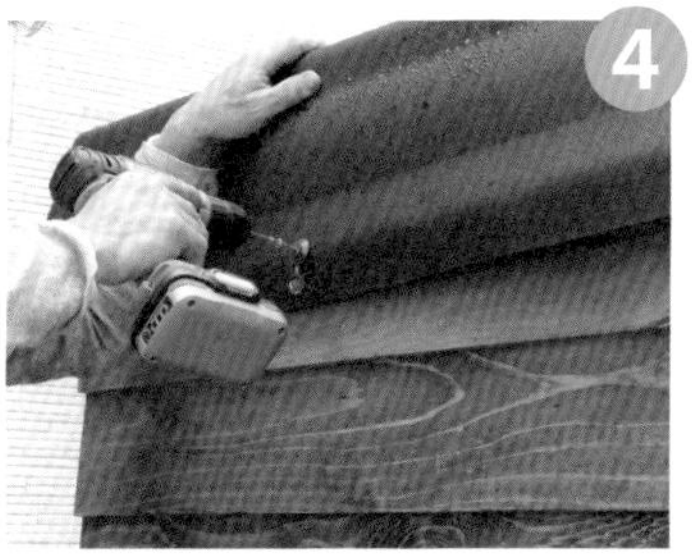

後面を張り終えたところで、オンデュビラタイルの棟カバーを取り付けます。これが雨の吹き込み対策になります。

5

側面も同様にスギ板を横張りで張っていきます。あとでコーナー材を取り付けるので角からはみ出さないようにしましょう。

6

上部の斜めの部分は、黄色い破線で示した２箇所の寸法を測るとカットする部分がわかります。

7

パネルを作るときにカットした端材を角度定規として使うと便利です。右端の板幅がわかれば簡単にカットラインを引くことができます。

8

最後の板は間隔が違っていますが、角度はぴったり合っています。

9

前面を張りましょう。掛け金を取り付けるところは板を切り欠いておきます。ドアを後から取り付ける場合は受け金だけ取り付けておきましょう。

10

最後に4つのコーナーに1×3材を2枚ずつネジで固定すれば外壁作業の完了です。今回のように板の継ぎ目を重ねて横張りする方法を「下見張り」や「よろい張り」といいます。板の上部だけをネジどめするので作業効率がよく、継ぎ目からの雨水の浸入を防げる優れた張り方です。

1×4材を組んでドアパネルを作る

1×4材を使ってドアパネルを作ります。横幅は念のためドア開口を測って最終決定します。丁番の厚みと木材の収縮を考慮して10mm小さくしましょう。

ドアパネル材の外側の2本に、タテ枠になる1×2材を端を合わせてネジどめします。

7枚のパネル材のうち6枚を詰めて並べ、すき間ができないように注意しながら上下を1×2材で固定します。幅調整が必要な1枚分はあけておきます。

ここがポイント!

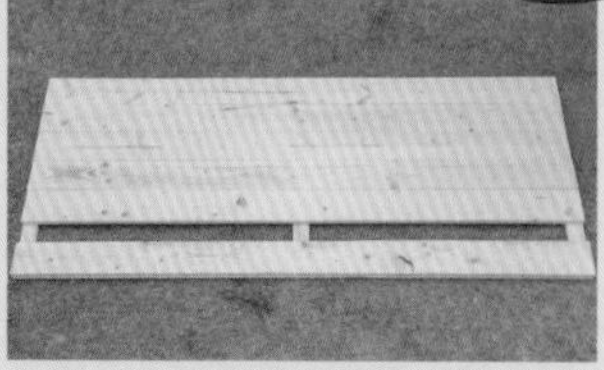

ドアのように外寸を正確に作りたい場合は、幅調整が必要な1枚分をあけた状態で組み立てて、後から現物合わせで加工する方法がおすすめです。

角が直角になっていることを確認して、センターに補強の1×2材をネジどめします。

残ったすき間を測ります。幅に差があることを見越して、念のため3箇所ほどを測るようにしましょう。

1×4材を測った寸法に合わせてタテにカットします。

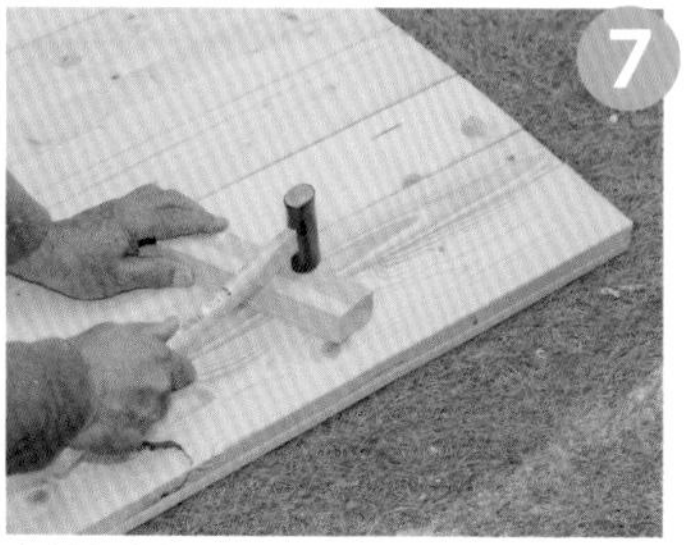

木材をすき間にはめ込んで枠にネジどめして固定します。

斜めの補強を入れるため1×2材をカットします。115ページ囲みのように寸法と角度を現物合わせで加工しましょう。

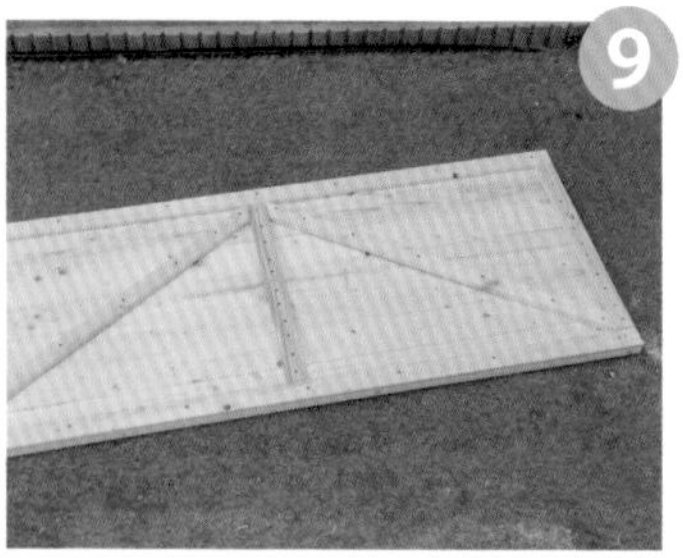

ドアパネルが完成。細い木材を使って縦、横、斜めと補強しているので、無垢材で作ったドアの割に軽量です。

今回は小屋本体と同色で塗っていますが、ドアの色を変えてアクセントをつけてもよいでしょう。裏面は塗らなくてもOKです。

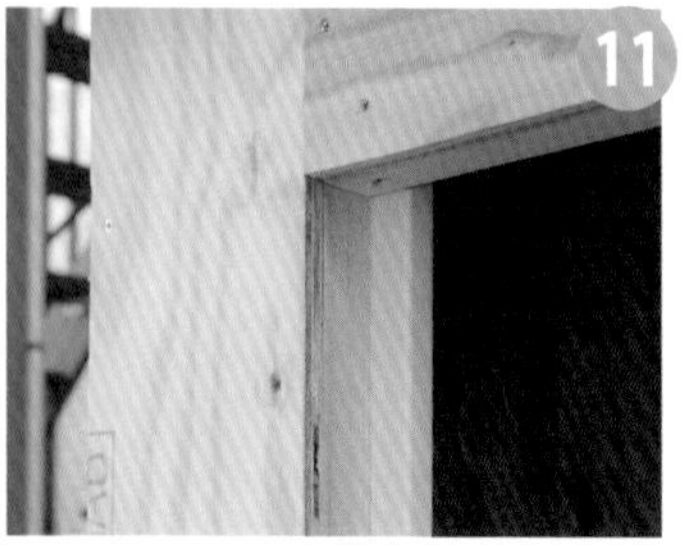

左側パネルの裏に1×3材を1cm程度はみ出すように取り付けて戸当りにします。

ドアと棚を取り付ける

上下を10〜15cmほどあけて丁番を取り付けます。ヒンジ部分の出っ張りが外壁に干渉しないように、事前に5mm厚の木材をネジどめしています。

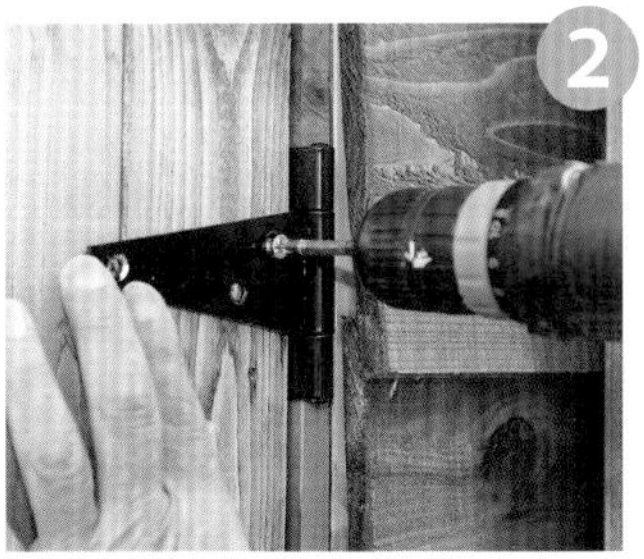

丁番にドアをネジどめして取り付けます。床に擦らないように、ドアの下に2〜4mm厚のベニヤなどをはさんで浮かせておきましょう。

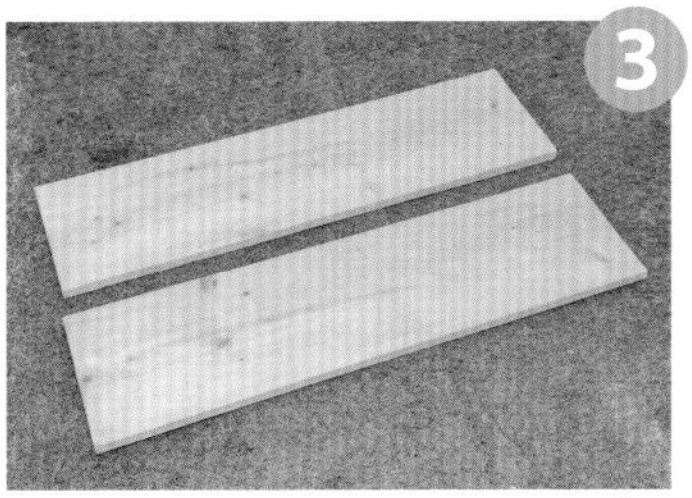

棚板は前側に長物を置くスペースを残すために235mm幅の1×10材を使用しています。好みの幅の板を内寸に合わせてカットして用意しましょう。

棚受けの枠材に棚板をのせれば設置完了です。しっかり固定したい場合は枠材にネジどめしてください。

ガーデンシェッドの完成！
設置場所をとらない小型サイズながらも重いものや大きいものは床、スコップやレーキなどの長物は手前、その他の小物は棚と、ガーデンツールを整理して使いやすい収納小屋になりました。

ドアのデザインあれこれ

ドアはデザイン的にも小屋の顔となる主要なパーツ。ドアの作り方や色が違うだけで小屋全体の印象が変わります。例えば左のような合板をベースにした作り方でも、仕上げしだいで印象は軽くも重くもなります。いろいろなデザイン例を参考にしてオリジナルの小屋を作ってみてはいかがでしょうか。

針葉樹合板の木目を生かしたナチュラル仕上げ。見た目も動きも軽くなります。

右の合板の上に外壁と同じスギ板を張った仕上げ。全体の一体感が高まります。

作り方

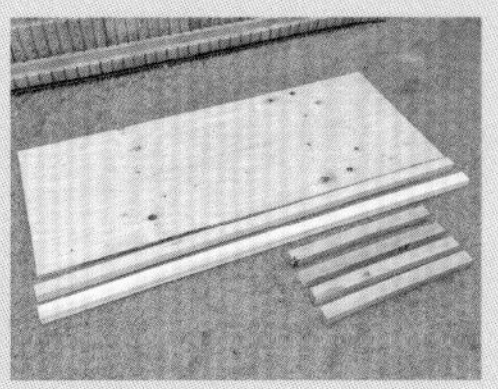

パネル材は12mm厚の合板、枠材は30×40mmの角材を使用します。

合板の縁に合わせて外側の枠材をネジどめします。

内側に補強を取り付けたら合板仕上げのドアパネルの完成。

スギ板仕上げはドアを小屋に取り付けて、外壁と位置を合わせて張ります。

難易度 ★★☆☆☆

ウッドフェンス

板張りのフェンスで庭の雰囲気をアップ

プロの施工方法に習ってフェンスを作ろうとすると、コンクリートで固めた基礎の上に支柱を立てて、そこにヨコ材とフェンス板を張っていく手順になります。確実に倒れを防止するためには基礎作りから始める必要がありますが、腰下サイズのロータイプをＤＩＹで作るのであれば地面に支柱を直接打ち込む方法でもＯＫ。強度や耐久性の差はありますが、費用と手間をかけずに作りたい場合におすすめです。

　フェンスには境界、目隠し、目逸らし、装飾などの効果があり、どの目的かによって高さやデザインが異なってきます。花壇への日当たりや風通しに影響する場合もあるので、目的をはっきりさせてプランニングしましょう。

　フェンス板は薄くて軽いスギ材、少し厚みがあって幅の種類が豊富な１×材、モダンでスマートな２×２材などがよく使われます。デザインに合うものを選ぶとよいでしょう。

構造図

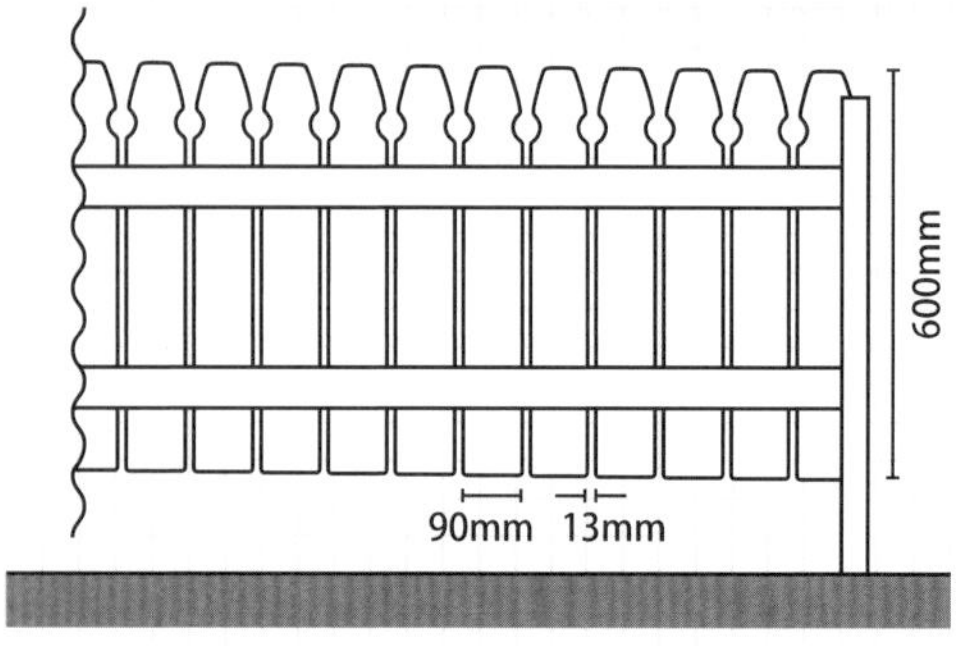

材　料

- ■フェンス板　スギ　90×600×厚み13mm
- ■ヨコ材　1×2材
- ■柱　角杭　45×45×1000mm
- ■屋外木部用塗料　■木ネジ　45mm

道　具

- ■電動ドリルドライバー　■ジグソー
- ■サンダー　■ノコギリ　■ハンマー
- ■水平器

スギ板を装飾加工する

1 600mmにカットしたスギ板を必要数だけ用意。軽くて加工しやすい厚さ13mmのスギ材を選んでいますが、1×材なども使用できます。

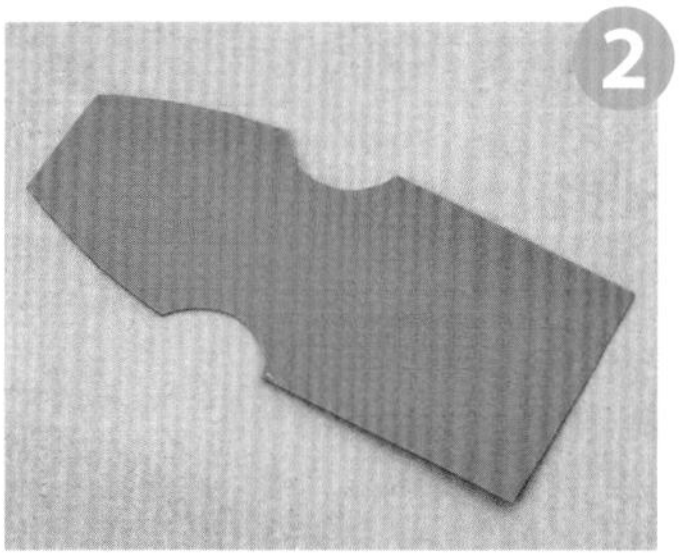

2 飾り切りの下書きに使用する型紙を用意します。型紙はデザイン例などをもとにして、プラ板や厚紙などで板幅に合わせて作ってください。

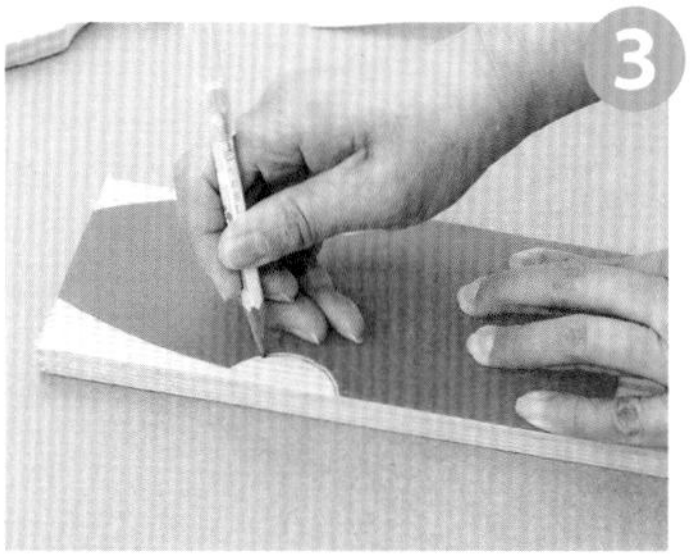

3 型紙をあてて鉛筆で輪郭をなぞり、フェンス板の先端に型を取ります。型紙を利用すると複雑な形であっても同じ図案を効率よく下書きができます。

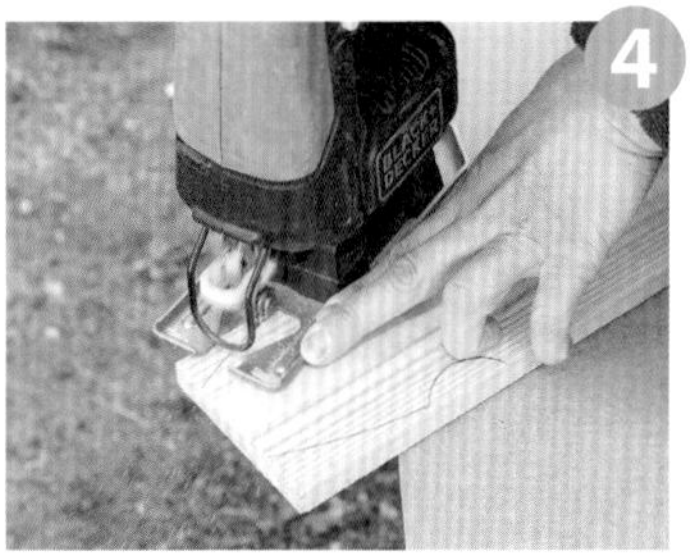

4 線に沿ってジグゾーでカットします。板が狭く不安定なので、作業台からあまりはみ出さないように置いて安定した状態で作業しましょう。

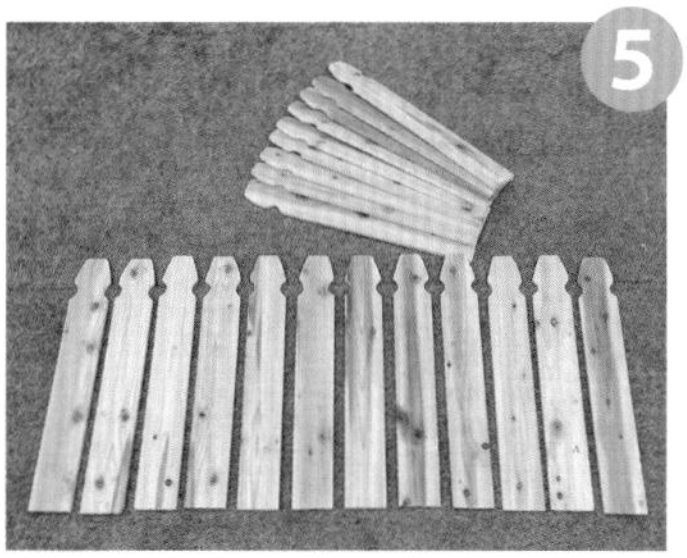

5 すべてのフェンス板に装飾加工を施します。カット後はサンダーを使って切断面のバリを落とし、角を面取りしておきましょう。

6 フェンス板、ヨコ材、角杭といったすべての材料を屋外木部用塗料で塗装します。フェンス板は並べてローラーで塗ると効率よく作業できます。

魅せるフェンスを作るためにデザインをひと工夫

ウッドフェンスの印象を決めるのは板の配置と板の形状という2つのデザイン要素です。ここではそれぞれについてデザインパターンのいくつかを抜粋して紹介します。こうしてイラストで見比べるだけで違いは歴然。デザイン例をベースに板幅や色使いを工夫して個性的なフェンスに仕上げてください。

フェンスデザイン

フェンス板を縦や横に規則正しく並べる以外にさまざまなパターンがあります。高さや並べ方に変化をつければ、フェンス全体に動きを出すことができます。外から見えるオープンな庭がコンセプトであれば、板の数を少なくして植栽を引き立てる装飾とするのもよいでしょう。

ヘッドデザイン

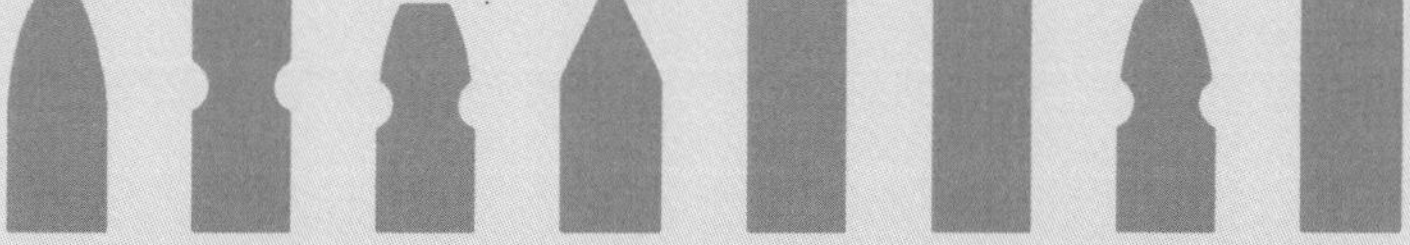

フェンス板の先端部分、ヘッドのデザインとしては四角や丸、三角などはよく見かけますが、もっと凝ったものを作りたいという場合は上の図案を参考に。どれも欧米では一般的なデザインパターンです。そのまま型紙に写してもよいですし、気に入ったパターンにアレンジを加えてオリジナルをデザインするのも面白いでしょう。

支柱を立ててフェンス板を張る

1

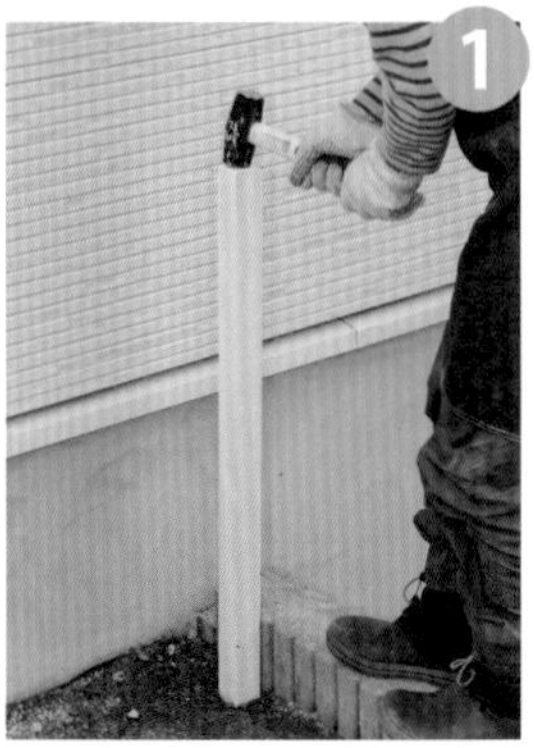

フェンスを作る場所の両端に支柱を立てます。角杭の向きを合わせ、傾かないように気をつけながらハンマーで打ち込みます。

2

打ち込んでいく途中で何度か水平器をあてて、2方向で垂直を確認しながら進めましょう。

3

角杭はフェンス板より20〜30mm低くなるところまで打ち込みます。傾きを防ぐため、少なくとも200mm以上は埋まるように深く立ててください。

4

両端の支柱が決まったら、中間の支柱を間隔を均等にして立てます。支柱が細いので間隔が開きすぎないように、1800mm以内を目安にするとよいでしょう。

5

上下のヨコ材を取り付ける高さを決めて支柱に印をつけます。ヨコ材がフェンス板の飾り切りの部分にかからない高さにしましょう。

6

ヨコ材を印に合わせて45mmの木ネジで固定します。途中でつなぐ箇所は、支柱のセンターに合わせてヨコ材をカットしておきましょう。

7

下のヨコ材もネジどめします。ヨコ材が傾いていると仕上がりが悪くなるので、水平を確認しながら取り付けましょう。

8

フェンス板を25mmの木ネジでヨコ材に固定します。

9

フェンス板の垂直を確認してから下側もネジどめします。高さをそろえるために基準の土留ブロックとの間にスペーサーを入れています。

10

スペーサーとして厚さ13mmの木材を入れて、すき間をそろえながら2枚目以降を取り付けていきます。

11

道路からの目隠し効果を高めるためにすき間を狭くしています。風通しや花壇への日差しを確保したい場合は、すき間を広めにします。

12

ウッドフェンスの完成です（写真は裏側から見たところ）。高さとすき間をそろえてきれいにフェンス板が並び、気持ちよい仕上がりになりました。

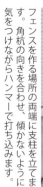

手間なくおしゃれ！ラティスフェンスの立て方

写真を見てわかる通り、ラティスフェンスがお隣りの建物の一部を隠しながらよいアクセントになっています。味気なかった庭の背景ががらっと変わります。

使用するのは900×1800mmのラティスと60mm角×1200mmの角杭だけです。

フェンスを設置したい場所が広くて製作するのが大変そう。木材からおしゃれなフェンスを作る自信がない。そうした方におすすめしたいのがラティスフェンスです。ラティスは木材をパネル状に組み立てたものをホームセンターなどで購入すれば、設置作業はパネルを固定するだけです。

庭にフェンスを設置する場合は地面に支柱を立ててパネルをネジどめすればよく、好みのデザイン、必要なサイズのフェンスを簡単に作ることができます。塗装をすればオリジナルらしさがアップして仕上がりの満足度も高まります。

フェンスの起点に角杭を立てます。ハンマーで叩き、垂直を確認しながら20㎝ほど打ち込みます。

立てた杭に合わせてラティスを仮置し、反対側の端に合わせて次の角杭を立てます。

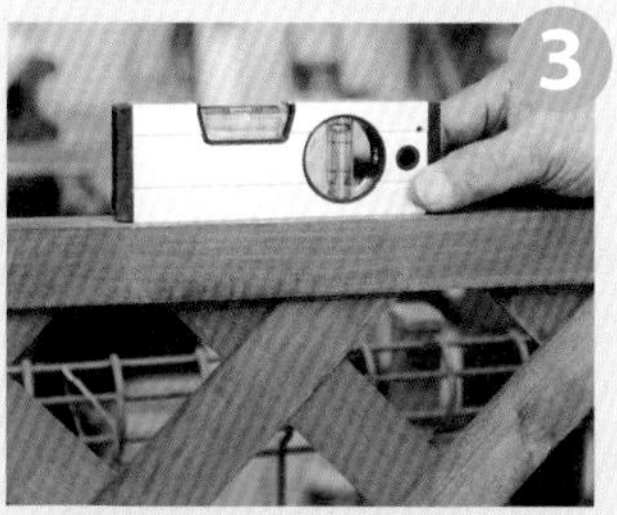

ラティスが水平に取り付けられることを確認し、ずれていたら杭の傾きを修正します。

ラティスの枠に75mmの木ネジを打って角杭にしっかりと固定します。

難易度 ★★☆☆☆

ガーデンチェア

庭でのブレークタイムをゆったり過ごしたい

ガーデニングを楽しんだあとでお気に入りの植物を眺めながら一休みしたり、木陰で読書をしたりと、庭でリラックスして過ごす時間にはゆったり座れるくつろぎチェアが欲しくなります。座面が広くて肘掛けを備えたディレクターズチェアのイメージで、庭に出しっぱなしにしておける２×４材のガーデンチェアを作ってみましょう。

２×４材で作るガーデン家具は素朴で温かみがある一方、野暮ったく見えるところもあって好みのわかれるところです。そこでここでは背もたれの部分を斜めにカットしたり、肘掛けを丸く加工したりして変化をつけています。ちょっとしたデザイン加工で印象が変わるので、２×４材を使うときの参考にしてください。

木材にＳＰＦ材やＡＣＱ材を使うときは塗装仕上げに。ウェスタンレッドシダーであれば無塗装でＯＫです。

展開図

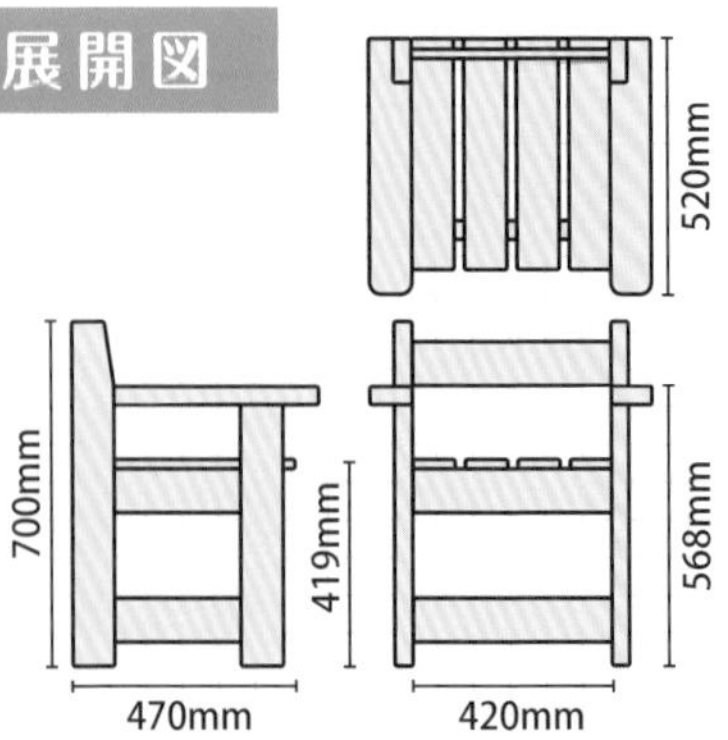

道　具

- ■インパクトドライバー
- ■ジグソー
- ■サンダー
- ■ノコギリ

材　料

■脚	2×4材	530mm	2本
		700mm	2本
■脚つなぎ材	2×4材	360mm	4本
		420mm	4本
■肘掛け	2×4材	520mm	2本
■座　板	1×4材	470mm	4本
■背もたれ	1×4材	420mm	1本
■木ネジ	75mm		

脚部を組み立てる

700mmの脚材を上側だけ斜めにカットします。後側から40mm、上から150mmのところをつなぐ線を引いて斜めに切り落とします。

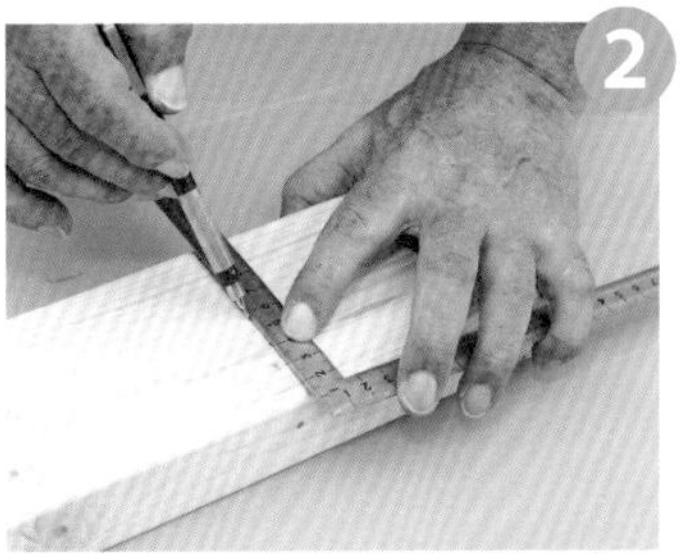

脚材につなぎ材を取り付けるための位置決めをします。4本ともに下から140mm、400mmのところに位置合わせの線を引きます。

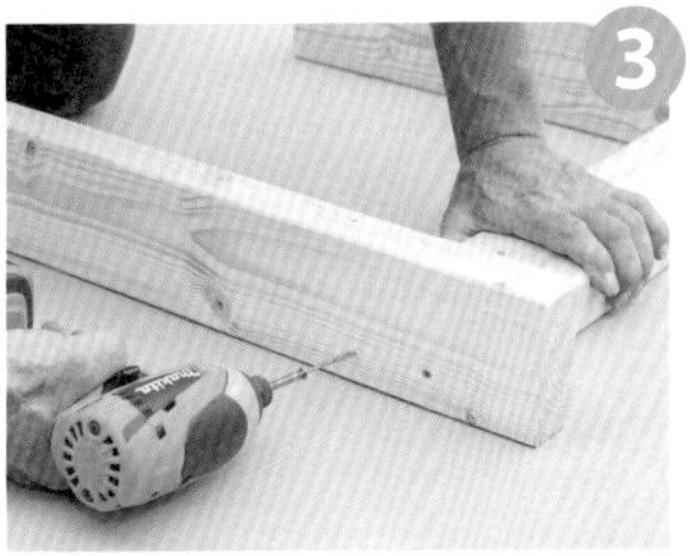

前側と後側の脚をそれぞれ組み立てます。❷で引いた線に420mmのつなぎ材の上側を合わせて75mmの木ネジで固定します。

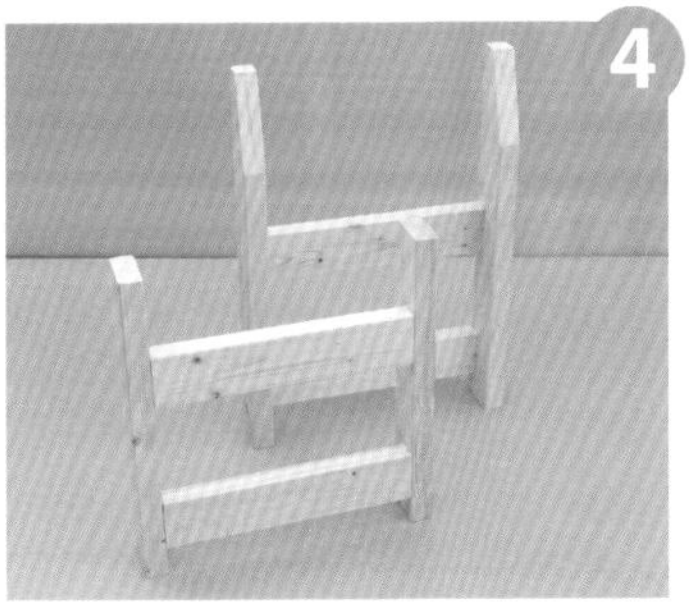

つなぎ材は脚材の外側（前脚材の前側、後脚材の後側）に面を合わせて取り付けています。

前後の脚を360mmのつなぎ材で連結します。先に打ったネジと干渉しないように注意して、つなぎ材同士を木ネジで固定します。

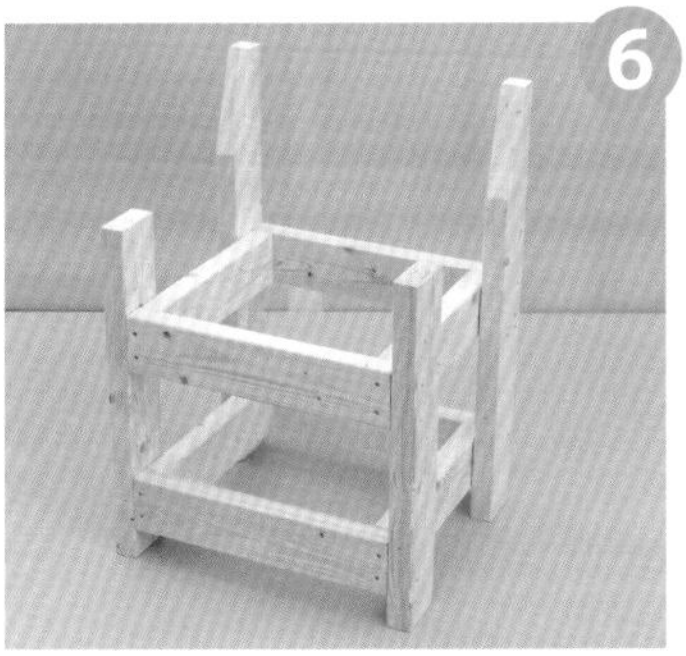

脚の組み立てが完了しました。続いて上部を作っていきます。

座板、背もたれなどを取り付ける

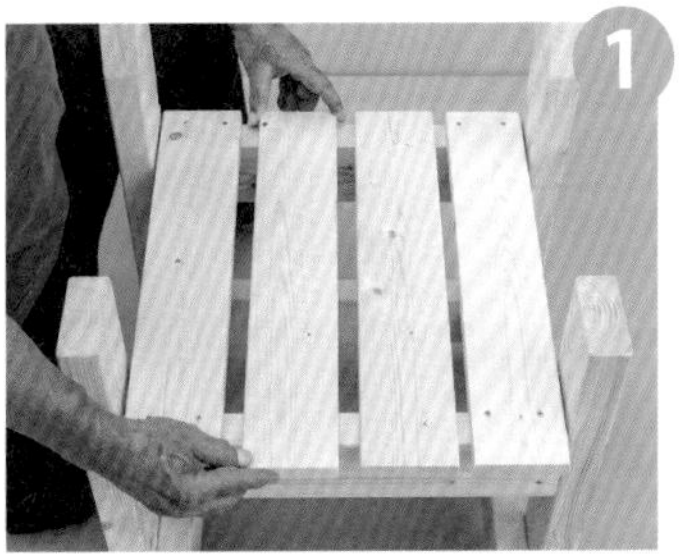

座板を取り付けます。使う板は４枚と少ないので、先に両端の２枚をネジどめしておいて内側の２枚を均等な間隔に調整します。

斜めにカットした面に合わせて背もたれをネジどめします。上側を20mm程度あけて固定しています。

脚材が入るように肘掛けの後側を2×4材の寸法に合わせて切り欠きます。現物合わせで脚材から寸法を取ってもOKです。

左右の肘掛けを取り付けます。前側を脚材の上にのせてネジどめし、水平を確認して後側を固定します。

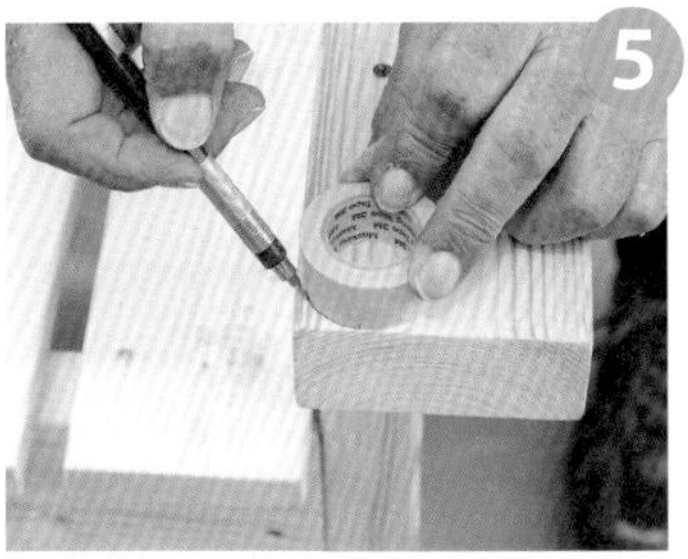

肘掛けの前側を角を落として丸く加工します。テープなど適した大きさの丸いものを使って下書きをします。

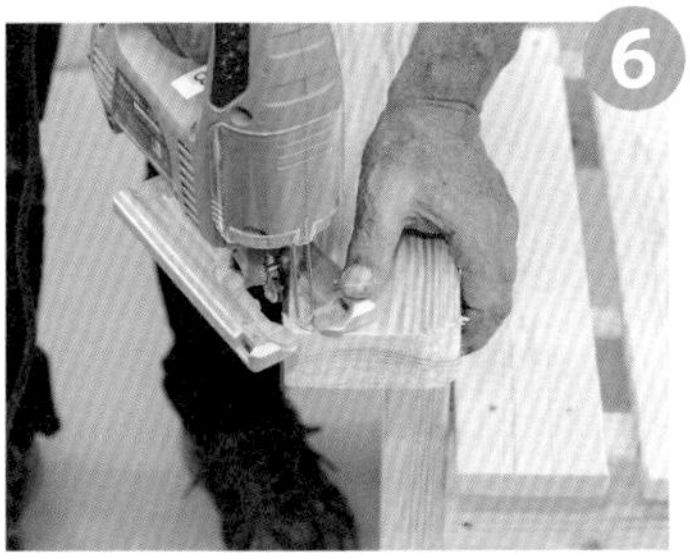

線に沿ってジグソーで丸くカットします。全体にサンダーをかけて切断面のバリ取り、角の面取りをして組み立ては完了。好みの塗料で仕上げてください。

難易度 ★★★☆☆

ガーデンゲート

庭の入口に扉をつけて安心感と雰囲気をアップ

庭への通路やアプローチの入口にゲートを設置することは、防犯性を高めたり、外見の印象を変える効果があります。また愛犬を庭で遊ばせるときには脱走防止にも役立つでしょう。ＤＩＹでは雰囲気のある木製のゲートを簡単に作ることができます。

設置のポイントは支柱の立て方です。扉を取り付けるとその重さと開閉動作で内側に傾きやすくなります。扉の大きさ、重さに耐えられるだけの支柱を頑丈に立てる必要があります。ここでは小さい扉に合わせてラティス用の支柱と固定金具を流用していますが、大きい扉を取り付ける場合は太い４×４材と羽子板つきの束石を使うと確実です。また枕木を使ってインパクトのある支柱にするのも面白いでしょう。

紹介している扉の作り方は一例です。木材の種類や配置パターンはたくさんあるので、イメージに近いゲートをデザインして製作を楽しみましょう。

構造図

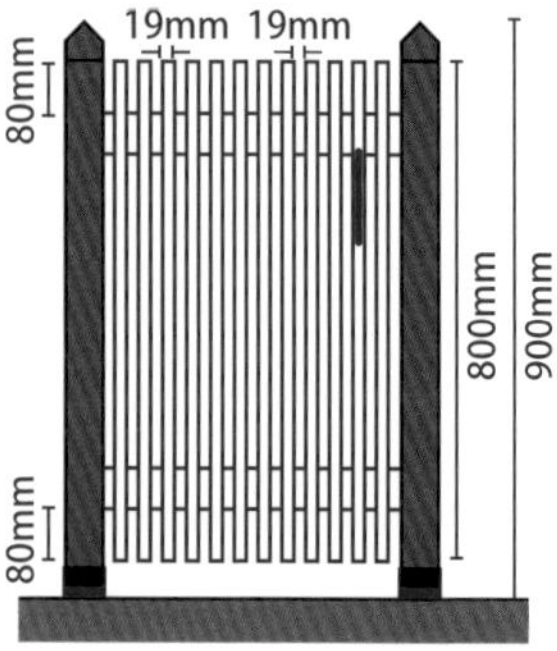

道　具

■電動ドリル
　ドライバー
■ノコギリ
■ハンマー
■モンキーレンチ
■直角定規

材　料

■支柱　ラティス用支柱
　60×60×900mm　2本
■つなぎ材　1×3材　2本
■格子　1×2材　800mm
■金物
　ラティス用支柱固定金具　2本
　丁番、取っ手、掛け金
■屋外木部用塗料
■木ネジ　35mm
■マスキングテープ

固定金具を使って支柱を立てる

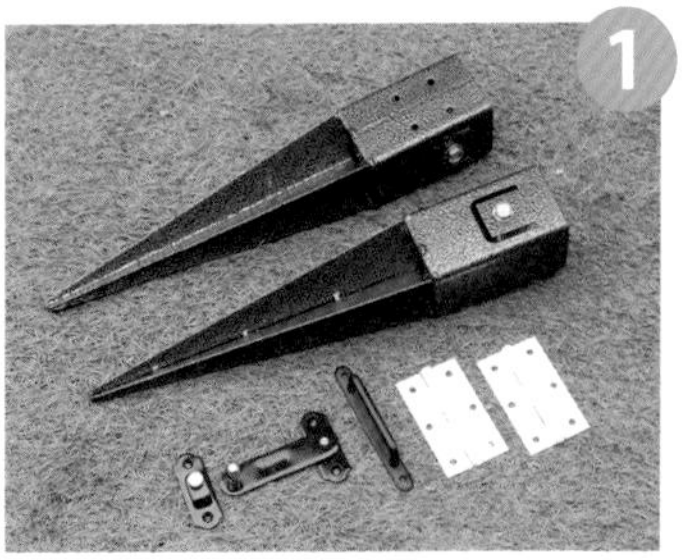

支柱を立てる方法として地面に埋め込むタイプのラティス用固定金具を使用。それと同サイズの60mm角ラティス用支柱を組み合わせます。

ゲートを設置する位置の両側に支柱固定金具を埋め込みます。位置を決め角度を合わせたら、体重をのせて入るところまで押し込みます。

固くて手で押せなくなったら、端材をあてた上からハンマーで叩いてさらに深く埋め込みます。金具を変形させないように力加減に注意しましょう。

金具には支柱を固定するためのボルト類が付属しています。これらを取り外して支柱を立てられる状態にします。

金具とボルト穴の位置を合わせて支柱を差し込みます。

穴にボルトを差し込み、モンキーレンチを使ってガッチリと締め込みます。

水平器をあてて２方向で垂直を確認します。支柱の傾きを修正すると金具の周囲にすき間ができるので、緩んだら下段囲みの方法で固めてください。

先に立てた支柱に位置と高さを合わせてもう１本の支柱を立てます。

支柱を立てる工程では、垂直、向き、高さを合わせることがポイントです。固定金具を埋め込む前にボルトを脱着できることを確認して向きを決めましょう。

ここがポイント！

埋め込み式の支柱金具は倒れ防止を念入りに！

埋め込み式の支柱金具は地面が緩むとぐらつきます。立てた支柱を揺すって固定が弱いと感じたら、地面を固めておきましょう。扉をつけた支柱は開閉を繰り返すと傾く可能性があります。木材を使って突き固めるか、足元に砕石を入れて固めてください。

扉側の支柱が内側に傾く場合は、木材とハンマーで突き固めます。

地面が柔らかい場合は金具の周囲をよく踏み固めます。

扉を組み立てて取り付ける

扉のサイズを決めるために支柱の間隔を測ります。扉の幅はこの寸法から丁番の厚みと余裕分(5mm程度)を差し引いて決めます。

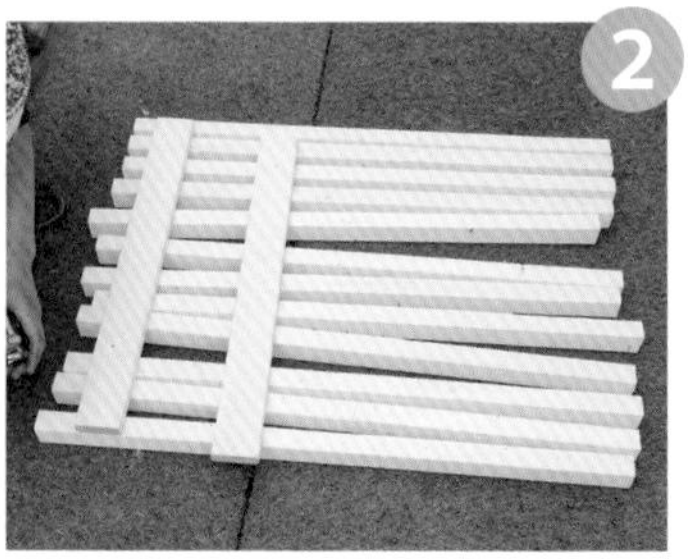

寸法に合わせてつなぎのヨコ材と格子にするタテ材を用意し、屋外用塗料で塗装します。格子の間隔に合わせてタテ材の本数を決めてください。

タテ材の上下80mmのところにヨコ材を合わせるための印をつけます。木材の上下を合わせて並べると、一発で線を引けます。

最初に外側2本のタテ材を35mmの木ネジでヨコ材に固定します。タテ材はヨコ材の幅に合わせて取り付けます。

タテ材とヨコ材を組み立てて枠の状態を作ります。扉の形が決まる作業なので、角の直角を出して歪みがないようにします。

タテ材とヨコ材をつなぐときは、4箇所とも直角定規をあてて直角を確認してから固定すること。さしがねやスコヤを利用しましょう。

残りのタテ材を等間隔で配置してネジどめします。間隔はお好みで。ここでは厚さ19mmの1×材をスペーサーとして入れてそろえています。

扉に丁番を取り付けます。上下を100～150mm程度あけたところが取り付け位置の目安です。

支柱に丁番をネジどめして扉を取り付けます。扉の位置を合わせて下に端材を噛ませておくと、扉が安定して作業しやすくなります。

扉の表側の面に取っ手をネジどめします。使用する家族の身長などに合わせて握りやすい高さを決めてください。

庭側に掛け金を取り付けます。両方の金具をマスキングテープで仮どめして、スムーズに動かせる位置に決めてからネジどめすると失敗しません。

細いタテ格子のスマートなガーデンゲートが完成しました。ネジ頭が気になる場合は同色の塗料で塗って仕上げましょう。

05

第5章
BBQコンロ・ピザ窯

バーベキューコンロ

自宅の庭でバーベキューを満喫！

耐火レンガを積み上げて、バーベキューコンロを作ります。自宅で手軽にバーベキューを楽しむことができれば、家族はもちろん、気の合う仲間と充実した時間を過ごす機会も増えるはず。各種のコテを駆使してレンガを積んでいくことが作業の大半。トロフネの中のモルタルが固まらないよう、水を加えながら作業すること。レンガを積む際は常に水平をとるのを忘れないことがポイントになります。

道　具

- ■トロフネ
- ■練りクワ
- ■左官ゴテ
- ■目地ゴテ
- ■コテ板
- ■ハンマー
- ■タガネ
- ■スポンジ
- ■水平器

材　料

- ■耐火レンガ
- ■重量ブロック
- ■インスタントモルタル
- ■砕石
- ■バーベキュー用網 ×2（焼き網用、炭床用）
- ■バーベキュー用鉄板（火受け皿用）

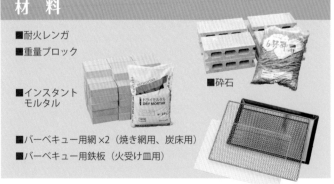

耐火レンガを8段積む

完成形のサイズを決めたら、必要な数のレンガを用意。耐火レンガは半日以上水に浸け、十分に水分を吸収させることで、モルタルがよく馴染みます。

施工場所の雑草や石を取り除き、平らにならした後、砕石を撒きます。砕石をならしたら、水平をとります。

モルタルに少しずつ水を加えながら練りクワで練ります。基礎部分に使うモルタルはやや柔らかめに練っておきます。

砕石を敷いた場所に基礎用のモルタルを流し込み、左官ゴテで平らにならします。砕石がすべて隠れる程度の厚さに仕上げます。

基礎のモルタルが乾ききる前に、水平をとりながら重量ブロックを並べます。

並べた重量ブロックの上に、基礎用のモルタルをまんべんなく塗ります。

レンガのサイズを調節します。まずはレンガのカットしたい部分に4面とも線を入れます。

全ての線にタガネで筋を入れたうえで、1か所の筋を選び、タガネを当ててハンマーで強く叩いてカットします。

重量ブロック上のモルタルが乾いたら、レンガに左官ゴテでモルタルを塗りつけながら並べます。モルタルは基礎用よりやや固めに練っておきます。

レンガとレンガの間はモルタルで埋めます。間隔は目地ゴテで整えます。すき間ができた場合は、目地ゴテを使ってモルタルを加えます。

水平を取りながら必要なレンガを並べ、すべての目地をすき間なく埋めたら1段目が完成。ここには後ほど火受け皿になる鉄板を設置します。

2段目はレンガのサイド部分にモルタルを塗り、その面を1段目にのせるようにして積んでいきます。

1 段目とは置く位置をずらし、目地が互い違いになるように積みます。

3 段目は 1 段目と同様、レンガを横に寝かせるように積みます。

レンガを寝かせた 3 段目を内側に張り出させ、炭床用の網をのせる場所にします。

4 段目は 2 段目と同じ積み方にします。目地のモルタルが固まる前のこの段階で、目地ゴテで目地を整えます。

5 段目は、焼き網を乗せる場所を作るために、レンガを横にして積んでいきます。

5 段目が完成。焼き網、炭床用の網を設置できる構造になっています。

6 段目以降は飾りの段になるので、階段状に積むなどして好みのデザインに仕上げましょう。

レンガ上にはみ出したモルタルを、水を含ませたスポンジで拭き取ります。固まる前にすべて拭き取っておく必要があります。

コンロの内側と外側をまんべんなく確認しながら、目地を整えます。目地に穴やすき間があれば、モルタルを足して調整します。

8 段目まで積み、目地を整えたらコンロの外枠は完成です。

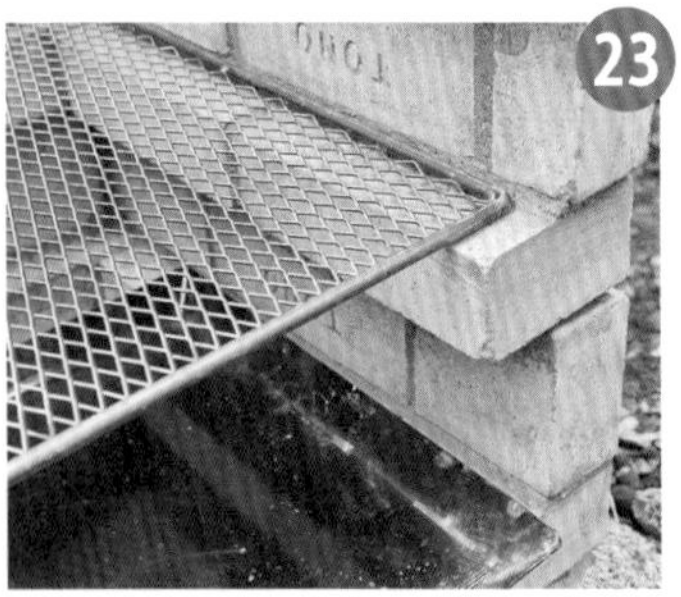

1 段目に火受け皿となる鉄板、3 段目の張りだした部分に炭床となる網を、引っ掛けるようにして設置します。

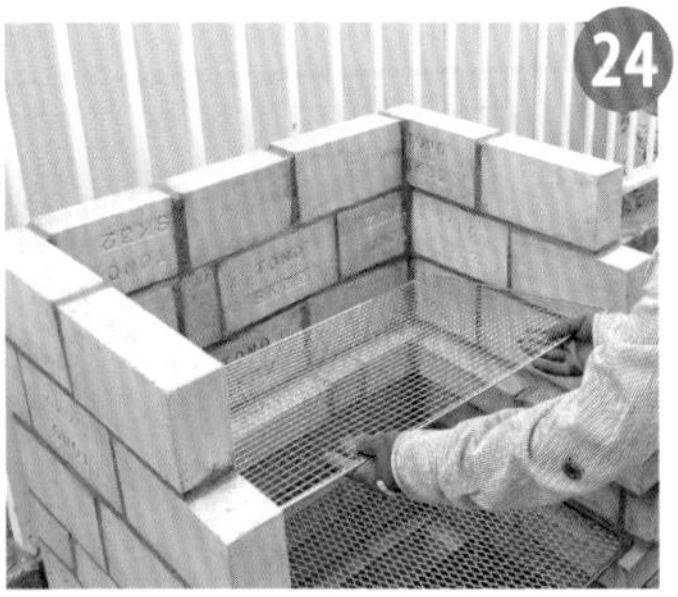

使用する際は 5 段目に焼き網を設置します。

バーベキューの楽しみ方

手間をかけずに アウトドアパーティーを満喫！

常設のバーベキューコンロがあると、お父さんの活躍シーンが増えるのは確実です。

太陽の下で楽しむバーベキューに、家族の会話も盛り上がります。

炭で焼いた食材は、こんがり、ジューシー。手間をかけなくても格別のおいしさです。

コンロが完成したら、さっそく家族や友人を集めてバーベキューを楽しみましょう。炭や着火剤を常備しておけば、あとは食べたい食材を調達するだけです。

炭の置き方を調整して、火力の強いところと弱いところをわけておきましょう。こまめに火加減を見て食材をこがさないようにすれば、炭火がこんがりと美味しく焼きあげてくれます。

用意するもの

ライター

炭

着火剤

トング

失敗しない炭のおこし方

1 着火する

着火剤を囲うように炭を置き、ライターで着火します。炭同士を密着させるのが失敗しないコツです。

2 炭をおこす

炭に火がまわるまで 20 分ほどかかります。急ぐときは着火剤の火が消えてからうちわで扇ぎます。

3 食材を焼く

あるていど火がまわったら、白くなったほうを上に向けて炭を広げ、網の上で食材を焼きはじめます。

4 片づける

燃え残った炭は水を張ったバケツに入れて消火し、灰と一緒に自治体のルールに従って処分しましょう。

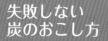

簡単スモーカー

ガーデンパーティーに燻《くん》製《せい》料理をプラス

小さい食材は網の上に並べ、ブロック肉や魚などの大きい食材はフックで棒に吊るしてスモークします。

スモーカーが活躍するのはベーコンを作るような本格的な燻製ばかりではありません。あらかじめ火を通しておいた食材に煙をかけてスモークフレーバーに仕上げる、そんな調味料代わりの使い方でも燻製を十分に楽しむことができます。スモークする時間は20～30分程度。手間いらずの一品はパーティー料理やツマミにも最適です。

スモーカーを製作するときにおすすめなのが、手頃なサイズで耐久性の高い一《いっ》斗《と》缶《かん》。材料を入手しやすく加工が簡単なところもDIY向きです。切り口が鋭利になるのでケガをしないように注意して作りましょう。

道具

■電動ドリルドライバー
■金切りバサミ
■金切りノコ
■ドライバー
■瞬間接着剤
■油性ペン

材料

■一斗缶（フタつき）
■全ネジ棒　5×900mm　1本
■ブリキ板　300×400mm　1枚
■焼き網（角型）　250×250mm以上
■Uボルト　大1個、小1個
■袋ナット（全ネジ棒サイズ）　6個
■ナット（Uボルトサイズ）　4個
■丁番　■小ネジセット（丁番サイズ）
■強力マグネット　■金属トレー
■耐熱塗料

構造図

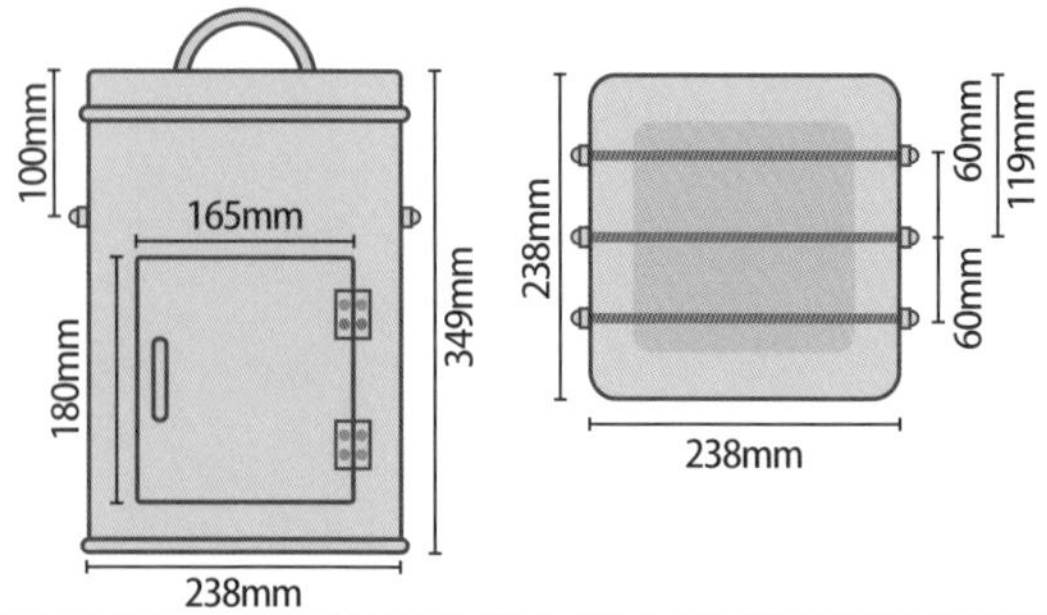

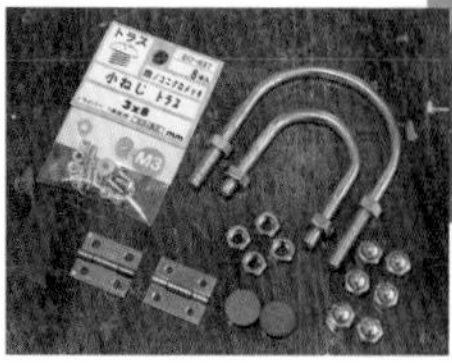

ナットはUボルトの径に合うサイズ、袋ナットは全ネジ棒の径に合うサイズを用意します。

一斗缶のほか、主な材料がこちら。建築などの資材なので材料費を抑えられます。

一《いっ》斗《と》缶《かん》でスモーカーを作る

1

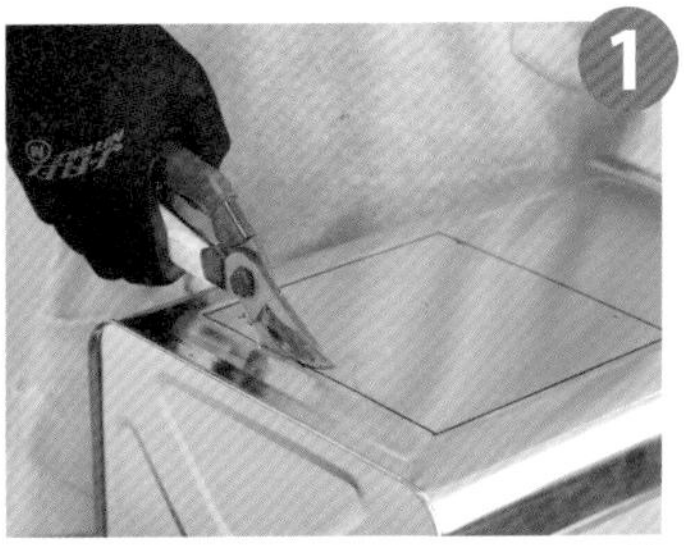

油性ペンで1辺が150mmの四角を描き、金切りバサミで切り取ります。切りはじめのところに大きめのドリルで穴をあけてからハサミの刃を入れます。

2

スモークウッドや食材を出し入れするための扉を作ります。❶であけた開口部より上下30mm、左右15mm大きいサイズでブリキ板をカットします。

3

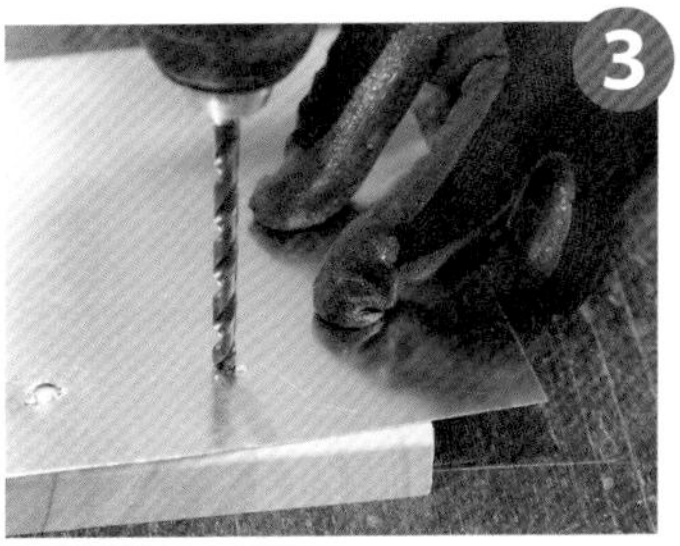

取っ手にするUボルトの取り付け位置に穴をあけます。現物合わせでUボルトのネジ部分があたるところに印をつけ、6mmのドリルで穴をあけます。

4

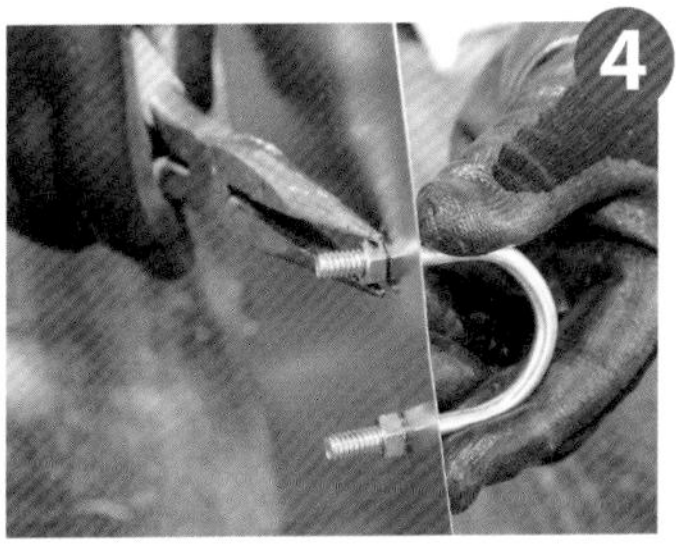

Uボルトを穴に差してナットで固定します。ブリキ板を挟むように2つのナットを取り付けて、しっかり締め込みます。

5

丁番をネジどめして一斗缶に扉を取り付けます。小ねじが入るサイズの穴をあけ、裏側にワッシャーとナットを入れて丁番を固定します。

6

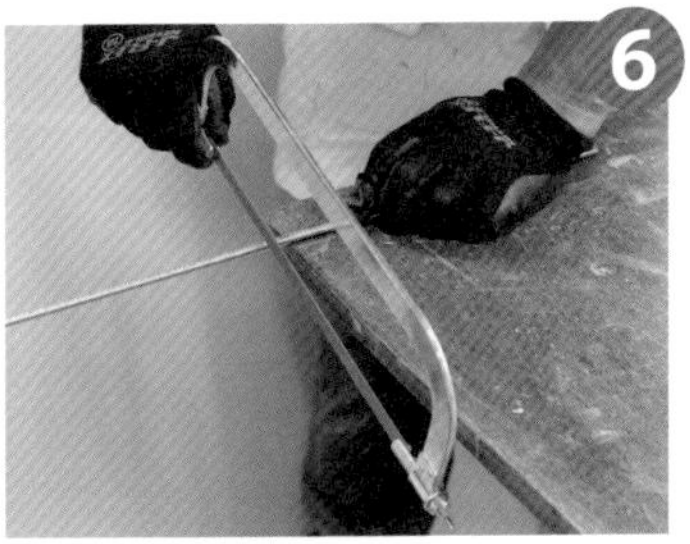

金切りノコで全ネジ棒を250mmにカットし、切断面のバリはサンドペーパーで取り除きます。網受と食材を吊すために3本用意します。

7

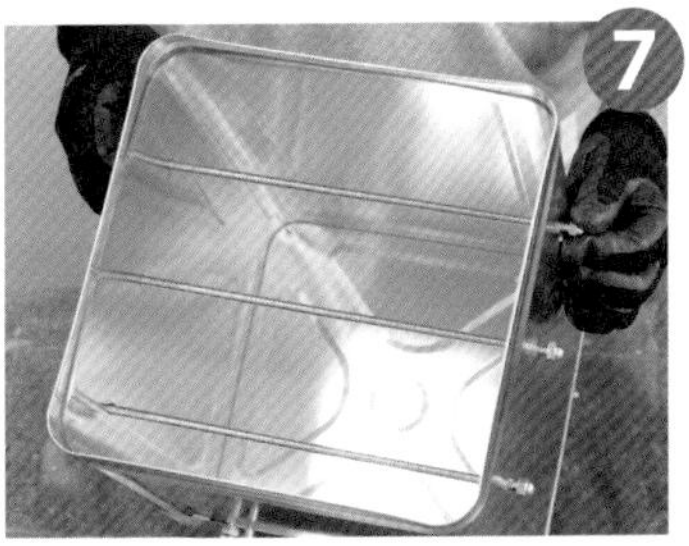

缶の左右面の上から100mmの高さに、60mm間隔で6mmの穴を3カ所にあけて全ネジ棒を通します。棒の両端に袋ナットを取り付けます。

8

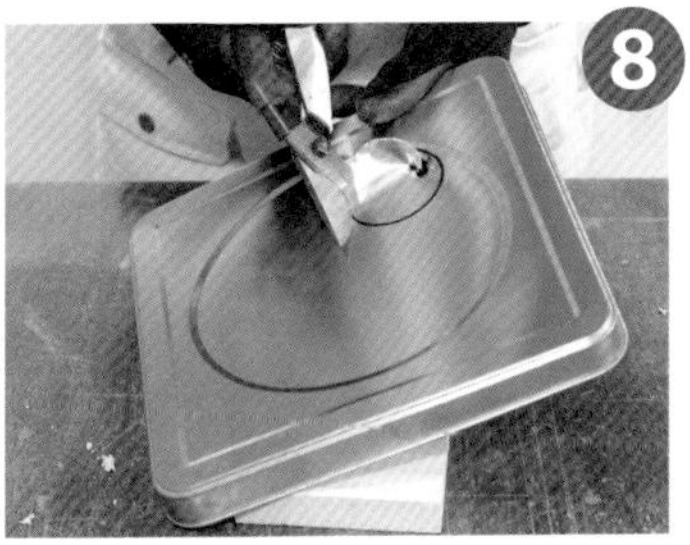

フタに排煙調整穴を作ります。テープなどの丸いものを型がわりに使って円を描き、金切りバサミでカットして丸い穴をあけます。

9

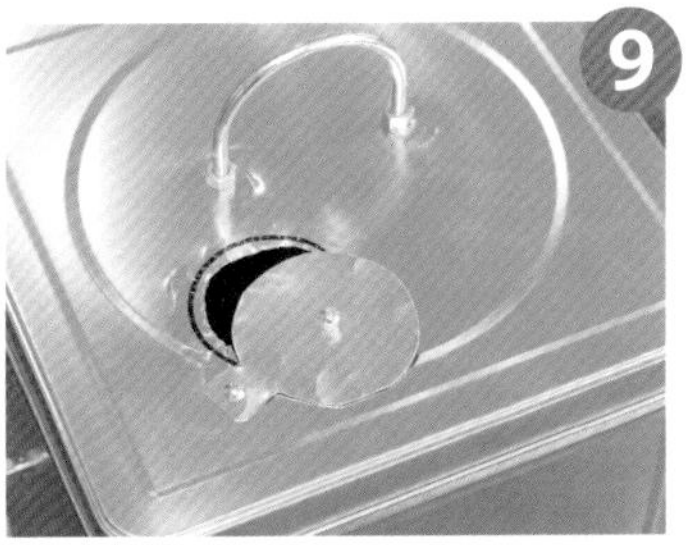

調整ブタはブリキ板を穴よりひと回り大きく切って作ります。支点になる部分を小ネジでフタに固定して、調整ブタには取っ手用の小ネジを取り付けます。

10

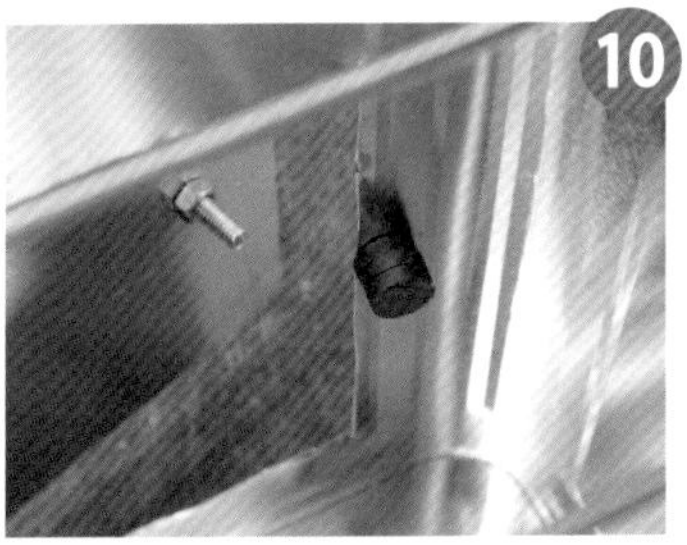

扉のストッパーにはマグネットを使用します。開口部の内側に磁力の強いマグネットを瞬間接着剤で固定します。

11

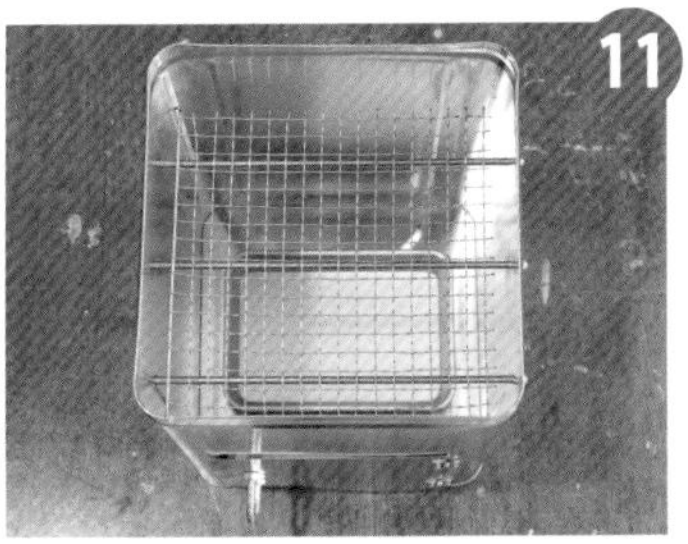

缶の内寸に合わせてカットした焼き網を棒の上に置き、スモークウッドをのせるトレーを底に置いて完成です。

12

一斗缶のままの外観ではスモーカーとして味気ないので、耐熱スプレーを吹き付けて塗装仕上げをしてもよいでしょう。

ピザ窯《がま》

自宅の庭にオシャレなピザ窯を作ろう!

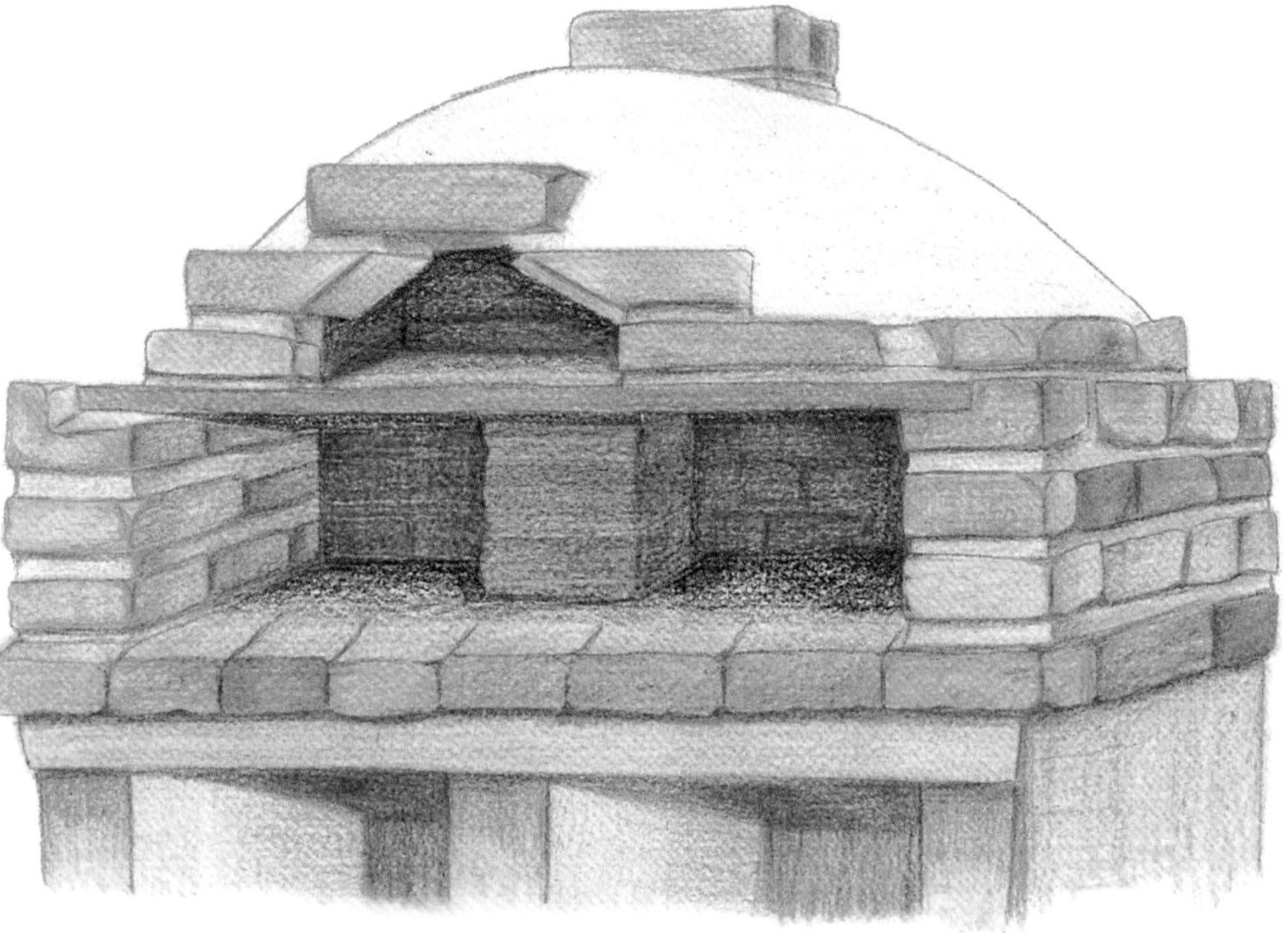

DIYでは作るのが難しいと思われがちなピザ窯ですが、扱いやすい耐火コンクリートと耐火レンガを使えば、初心者でも決してできないことはありません。窯となるドームをきれいな形に作り上げるのは簡単ではありませんが、耐火コンクリートなら耐火モルタルなどに比べると扱いやすいうえ、バーナーなどによる熱処理が不要になるため安全面でも安心です。

庭にピザ窯があればガーデンパーティで焼き立てピザが楽しめ、盛り上がること間違いなしです。本格的なピザ窯で焼いた一味違うピザをぜひ味わってみてください。

構造図

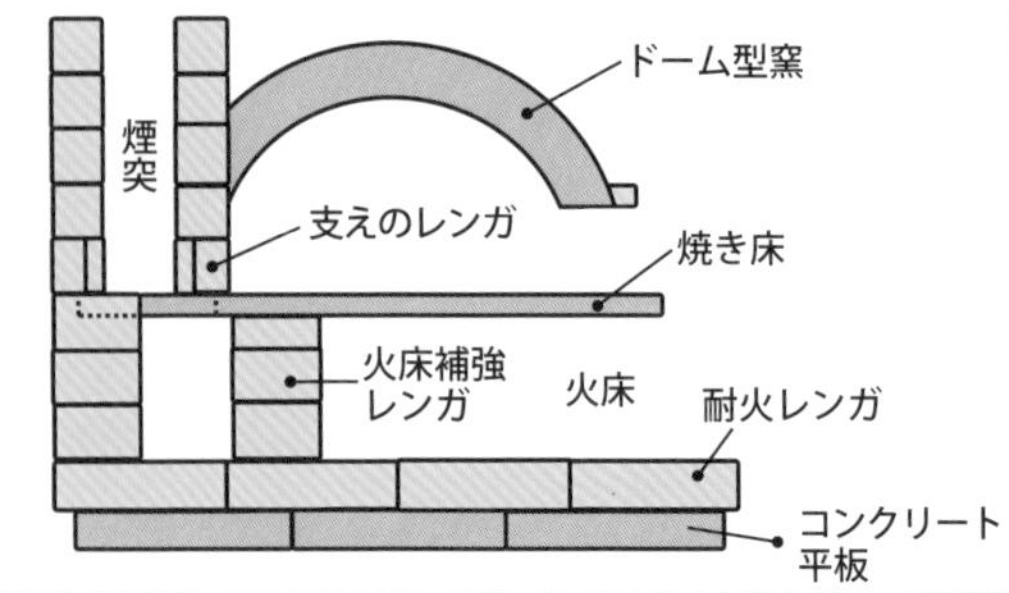

道具

- ■各種コテ
  - レンガゴテ
  - 目地ゴテ
  - 仕上げゴテ
- ■コテ板
- ■左官バケット
- ■トロフネ
- ■水平器
- ■ディスクグラインダー

材料

- ■耐火レンガ
- ■耐火コンクリート
  (アサヒキャスターCA-13ST)×6袋
- ■コンクリート平板
  880×300×50㎜にカット
- ■コンクリート型枠合板

耐火コンクリートを使ってドームを作る

1

基礎となる重量ブロックをEの形に置きます。水平器で水平を確認し、その上にコンクリート平板と耐火レンガを並べたら、乾燥した耐火コンクリートでレンガの隙間を埋めます。

2

次に耐火レンガを、ディスクグラインダーを使ってL字状にカットします。これが耐火コンクリートで作る焼き床パネルの受けになります。これはだいたい8個ほど必要です。

3

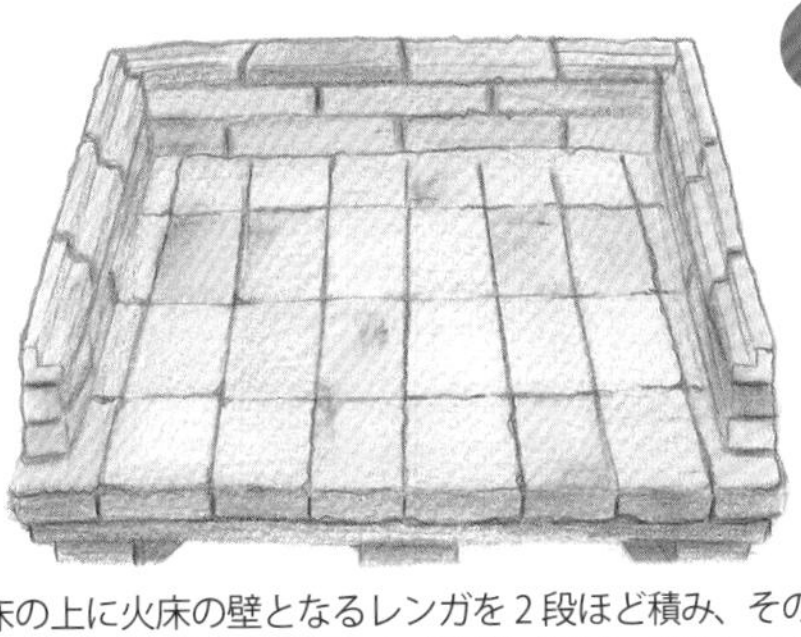

火床の上に火床の壁となるレンガを2段ほど積み、その上にL字の焼き床パネル受けのレンガを並べます。耐火レンガの目地には耳たぶくらいに練った耐火コンクリートを使用します。

4

型枠合板を使い、水で練った耐火コンクリートで30×780×780㎜の焼き床パネルを作製。パネルが乾燥したら窯の奥側に熱気を通す穴をディスクグラインダーで切り取ります。できたパネルを図のように乗せたら隙間を耐火コンクリートで埋めます。

5

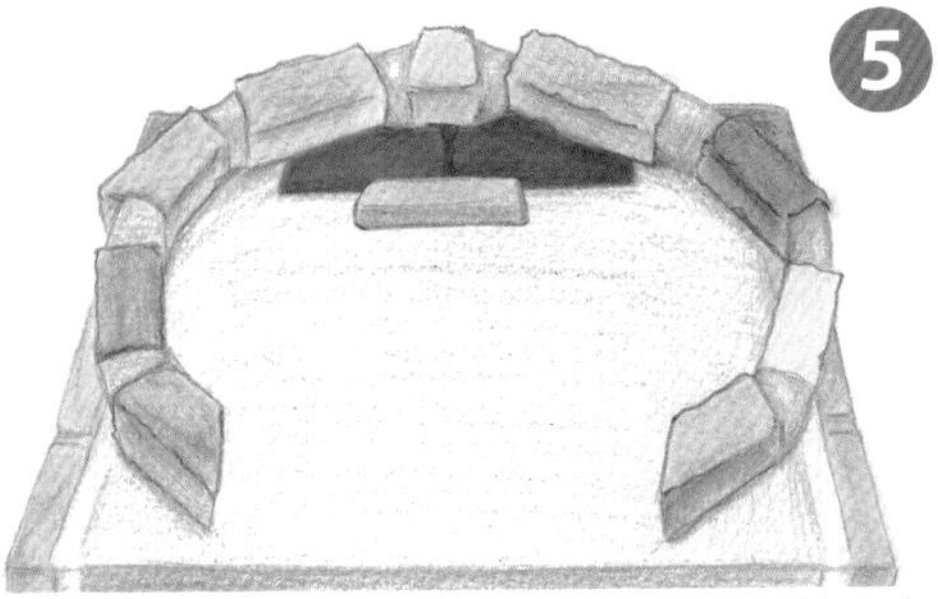

耐火レンガを環状に並べ、耐火コンクリートで接着します。入口部分に置く両サイドのレンガは一部をカット。奥の開口部手前に煙突の支えとなるレンガを一枚貼り付けます。

6

コの字状にカットした耐火レンガ2つを合わせ交互に4段積み、煙突を作って焼き床の開口部に設置（構造図参照）。次に木っ端で開口部をふさぎ、窯内部をかさ上げしたらドーム状に砂を盛ります。

7

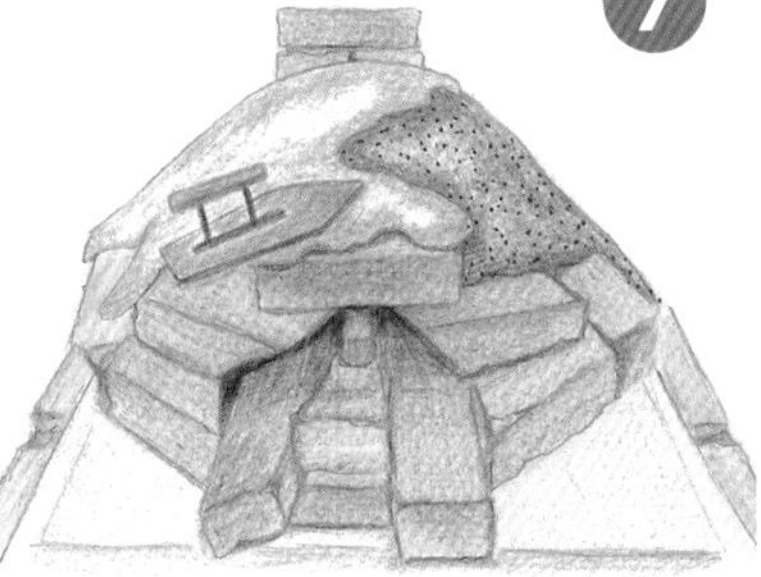

砂でドームができたら水に浸した新聞紙で表面を覆います。その上から水で練った耐火コンクリートを30～40㎜の厚さにコテで塗り、固まったら砂と木っ端を抜いて24時間ほど乾燥させます。

8

完成。こちらは多少デザインが違いますが同様の手順で作ったDIYのピザ窯です。火を点け窯を加熱すれば、ガーデンピザパーティがはじめられます。

炭とコンロの後片付け

やけどに注意して正しく処理しましょう

バーベキューを楽しんだ後は使用したバーベキューコンロや炭をきちんと片付けましょう。次回にも気持ちよく使えるようにコンロは掃除をして焦げ付いた汚れを落としておきます。

炭はしっかり後始末をしないと火傷、火災の原因になることもあるので気をつけてください。残った炭と灰を処分する場合は地面に埋めるか、ゴミとして処理します。どちらの場合もしっかり消火してから廃棄します。

炭火の消し方

炭の消火にはフタつきの火消しツボがおすすめです。炭を中に入れフタをすることで酸素を遮断し、火を消します。

しっかりフタをして消火するまで1時間ほど待つと火が消えます。火消しつぼは熱くなるので火傷に注意してください。

コンロの掃除方法

ステンレス製グリルは金たわしを使って水洗いしましょう。サビやすいスチール製は濡れ雑巾で汚れを拭き取ります。

汚れがこびりついて落ちない場合はガストーチで焼くと落ちやすくなります。汚れが炭になったらこすり落とします。

燻《くん》製《せい》料理の作り方

いつもの食材が手軽に大変身

燻製は、食材をスモークすることで独特の香りや風味を付けることができるというものです。香りが付くだけでなく食材の水分が失われることで、旨みがギュッと凝縮されるのでいつもの食材がよりおいしく変身してくれます。

チーズや肉類、ナッツなどが燻製の定番食材ですが、意外な食材でもスモークすることでおいしく変わる可能性があります。ぜひ様々な食材で試してみてください。

お好みの食材をスモークする

燻製にする食材は何でも構いません。野菜やフルーツ、マシュマロなども意外においしいので試してみてください。

スモークウッドには、さくらやくるみ、ヒッコリーなど様々ものがあるので好みの香りを見つけてみてください。

食材をスモーカーにセットしたら用意したスモークウッドの数カ所に着火します。煙が出たらスモーカーに入れます。

スモーカーから煙が出ているのを確認し、30分から1時間ほどいぶします。食材に色が付いたらできあがりです。

06

第6章 メンテナンス

難易度 ★★☆☆☆

ブロック塀の塗装

汚れた表面をリフレッシュし紫外線や雨による劣化を防ぐ

ブロック塀は砂やホコリで汚れるばかりでなく、カビやコケが発生すれば変色が進みます。ひび割れから内部へ劣化が広がるおそれもあります。年月とともに汚れたブロックの化粧直しには、表面の保護効果もある塗装が最適です。屋外用多用途や外壁用の水性塗料は、厚くて強い塗膜を作るため、紫外線や雨による劣化、カビやコケの発生をおさえます。好みの色で塗って、外観の印象を変えることもできます。塗装の持ちをよくするために、汚れをしっかり落とし、シーラーを塗布してから上塗りをするのがポイントです。

Before

■境界線を確認する

ブロック塀を塗装するときは、土地の境界線を確認しましょう。塀が境界線上にある場合はお隣りとの共有物となり、塗装するには許可を得る必要があります。

埋設された境界標を見て、ブロック塀の位置を確認します。

ブロック塀の天面を塗りたい場合は、念のためお隣りの了承を得ましょう。塗らない場合は養生しておきます。

道　具

- ■ローラーバケ（外装用）
- ■ハケ
- ■ローラー用バケツ
- ■養生テープ
- ■マスキングテープ
- ■マスカー
- ■ブラシ

材　料

■屋外用水性塗料

■水性シーラー（下塗剤）

掃除と養生をする

ブロックの表面や目地についた砂やカビなどの汚れを、毛が硬いブラシで強くこすってかき落とします。

高圧洗浄機、もしくは水とブラシを使って、くぼみなどに残っている汚れをきれいに洗って落とします。

1日乾かし、養生テープを貼りやすいようにブロックのきわをほうきで掃いて、砂を取り除きます。

塗装しないところの境界部分に養生テープを貼ります。テープの浮きや曲がりがないように注意してください。

道具から落ちる塗料で汚さないように、作業場所のコンクリート土間にマスカーを広げて養生をします。

フェンスやポストなどの養生も忘れずに。建物や車が近くにある場合は、飛び散りに備えて念入りに養生しましょう。

下地を整えて塗装する

ハケを使い、目地や縁などの細かくて塗りにくいところに、下地剤のシーラーを塗ります。

残った広い面に、ローラーバケを使ってシーラーを塗ります。

塗料を使った上塗りも、シーラーを塗るときと同様に、作業しにくいところをハケを使って先に塗ります。

ローラーバケを使って広い面を塗ります。外装用ローラーは毛足が長いので、凹凸のあるブロックも塗ることができます。

塗料はローラーにたっぷりつけてからネットの上で軽くしごき、塗りやすい量を全体に含ませるのがコツです。

塗料が乾く前に養生をはがして作業は完了です。完全に乾くまで、「ペンキ塗りたて」の注意書きを貼っておきましょう。

難易度 ★★★☆☆

鉄《てつ》扉《とびら》の塗り替え

塗り替えで美しさをよみがえらせる

門扉は住まいの顔ともいえる大切な場所です。門扉には鉄製やアルミ製などがあり、さまざまな装飾で住まいの美しさを引き立ててくれます。

しかし、門扉は雨風にさらされやすいため、耐久性に優れた鉄製でもメンテナンスを怠ると、塗膜がはがれたり、サビが発生してしまいます。さらに放置しておくと、腐食が進んで破損の原因にもなります。

鉄部のサビが発生したときの対処法は、新品のような美しい仕上がりにできる塗り替えです。見た目だけでなく、サビを防止し、傷みを防いで長持ちさせる効果もあるのでメンテナンスをしてあげましょう。

道　具

- ■ディスクサンダー
- ■ワイヤーブラシ
- ■マスキングテープ
- ■マスカー
- ■軍手
- ■ビニール手袋

材　料

- ■鉄部用塗料（油性）
- ■サビ止め用スプレー
- ■サビ止め用塗料

サビを落とす

1

塗装する面の汚れやゴミを落とし、十分に乾かします。目立つサビや塗膜がはがれかかった部分を、ワイヤーブラシで取り除きます。

2
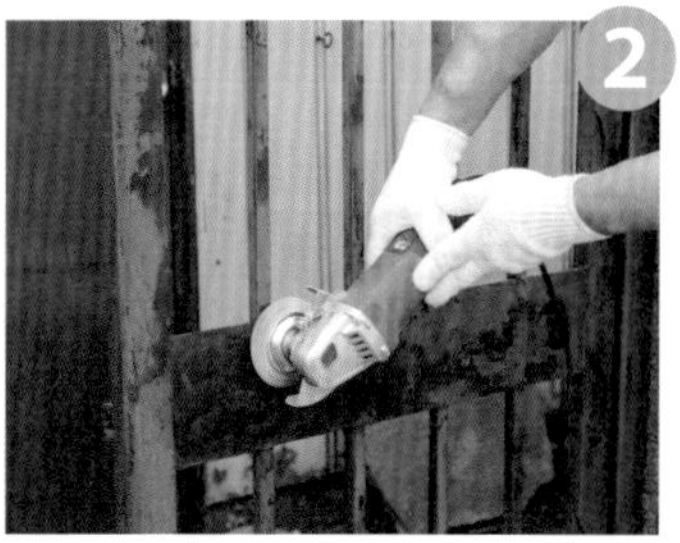
ワイヤーブラシである程度取り除いたら、塗料の塗りをよくするため、ディスクサンダーを使って、鉄の表面が出るまで磨きます。

3

サビを落として鉄の地肌が見える状態です。ディスクサンダーがない場合は、サンドペーパーや台所のスチールウールなどを使って磨いてください。

4

塗装する門扉の境界部分に、マスキングテープを貼って養生をします。

5

門柱や外壁に加え、地面などに塗料が付いたら困る場所にマスカーで覆います。マスカーがない場合は、新聞紙やビニールシートで代用してください。

塗料を塗る

ここがポイント!

塗料とスプレーの2刀流でサビから守る

塗装が長持ちするように、下地にサビ止め効果の塗料とスプレーを使います。上塗りの塗料の密着性を高めてくれるタイプを選ぶようにします。

1

サビを落としたら、全体にサビ止め塗料をハケで塗り、細かな部分をスプレーで吹きかけます。スプレータイプは周囲の飛散に注意しながら使います。

2

サビ止め塗料が乾燥した後、鉄部用塗料をハケで塗ります。上手に塗るコツは、高い位置から下へ塗るようにし、全体に均一になるようによく塗ります。

3

鉄格子の隙間も同じように上から下へ塗っていきます。間隔が狭い場合は、すきま用ハケなどを使って塗ります。鉄格子の下の裏もしっかり塗ります。

4

全体を塗り終えたら塗り残しがないか確認します。塗料が手に付かなくなったら、マスカーとマスキングテープをはがします。

5

塗り終えた後、しばらく乾燥させて乾いたら完了です。乾燥時間は作業する季節や使う塗料によって異なるので、事前にチェックしておきましょう。

難易度 ★★★☆☆

ウッドデッキの塗り替え

10年分のダメージからよみがえらせる

戸建ての憧れのウッデッキは、屋外に設置されているため、太陽の光で表面が黒ずんだり雨風にさらされて劣化していきます。使い込んだまま放っておくと木材が腐食してしまい、ケガの原因にもなります。

ウッドデッキを少しでも長持ちせるには掃除、補修、塗り直しなどのメンテナンスが必須です。メンテナンスは専門的なことが必要だと思いがちですが、DIYで対処できます。正しいお手入れ方法で、美しさをよみがえらせましょう。

10年間何もしてない状態です。劣化症状が進み、傷みが酷くなります。ウッドデッキは定期的なメンテナンスが必要です。メンテナンスを行う場合は、天気の良い日が続く時期を選びましょう。塗り直しは、2年を目安に行うようにします。

防虫・防腐効果の木部保護塗料を使う

木の品質を守る木部保護塗料は、木目を生かす「浸透性タイプ」と木目を消す「造膜タイプ」に分かれます。浸透性タイプは、防虫、防腐、防かび、防藻効果などを発揮して木材を保護します。一方、造膜タイプはペンキの特徴に近く、紫外線や雨などから木材を保護します。

道具

- ■電動ドリルドライバー
- ■電動丸のこ
- ■ジグソー
- ■サンダー
- ■ブラシ
- ■バール
- ■ケレン
- ■ローラーバケツ
- ■ハケ
- ■すきまバケ
- ■コテバケ
- ■ローラー
- ■マスキングテープ
- ■さしがね
- ■メジャー
- ■ビニール手袋

材料

- ■木部保護塗料
- ■SPF 2×4材
- ■SPF 2×6材

汚れを落としてきれいにする

一気に汚れを洗い流して、丸1日乾燥させる

高圧洗浄機で表面の汚れを落とすとともに、塗膜をはがしていきます。高圧洗浄機がない場合は、デッキブラシを使います。デッキブラシと両方使うとはかどります。

しっかり洗浄した後、最低１日は乾燥させます。乾燥した後、表面がケバだっているのでサンダーで研磨し、塗装する下地を整えます。

木割れに入り込んだ汚れや、下地処理で出た削りカスなどをブラシで取り除きます。削りカスが残っていると、塗装にムラが出るので注意してください。

ウッドデッキの経年変化をチェック

汚れで見えなかったウッドデッキの経年変化を確認します。経年変化で腐食、変色、ひび割れなどさまざまな症状が起こります。塗装する前に現状の劣化症状をきちんと把握し、メンテナンスに対応するようにしましょう。

1 腐食

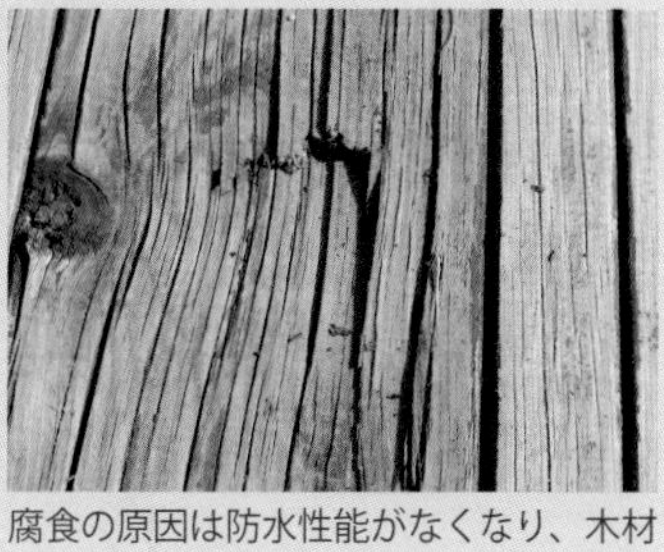

腐食の原因は防水性能がなくなり、木材が水分を吸収するためです。腐食の症状が激しい場合は、腐食した箇所の部分的な取り替えが必要です。

2 ヒビ割れ

ソフトウッド材はいろいろな場所にヒビが発生します。ビス周辺に発生するヒビ割れは腐朽が原因です。ヒビ割れが酷いと、コーティング材などで補修します。

3 木やせ

水分を含まなくなった木材は痩せてしまい、ビス周辺が痩せるとビスが抜けやすくなります。木痩せが酷い時は部分的な取り替えが必要です。

傷んだ床板をはがす

根太《ねだ》を傷つけずに床板をはがす方法

1

割れて傷んだ板の隙間に、さしがねを差し込みます。さしがねが根太に当たった場所を確認し、鉛筆でしるしを付けます。

2

割れている部分だけカットします。板と板の間が狭いため、次のジグソーの作業がしやすいように、10mm のドリルビットで下穴を開けます。

3

ジグソーに木工用ブレードをセットし、下穴に入れます。ジグソーを固定させ、しるしに沿って速度を調整しながら前に切り進めます。

4

電動ドリルドライバーで、取り替える床板のビスを抜きます。ビスを外したらバールを使って、床板を持ち上げて取り除きます。

5

床板を取り除いたところの根太もしっかり掃除をします。根太の上に汚れが付着しているので、ケレンを使って汚れを削り落とします。

6

すべての根太の汚れを落としたら、取り替え前の準備が完了です。ジグソーでカットする場所は、根太が見える程度の位置がポイントです。

新しい床板と補強材を作る

大切なのは既存の材料に合わせること

1

床板をのせるための根太への補強材をSPF 2 × 4 材で作ります。取り除いた床板から見える根太の長さの約 30cm に、電動丸ノコでカットします。

2

補強材の小口をサンダーで磨きます。補強材はカットしたところの根太と、バールで取り除いたところの根太の補強が必要なため、2 本作ります。

3

ビニール手袋を装着してローラーバケットに木部保護塗料を注ぎ込みます。

4

ハケで補強材に塗っていきます。小口は染み込みやすいので軽くたたくように塗ります。表面も塗った後、30 分ほど乾燥させせます。

5

新しい床板を作るため、取り除いた床板の長さを測ります。元のソフトウッド材に合わせるため、SPF 2 × 6 材を使用します。

6

電動丸ノコで床板の長さにカットします。補強材と同様に、カットした小口をサンダーで磨いてバリを取ります。

新しい床板材を張る

補強材が新たな根太の役割を果たす

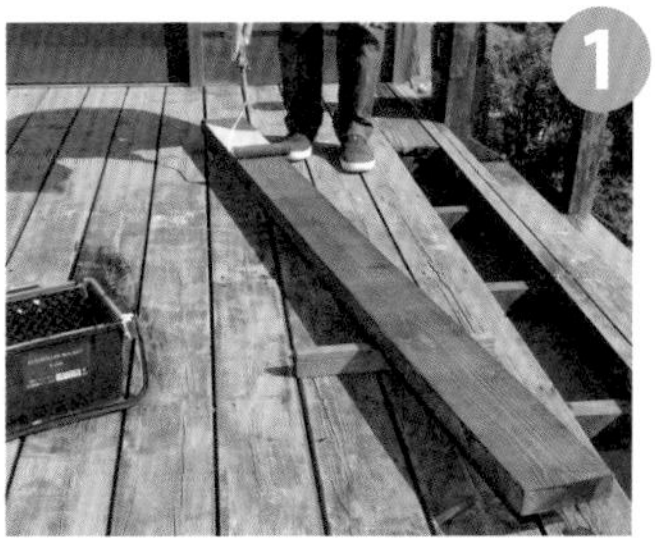

ローラーにたっぷり塗料を染み込ませて新しい床材に塗っていきます。木端と小口を塗る場合は、ハケ塗りをしてください。

電動ドリルドライバーで、ビスを2本立てます。ビスは、ステンレス製の65mmを使用します。打ち込むのではなく少しねじ込む感覚です。

取り除いた両サイドの根太に補強材を取り付けてビスを打ち込みます。補強材を当てることで、新しい根太の役割を果たします。

新しい床板を補強材に乗せて取り付けます。床板の位置を微調整した後、ステンレス製の65mmのビスを打ち込みます。

ビスどめができたら床板の取り替えの完了です。とても堅いハードウッドタイプ材の場合は、硬質木材用のビスを使うようにしましょう。

ステンレス製以外のものを使用すると、すぐに錆びて変色します。必ずステンレス製を使うようにし、皿取り加工のタイプをおすすめします。

ウッドデッキを塗装する

腐食やひび割れを防いで長持ちさせる

窓のサッシをはじめ扉や壁など、塗料を塗る場所以外に、マスキングテープで養生をします。また、植木などはマスカーで保護してください。

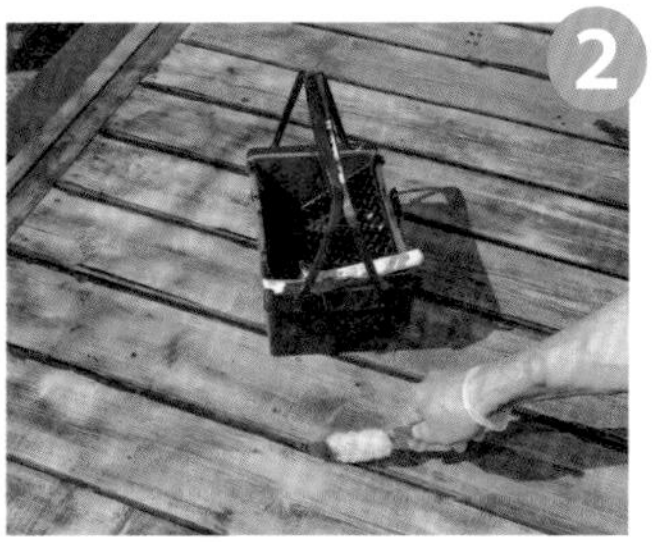

初めに塗る場所は板と板の間です。狭い隙間を塗るのに便利なのが、すきまバケです。隙間に差し込むだけで簡単に塗ることができます。

ローラーにたっぷり塗料を染み込ませ、木目に沿って表面を塗っていきます。周囲の細かい場所は、ローラーに代わってハケで塗ります。

床板などの広い平らな面は、均一に塗れるコテバケが初心者におすすめです。自分の逃げ道を確保できるように塗っていきます。

階段や手すりも同じように、ハケとローラーで塗装します。手すりが塗りにくい場所に設置されている場合は、床板より先に塗装します。

木部塗料は2回塗りが基本です。半日ほど十分に乾燥させて、1回目と同じ塗装作業を繰り返すと、すべてのメンテナンスが完了です。

難易度 ★★★☆☆

自転車置き場を作る

レンガと基本的な道具があれば自転車置き場が作れる

庭の一角に自転車を置けるだけのスペースがあれば自転車置き場をＤＩＹで作ることはそれほど難しくありません。ポイントは、雨の後のぬかるみで自転車が汚れたり、サビないよう、対策をすることです。

比較的簡単なのは、地面にセメントを敷き、レンガを並べるという方法です。

レンガの数などはご自宅の自転車置き場となるスペースに合わせて入手してください。

また、作業中にレンガが割れたり、サイズや色見が微妙に合わないということもあるので、少し余分に用意しておきましょう。レンガの色の組み合わせや、敷き方のパターンなどは、自宅のデザインやお庭のイメージに合わせてお好みでアレンジしてみてください。

庭の一角にある自転車一台が置けるだけのわずかなスペース。このままでは雨が降るとぬかるんでしまうので、レンガ敷きの自転車置き場を作ります。

道具

- ■ゴムハンマー
- ■ブラシ
- ■シャベル
- ■水平器

材料

- ■エッジレンガ
- ■敷きレンガ
- ■セメント
- ■珪砂（けいしゃ）
- ■自転車スタンド

セメントを敷きレンガを並べる

1

駐輪する自転車の台数分よりも、ひと回り大きめに地面をシャベルで掘ります。深さは使用するレンガの厚み＋約 2㎝くらい。掘ったら地面をならします。

2

スペースを囲うエッジレンガを固定するため、土の上にセメントを撒きます。このセメントは、土の水分と反応して固まりレンガを固定します。

3

セメントの上にエッジレンガを置いて並べます。このとき、水平器などを使って、レンガがまっすぐ水平に並ぶように注意しながら置いていきます。

4

駐輪スペースの横幅に合わせた板を用意しておき、この板をガイドにして、レンガを板に当てながら順に並べていくとズレなく正確に並べることが可能です。

5

ここではスペースの囲いの一辺を、敷地の縁石を利用したので、三辺にエッジレンガを並べました。エッジレンガの高さまで砂を敷き、平らにならします。

6

全面にレンガを敷き、並べます。レンガの高さがそろわない場合は、ゴムハンマーで軽くたたいて合わせます。低くなった場合は下に砂を足して調整します。

7

全面にレンガを敷いたら仕上げとしてレンガ全体に珪砂を撒き、ブラシで掃きながら目地をつめていきます。これでレンガが固定されます。

8

これでレンガ敷きの自転車置き場の完成です。ここでは自転車１台分の自転車置き場を作りましたが、大きなサイズも同じ要領で簡単につくることができます。

9

今回使用したレンガの並べ方は、一般的なバスケットウィーブパターンです。並べ方には色々なデザインがあるのでお好みで選んでください。

10

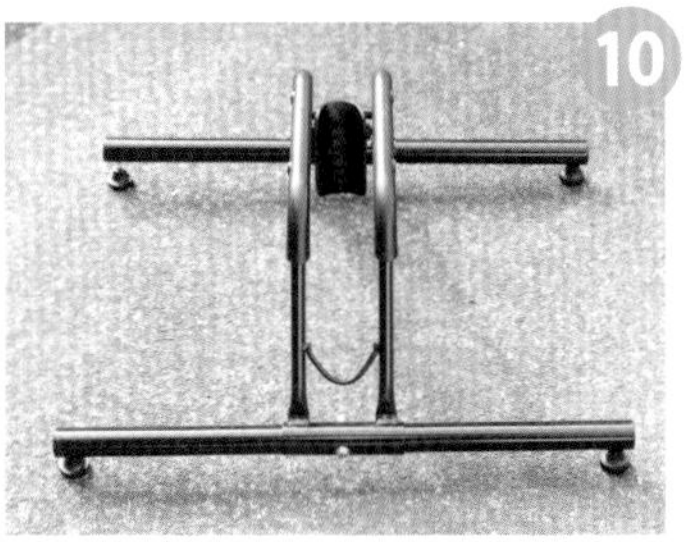

風などで自転車が倒れないようにしっかりと駐輪したい場合には、前輪を挟んで自転車を自立させることができる自転車スタンドを設置しましょう。

11

自転車スタンドはアンカーボルトで固定もできますが、今回はレンガの間にスタンドの脚を挟みこみ固定しました。これで完成です。屋根が必要であれば自立式で折りたたみ可能な市販の自転車ガレージや、サイクルポートを設置しましょう。

難易度 ★★★

カーポート床の塗り替え

清潔感あふれる印象にリフレッシュ！

カーポート床は、年月が経つと塗装面のツヤがなくなり、色あせして汚れが目立つようになります。そして、塗装面の塗膜がはがれたりめくれたりして見た目の印象も悪くなります。こうした症状が目に付くようになると塗り替えのサインです。

塗り替えのメンテナンスは、業者に頼むと高額な費用が発生しますが、ＤＩＹで自ら塗装してメンテナンスをすればコストを抑えることができます。塗料は塗膜が硬く、ホコリや劣化を防いで美しさを長持ちさせるタイプを選ぶのがポイントで、油性に比べて値段がお得で安全な水性タイプがおすすめです。明るいカラーリングでガレージスペースを清潔感あふれる印象にリフレッシュさせましょう。

車一台分が駐車できるスペースだと、1人でも充分に作業ができます。塗装するときは晴天が2～3日続く日を選んでください。

道具

- ■高圧洗浄機
- ■ほうき
- ■ちりとり
- ■デッキブラシ
- ■ワイヤーブラシ
- ■ローラーバケット
- ■バリケードテープ（ペンキ塗りたて）
- ■マスキングテープ
- ■ローラー
- ■水性用ハケ
- ■ビニール手袋
- ■ゴムハンマー
- ■ペンチ

材料

- ■コンクリート床用塗料（水性）
- ■パーキングブロック（W600×H100mm）1個
- ■コンクリート専用接着剤
- ■ガレージミラー

汚れを落として下準備をする

1 ほうきで床面のゴミやホコリを掃除します。床面にこびりついた土や砂の汚れは、デッキブラシを使ってきれいに除去します。

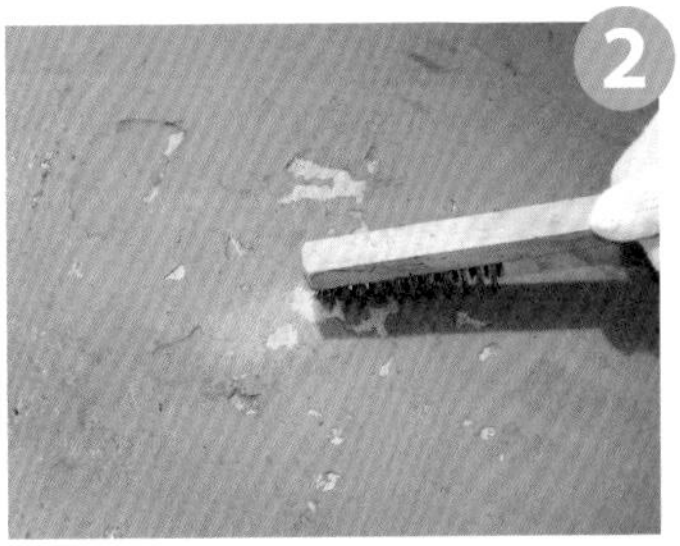

2 はがれかかった塗膜は、ワイヤーブラシやケレンなどで削り取ります。亀裂や穴がある場合は、床を塗装する前日にクラックケアをして補修します。

3 高圧洗浄機で一気に残った汚れを落としていきます。高圧洗浄機がない場合は、デッキブラシで水を流しながら汚れを落としていきます。

4 カビはカビ取り剤で、油分は、ペイントうすめ液で落とします。洗浄で隅々まできれいに汚れを取り除いたら、2時間ほど乾燥させます。

初めて塗装する場合は油性下地剤で密着性を高める

初めて塗る場合は下地を補強し、上塗り塗料との密着性を高める、シーラーと呼ばれる下地剤で下塗りをします。上塗り塗料の作業とは別に、ローラーやローラーバケットを用意してください。

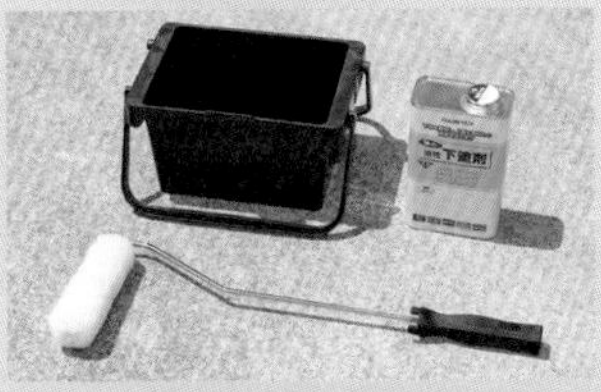

ローラーでシーラーを塗っていきます。劣化の激しいところはたっぷりと塗り、ローラーで塗りにくい隅はハケを使って塗ります。

上塗り塗装の1回目

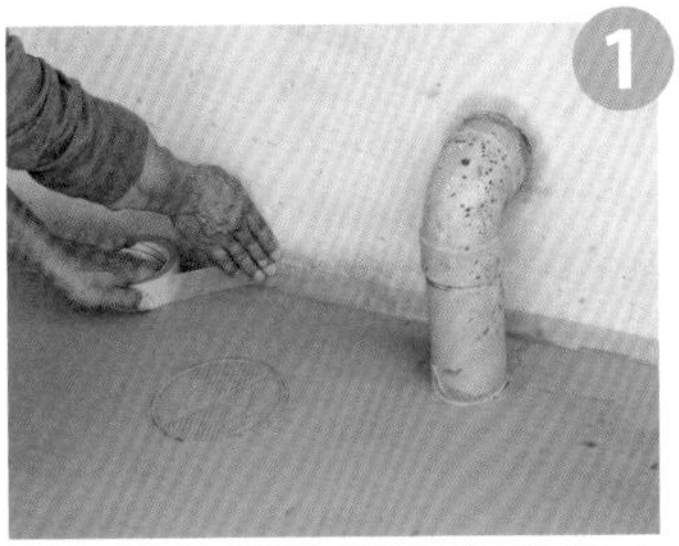

1 道路や外壁の境界や配管など、塗りたくない部分にマスキングテープを貼って養生をします。保護したい部分が広いときは、マスカーで覆います。

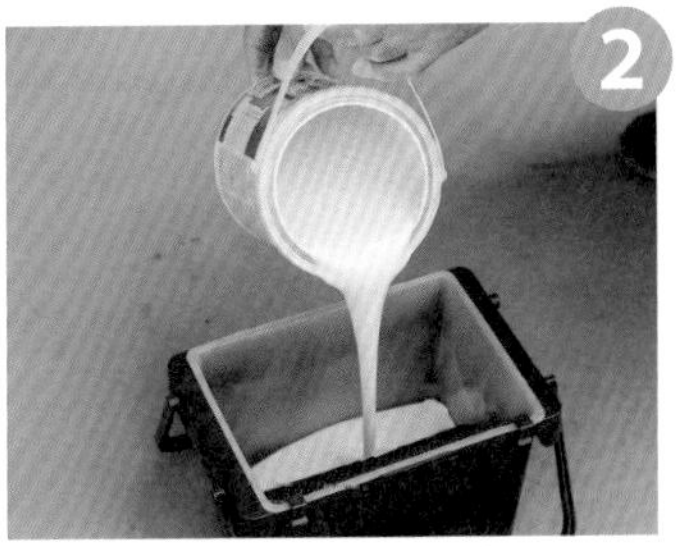

2 容器の中で成分が分離して沈んでいるため、よく振って攪拌(かくはん)させます。角材などで充分に混ぜたら、ローラーバケットに塗料を注ぎます。

3 ローラーで塗りにくい、外壁や道路の境界などの隅からハケで塗っていきます。ハケは、使う前に抜けやすい毛を取り除いておきます。

4 ハケで周囲を塗り終わった状態です。続けて内側を塗るのでこの部分を踏まないように注意してください。

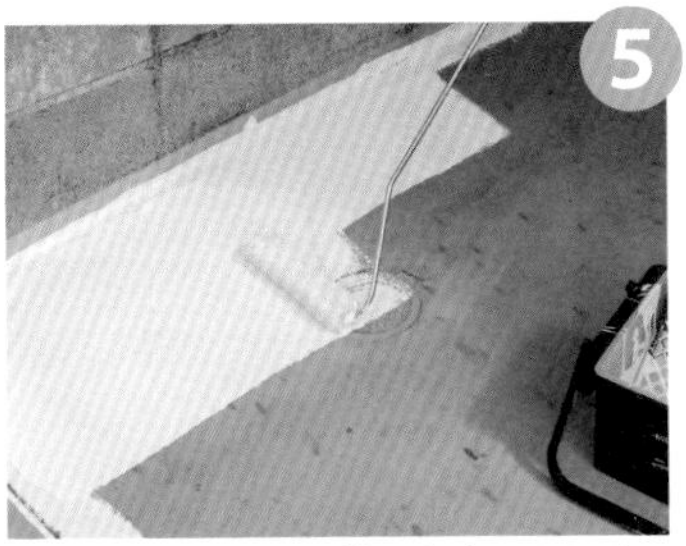

5 広い面はローラーで塗ります。はじめに軽くローラーをゆっくり転がして塗料を配り、ムラのないように同一方向で塗っていきます。

6 ローラーに塗料を付けすぎて勢いよく塗ると飛散したり溜まりができるので注意してください。すべて塗り終えたら1時間程度乾かします。

上塗り塗装の2回目（仕上げ）

1

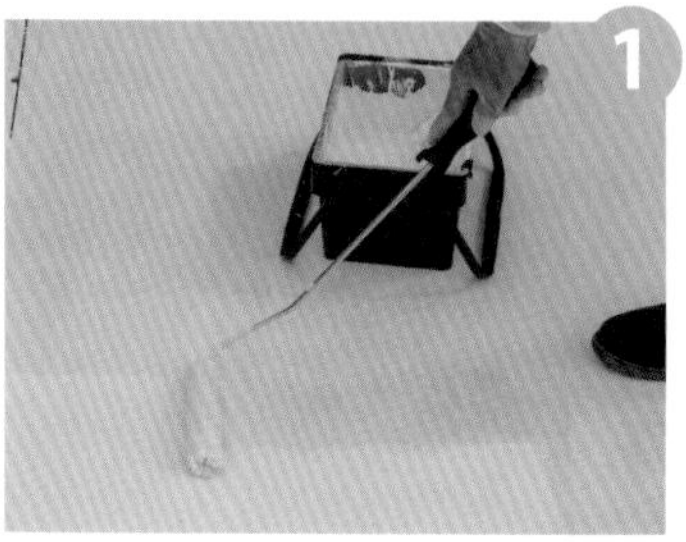

塗装した表面を手で触り、乾燥しているのを確かめたら、ローラーで２回目を塗っていきます。１回目とは違う方向で均等に塗るようにします。

2

２回目はマスキングテープを貼った周辺を塗るときも、ローラーを使っても問題ありません。下地の色が見えなくなるように全体をしっかり塗ります。

3

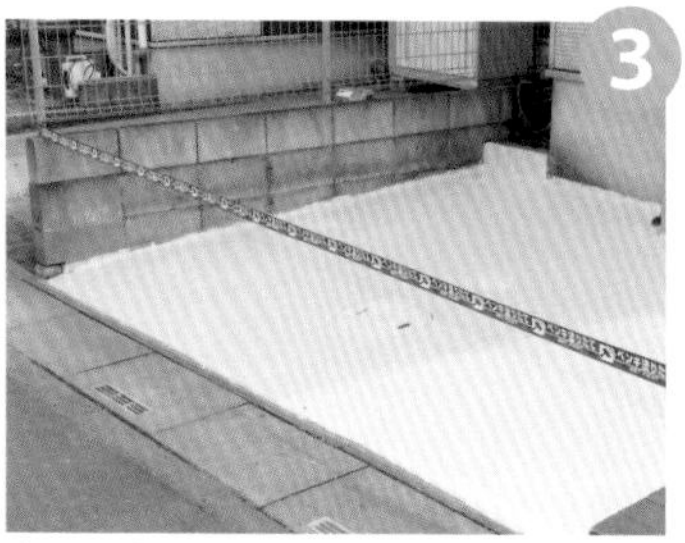

全体を塗り終えたら、バリケードテープを貼ります。乾かすのに時間がかかるため、家族や近所に注意喚起をして誤って入らないようにします。

4

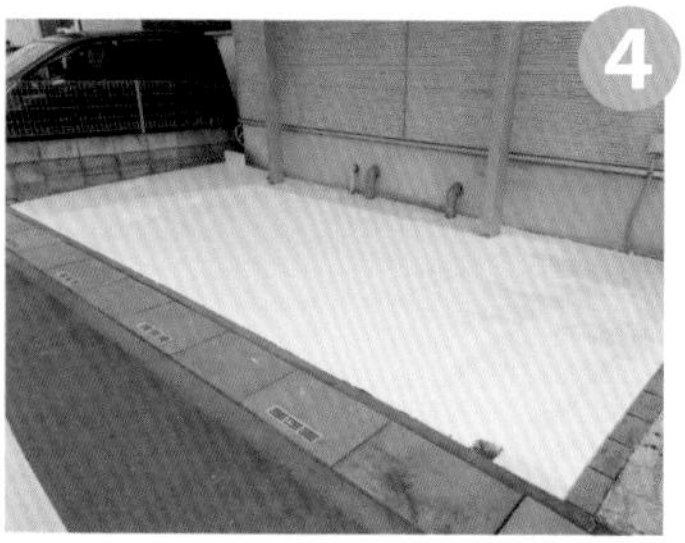

マスキングテープをはがし、１日乾燥させると完了です。乾燥前にマスキングテープをはがしておくと、塗膜のめくれを防げます。

パーキングブロックを取り付ける

1

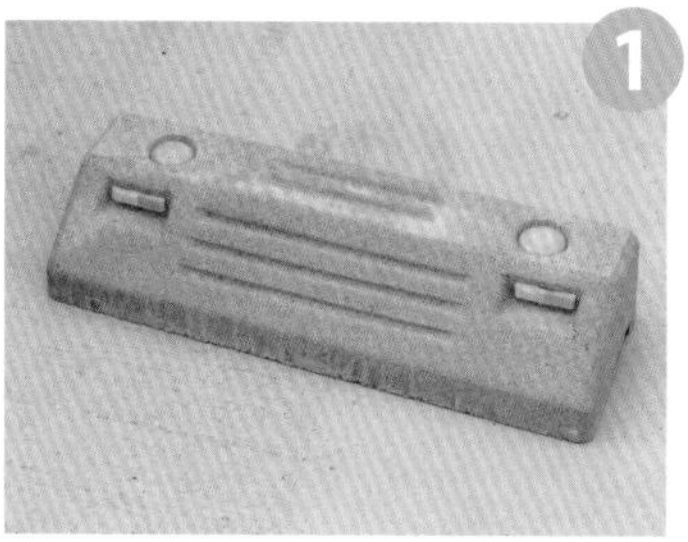

パーキングブロックは反射板が付いているのがおすすめです。床面にドリルで穴をあけるのではなく、接着剤を使った手軽な設置方法で取り付けます。

2

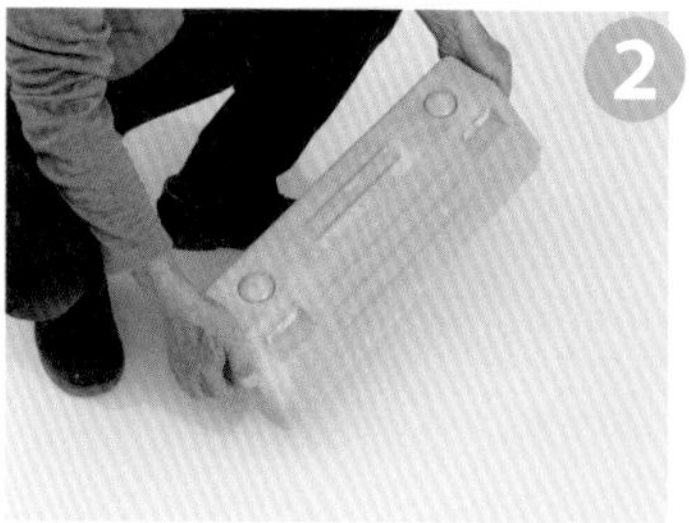

車を駐車したときの後輪を確認します。設置したい場所にパーキングブロックを仮置きし、しるしを付けます。壁際のドアが開閉できることも確認します。

3

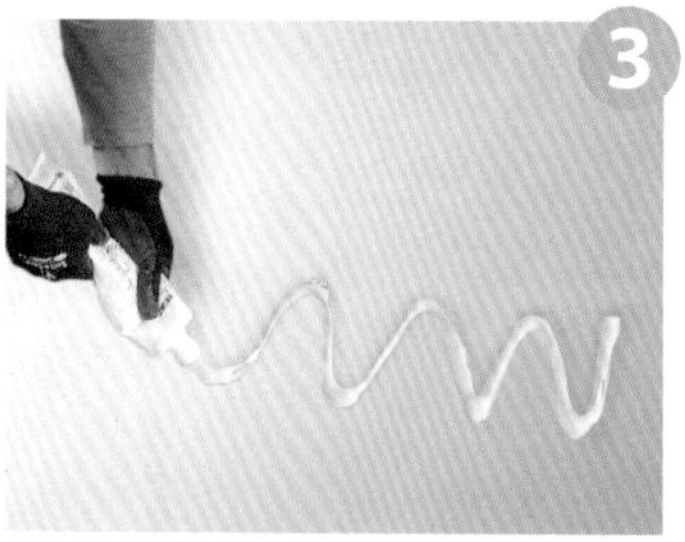

パーキングブロックの接地面に、コンクリート専用の接着剤を塗ります。設置したときに床面に接着剤がはみ出さない程度に塗ります。

4

パーキングブロックを設置して固定し、車を駐車して問題なければ完了です。ゴムハンマーなどで軽く叩くと、しっかり密着します。

出庫時の確認に最適なガレージミラー

駐車場から車を出すとき通行人が見えづらかったり、外壁をぶつける心配がある場所にはガレージミラーを取り付けましょう。壁やブロック塀用など取り付ける場所に合わせて、さまざまな種類が揃っています。簡単に取り付けができて駐車場周辺の安全確認や防犯に役立ちます。

1

ブロック用の金具を塀に挟み込み、アジャスターで位置を決めた後、ネジをしめてしっかり固定します。

2

ミラーに付属しているＬ字金具をブロック用金具に固定し、ミラーを取り付け、ペンチでネジを締めます。

3

金具が塀にしっかり固定しているか確認します。ミラーの角度を微調整したら完了です。

07

第7章 木工工具テクニック

丸ノコ

材料の直線カットが正確&スピーディー

屋外の木工製作では、現場で寸法を測りながら材料を切り出す場面が多くなります。休日などの限られた時間で作業を効率よく進めるために、丸ノコは基本の道具として用意したい切断工具です。

ショップで見かける丸ノコは、刃径１４７㎜、１６５㎜、１９０㎜の３サイズ。そのなかで取り回しと性能のバランスのよいのが１６５㎜径のタイプです。このタイプは最大で57㎜、45度に傾けて38㎜の深さまで切り込めるものが多く、厚さ38㎜の２×材に対応します。また同じ刃径でも66㎜まで切り込める機種もあり、そちらであれば60㎜の角材でも1回切りが可能です。

高価になるものの、最近はバッテリーモデルの丸ノコも増えています。作業のしやすさと安全性は魅力です。

ウッドデッキの床板やステップの踏み板を、固定してから切りそろえる用途にも使えます。屋外作業には延長コードを用意しておきましょう。

大きな合板をまっすぐにカットする場合は、直線ジグを使いましょう。刃が切断線に合うように長い木材を固定すると簡単なジグになります。

木材を必要な寸法に切り出すときは、角度定規などを利用すると素早くまっすぐにカットでき、作業効率がアップします。

太い角材をパワフルにカット

直線切り、角度切りを正確に素早く行えるのがスライド丸ノコ。90㎜の角材をまっすぐにスパッとカットできるので、何本もの束柱を現物合わせで切り出すウッドデッキ作りで威力を発揮します。高価なのでレンタルを利用するのもよいでしょう。

アームに固定された回転刃を使うので、切断面の角度が正確です。

こんなワザも！

初心者向けではありませんが、木材の面に対して丸ノコで上から切り込むことができます。四角く切り取る窓あけをスピーディーに行なえます。

ジグソー

曲線切りや細かい加工でデザインの幅を広げる

切断用の電動工具では、スピードの丸ノコに対して器用さを特徴とするのがジグソーです。丸ノコほど出番は多くないものの、切り欠き加工のほか、四角く切り取る窓抜きや曲線切りなどができ、デザインの幅を広げたいときにピンポイントで使用したい工具です。

ジグソーはブレードを使い分けることで、金属やプラスチックなどのさまざまな素材に対応します。なかでも木材用は粗切り用、直線切り用、曲線切り用など用途が細かく設定されているので、スピードアップや仕上がりのきれいさなど作業に合う刃を選ぶのがポイントです。

直線切りや刃を傾けた角度切りも可能。1×材程度の厚さまでならジグソーだけでも作業できます。

■切り欠きの方法

床板に支柱が入る部分の逃げを切り欠く作業も、ジグソーを使えば簡単です。

直角切りができないので、曲線切りと直線切りを組み合わせて加工します。

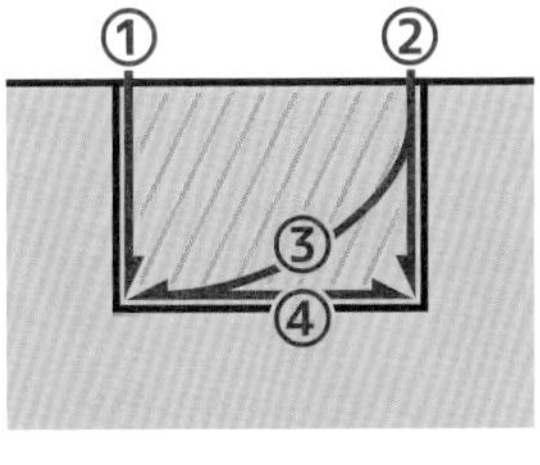

①②両側の線に沿って切ったあと、③緩やかなカーブで対角まで。④最後に奥の線に沿って切り落とします。

ウッドデッキや円形テーブルの曲線仕上げもジグソーの得意とする仕事。オービタル機能を使うことで、2×材でもストレスなくカットしていきます。

きついカーブのある装飾切りや小さく切り欠く作業には、曲線切り用のブレードを装着。ガタつきの少ないきれいなカットができます。

オービタル機能つきがおすすめ

通常、ジグソーは上下の往復運動で材料を切りますが、さらに下からしゃくり上げる動きを加えるのがオービタル機能です。格段にスピードアップできるので、厚板を切る作業にはオービタルつきモデルがおすすめです。

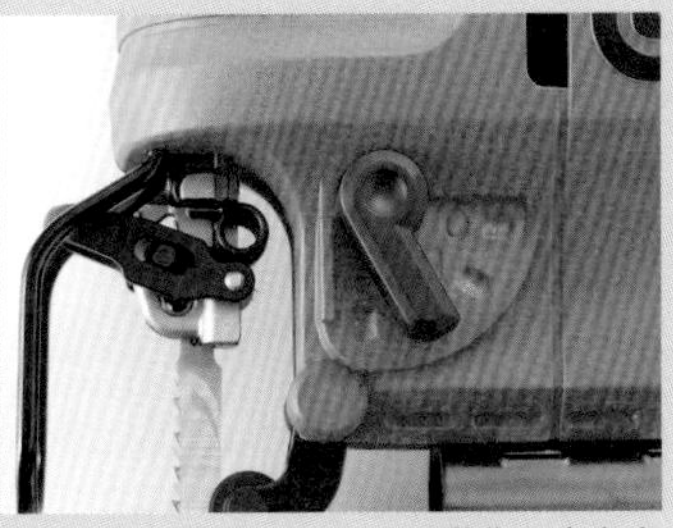
スイッチの操作でしゃくり動作の大きさを切り替えられます。

インパクトドライバー／電動ドリルドライバー

2つの回転工具はそれぞれの得意作業で利用したい

インパクトドライバーとドリルドライバーのどちらも穴あけ、ネジ締めを行う電動工具。使い分けるポイントは、パワーか繊細さかです。ドリルドライバーは回転力のみですが、インパクトドライバーは回転と打撃で強く速くネジを締めます。その差は厚い木材や硬い木材を扱ったときにはっきりと表れます。2×材を何本も接合して組み立てる作業は、連続したネジ締めを効率よくこなせるインパクトドライバー向きです。

一方、ドリルドライバーは締め付け力を細かく調整できます。下穴あけや金具の取り付けなどに活用しましょう。

■インパクトドライバー

市販されているほとんどの機種はバッテリータイプです。2×材の作業が主なら、電圧が12V以上の高出力タイプを選びましょう。

■電動ドリルドライバー

締め付け力を調整して木材に合わせた丁寧なネジ締めが可能。屋内家具や小物の製作にも適しています。こちらも主流のバッテリータイプがおすすめです。

ビットの軸形状に注意

インパクトドライバーは六角軸のビットしか取り付けることができません。ドリルビットをインパクトドライバーとドリルドライバーで共用したい場合は、六角軸のビットを選ぶようにしましょう。

■両方あると作業はさらに効率化

木口近くへのネジ打ちや斜め打ちでは、ドリルドライバーで下穴あけを。

インパクトドライバーに持ち替えてネジどめをすれば、ビット交換の手間がありません。

大きいウッドデッキの床張りでは、90mmの木ネジを100本単位で打ちます。高出力のインパクトドライバーを使って作業を効率化したいものです。

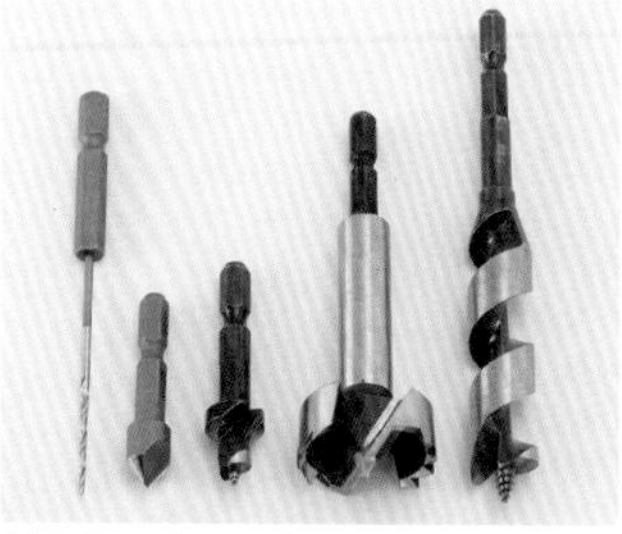

どちらのドライバーも多くの種類のドリルビットを取り付け可能です。下穴あけ、座彫り、止め穴あけなど作業に応じて使い分けましょう。

サンダー

木工製作の削り、磨きを楽々こなす

手作業では大変な紙ヤスリを使った磨きや削りを、高速振動でこなす電動工具がこのサンダーです。木工では切断面のバリ取りや尖った角を丸く削る面取り、塗装前の下地調整など、仕上げを左右する大切な作業で活躍します。また屋外にある木部のメンテナンスでは、広い面積の塗膜はがしに欠かせません。

パッドに取り付けるサンドペーパーは、作業内容に合わせて目の細かさを選びます。塗膜はがしやバリ取りは80番程度の荒目で効率よく削り、表面をきれいに整えたい仕上げ作業のときは２４０番以上の細目を使って研磨します。

■オービタルサンダー

オービタルサンダーは細部の磨きから広い面の削りまでオールラウンドに対応。市販のペーパーも利用できます。

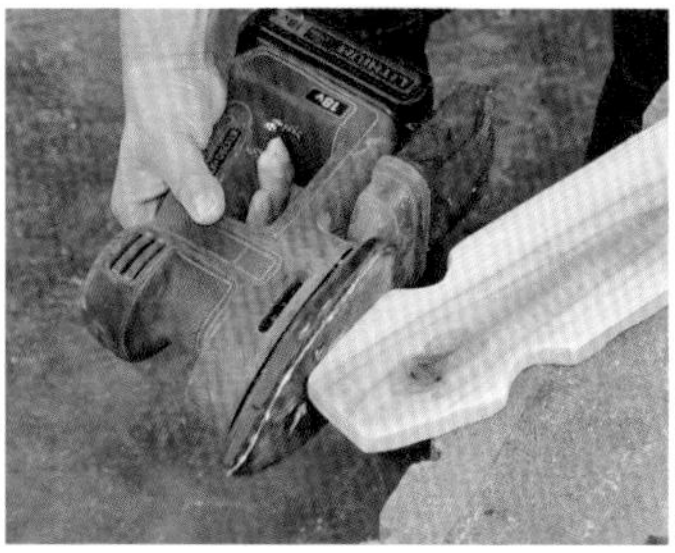

切断面のバリ取りや面取りには、軽量で取り回ししやすいデルタサンダーが向いています。屋外での使用にはバッテリーモデルが便利です。

表面の塗膜はがしは研磨面の大きいオービタルサンダー向き。砥粒(とりゅう)が落ちたサンディングペーパーを早めに交換するのが効率よく作業するコツです。

ディスクグラインダー

金属やレンガを切削できるマルチな1台

高速回転するディスクでさまざまな材料を削ったり、切ったりできるマルチな工具です。その多彩さを裏づけているのがディスクの種類の豊富さ。金属用には研削用、切削用のほか塗膜はがし、サビ落とし、研磨などがそろっています。また、ブロックやレンガ、コンクリートの切削用ディスクもあって外回りの作業では重宝します。

ディスクグラインダーは丸ノコ同様、扱いに細心の注意が必要です。回転しているディスクに触れないのはもちろん、飛散する削りくずから身を守るため、使用時は手袋や保護メガネを着用しましょう。

多目的に使える100mm径ディスクのタイプがおすすめ。扱いやすい普及サイズで、ディスクの種類も豊富です。

材料に適した切断砥石を使えば、レンガ、ブロック、タイルなどを寸法に合わせてきれいにカットできます。鉄用砥石を取り付ければ鉄筋のカットにも。

先端にベベルワイヤーを取り付けての作業。年季の入った鉄扉やフェンスのサビ、塗装を高速回転でバリバリと落とします。

手工具

細かい作業に手早く使えるサポートツール

屋外の製作では効率のよい電動工具が主役になります。とくに切断工具は直線の精度とスピードに優れる丸ノコの使用が多くなります。ただ、丸ノコは安定した作業場所がないと危険で扱いづらいため、機動性の高いノコギリが必要な作業が出てきます。スペーサー作りなどの細かい加工にも、手早く使えるノコギリが適しています。

また、きつい部材のはめ込みや取り外し、位置の微調整などで活躍するのが叩く工具です。レンガやブロックの作業にも出番があるので、金づちかハンマーのどちらかをそろえておくとよいでしょう。

■ノコギリ

厚い木材を効率よくカットするには、刃の長さが 25cm 程度あってピッチが粗い横びきできるタイプを選びましょう。

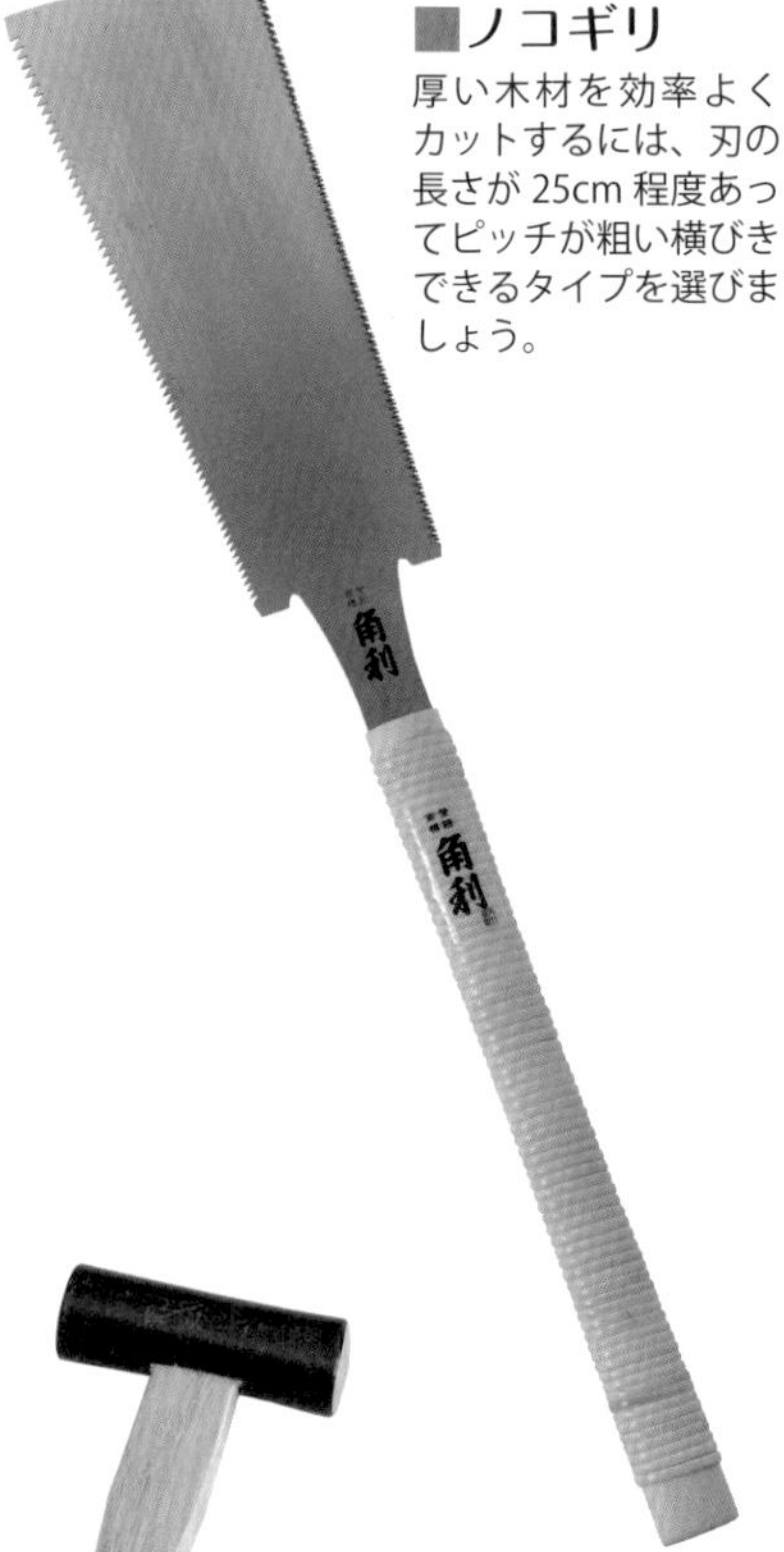

支柱の高さを調整するためのカット。真っ直ぐに切るためには四面すべてに下線を引いて、ノコ刃の角度を確認しながら切り進めること。

ノコギリは木材を切り欠く加工にも使えます。切り欠く部分に細かく切り込みを入れ、つけ根の部分をあとからノミで削り落とします。

■金づち

ノミ打ちに適しているのは、頭の両側が打撃面になっている両口玄能です。とりあえずの1本であれば、片側がクギ抜きになっているタイプでもよいでしょう。

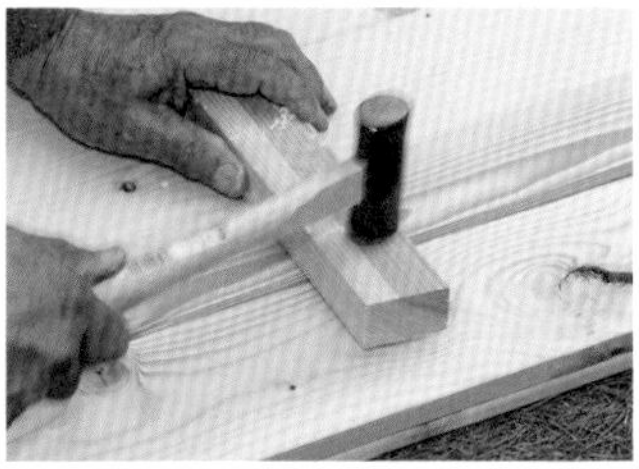

クギを打つ作業はあまりありませんが、きつい木材を叩いてはめ込んだり、カンナ刃の調整をしたりと、ところどころで金づちが必要になります。

■ノミ

DIY でも切り欠き加工や丁番を取り付けるための彫り込み加工などで使用します。必要になったときに価格の手頃な3本セットなどをそろえるとよいでしょう。

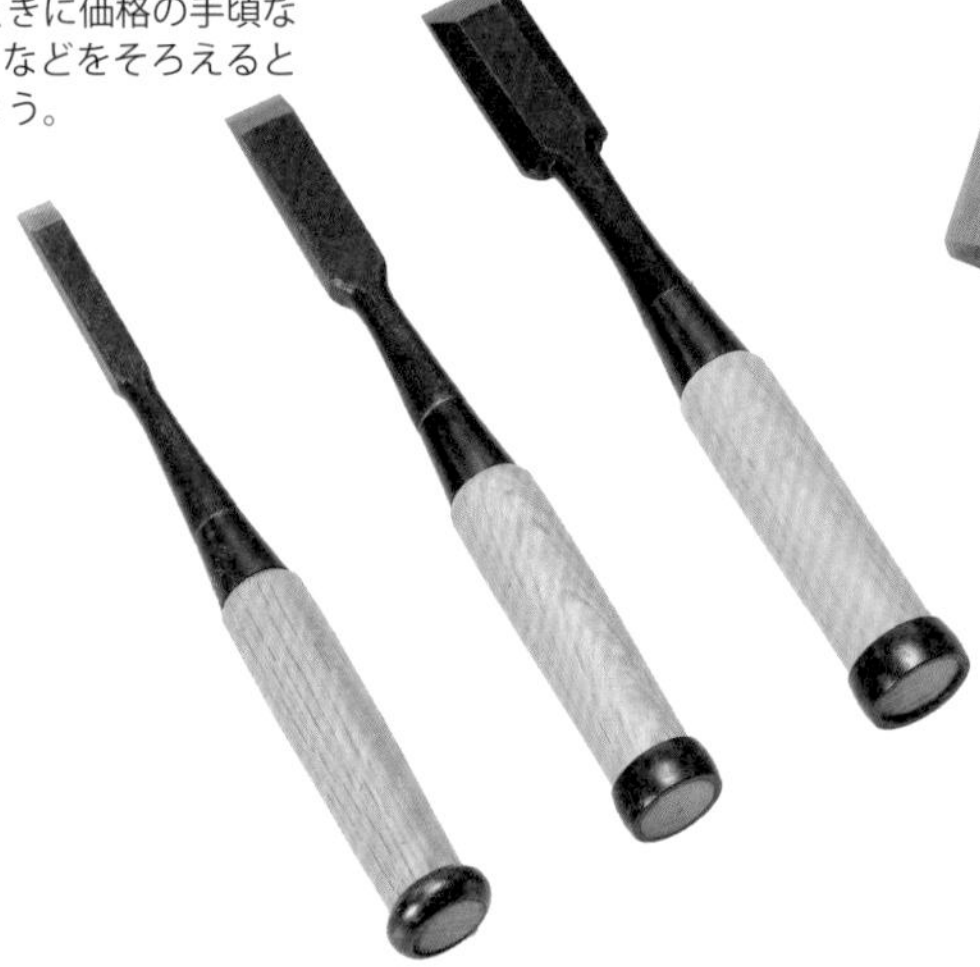

切り欠き加工をするときは残す側に平らな刃裏を向け、刃をまっすぐに打ち込んで削り落とします。

計測工具

ものづくりの最初の一歩は「測る」から

スペースの長さを測って製作物の大きさを決めることはプランニングのベースです。そしてほとんどの工作は、材料を切り出すための下線を引くところからスタートします。そうした基本作業のツールである測定工具のなかで、木工用として最初にそろえておきたいのがさしがねとメジャーです。

さしがねは材料の側面から垂直の線を引いたり、1本で長短の定規を使い分けられるなど、とても利便性の高い定規です。コンパクトサイズのメジャーは、必要なときにさっと取り出して3m、5mの長さまで測ることができます。

■さしがね

一般的な木工では長いほうが300mmのサイズで、両面にメートル表記の目盛りが入っているものが使いやすいでしょう。

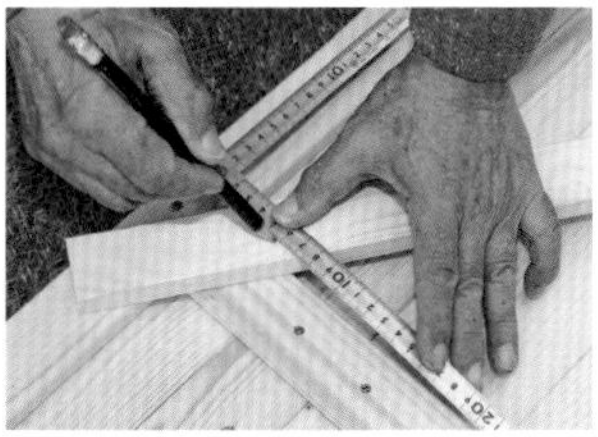

現物合わせで木材に寸法を取るときには、さしがねのしなりが活きます。対象同士に段差があっても真っ直ぐにつないだ線を引くことができます。

木工のほとんどの切断作業は材料を垂直にカットするもの。一方を側面に合わせるだけで垂直の線を引けるさしがねは、効率アップに欠かせない定規です。

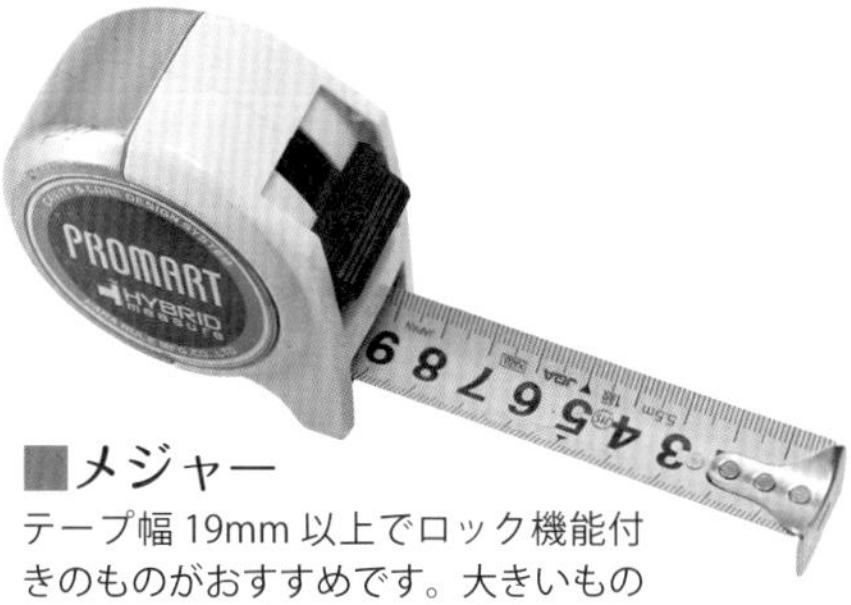

■メジャー

テープ幅19mm以上でロック機能付きのものがおすすめです。大きいものを作る場合に備えて、テープの長さが3mか5mのものを選びましょう。

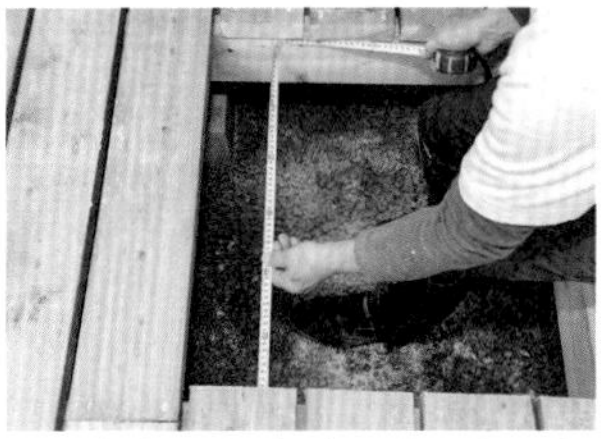

枠の内寸を測る場合の使い方です。一方にツメを押しあててまっすぐに伸ばし、反対側に接してテープの折れたところで目盛りを読みます。

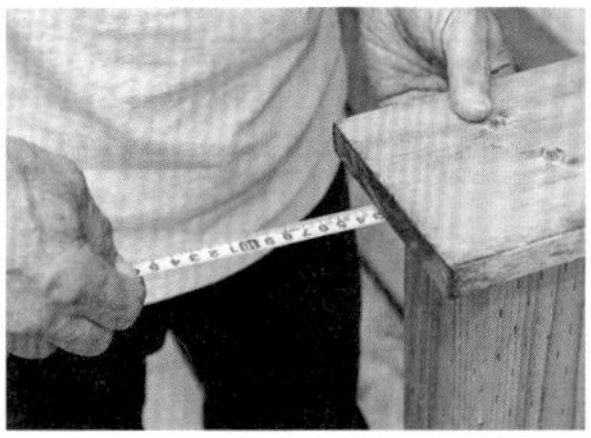

手すりの位置決めをしている場面。メジャーのツメを下の支柱に押しあてて固定し、上から目盛りを見ながら手すりの突き出しを調整します。

木材を正確に組み立てるには切断面が直角であることが重要です。作業前には切断工具の刃が直角になっているかを、スコヤを使ってチェックしておきます。

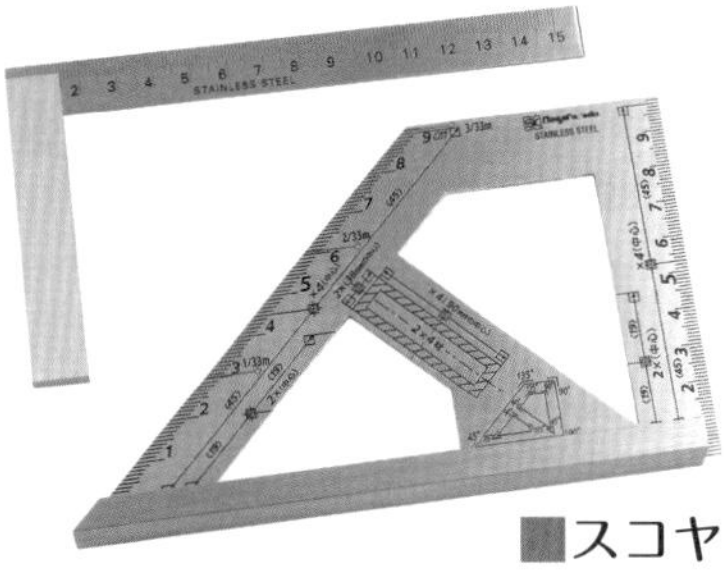

■スコヤ

精度の高い直角の確認、線引きに特化しているのがスコヤ(上)。一方の止型スコヤ(下)は45度と90度のある角度定規で、木工の下線を引くときに便利です。

長い線を一瞬で引く道具

古くからある大工道具の墨つぼを現代的に洗練した道具がチョークラインです。墨のかわりに粉チョークを含ませた糸を弾くと、定規を使わずに長い直線を引くことができます。地面やコンクリート面に基準線を引くほか、大きい合板に下線を引くのも簡単です。

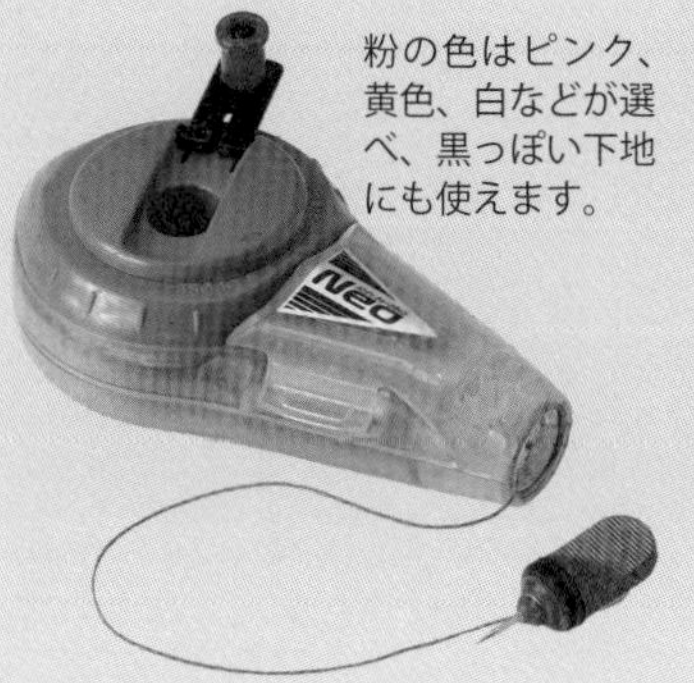

粉の色はピンク、黄色、白などが選べ、黒っぽい下地にも使えます。

水平器

基礎や土台、支柱の水平・垂直を確認

水平・垂直は建物や地面にものを設置するときの基準です。ウッドデッキやフェンスの設置、レンガ積みで水平・垂直が狂っていると、見た目に違和感が生じたり、使いにくくなったりするので、要所で水平器を使って確認しながら進めます。

水平器はガラス管の中の気泡の位置で水平・垂直を調べることができます。対象物にあてるとわずかな傾きが一目でわかるので、一箇所ずつ〈確認→調整→固定〉の流れで作業します。

よく使われる長方形タイプのほか、柱に取り付けるタイプ、糸やヒモに吊り下げるタイプなどを作業に応じて選べます。

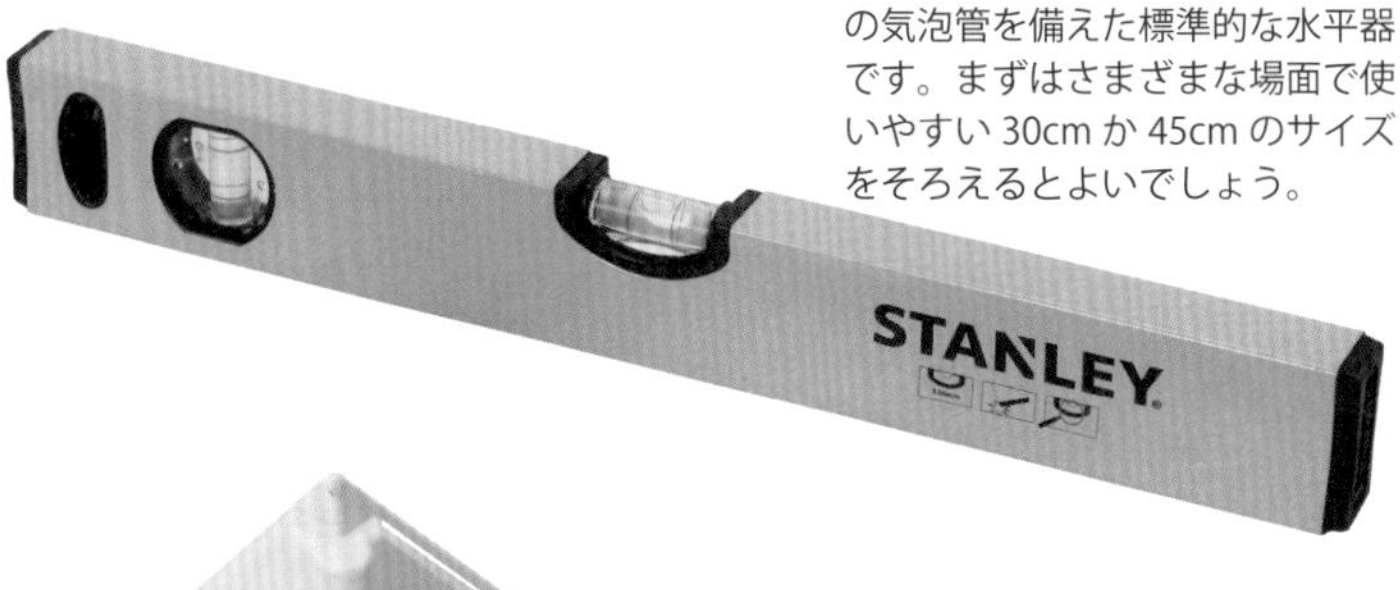

■水平器

水平と垂直をチェックできる2つの気泡管を備えた標準的な水平器です。まずはさまざまな場面で使いやすい30cmか45cmのサイズをそろえるとよいでしょう。

■ポストレベル

名称通りポスト（柱）を立てるときに使用します。付属のベルトで支柱に取り付けておくと、2方向の水平と垂直を同時に確認して固定作業ができます。

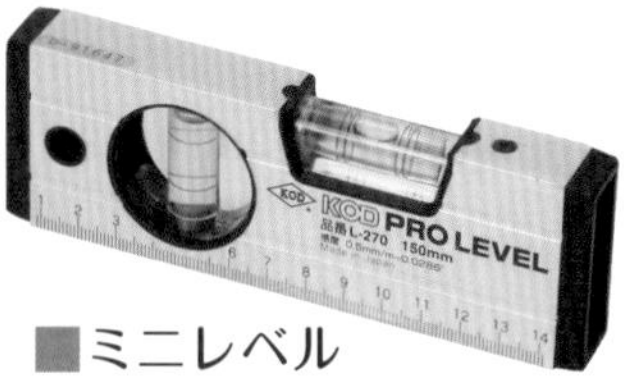

■ミニレベル

ポケットに入れて持ち運べるハンディタイプの水平器。広範囲を移動したり複数人で作業する際には、補助的に使える小型があると便利です。

木材を利用した応用編

長い角材を渡して水平器を置くと、離れたところの高さ合わせができます。

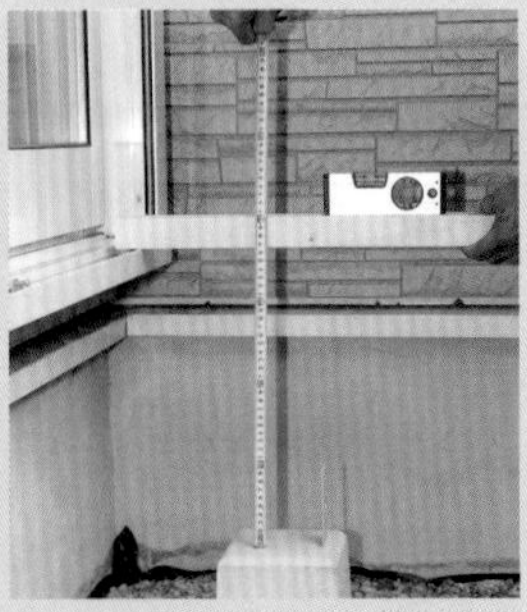

木材と水平器でサッシ枠の高さを延長すると、基礎石との高さの差を測ることができます。

■土台作りで

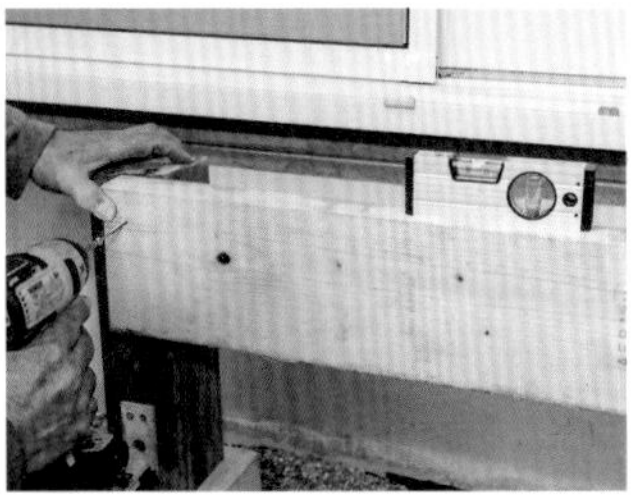

根太は1本のネジで一端を固定し、水平を確認して反対側をネジどめします。

支柱は垂直気泡管を見て傾きを調整しながら固定。やはり2方向で確認します。

■基礎作りで

基礎石の設置で重要な水平出し。必ず2方向で確認して完全な水平に調整します。

基礎石の高さを合わせるには、両方にかけた状態で水平を示すように調整します。

08

第8章
左官の基本テクニック

モルタル・コンクリートの作り方

エクステリアのDIYのバリエーションが広がる

コンクリートやモルタルと聞くと、職人が使っているのでハードルが高いものだと思いがちです。

実は、コンクリートやモルタルは、セメントに砂や砂利を混ぜるだけで簡単に作ることができます。

コンクリートやモルタルは庭作りやちょっとした補修など、エクステリアの広い範囲で取り入れられています。コンクリートやモルタルの性質を理解し、作業のコツをつかんでしまえば、エクステリアのDIYのバリエーションが一気に広がり、楽しみも増えます。

材料

■砂

■セメント

■砂利

道具

■トロフネ

■練りクワ

押さえておきたいコンクリートとモルタルの知識

■セメント、モルタル、コンクリートの違い

セメントは粉状のもので一般に袋詰めされています。このセメントを水で練ったものをノロと呼びますが、そのまま使用することはほとんどありません。セメントに砂を混ぜたものをモルタルといい、さらに砂利を混ぜたものをコンクリートといいます。鉄筋コンクリートは、補強材として鉄筋をコンクリートに埋め込んだものを指します。

■余ったコンクリート・モルタルの処理

コンクリートやモルタルは、一般ゴミで捨てることはできません。残ってしまった場合は、牛乳パックや木枠などに流して固め、コンクリートブロックやモルタルプランターとして再利用しましょう。

■モルタル、コンクリートの用途

コンクリートはブロック積みの基礎や建物の土台、池、テラス、駐車場の床など、強度の必要な場所で広範囲に使われています。

モルタルはブロックやレンガを積む時の接合材に加え、コンクリートを打った面の仕上げ材として、上塗りに使われています。

セメントと砂を練ってモルタルを作る

■実際にできるコンクリートの量

セメント	バケツ半分	砂利の量の1/6
砂	1.5杯	砂利の量の1/2
砂利	3杯	必要なコンクリートの量と同じ
必要なコンクリートの量	3杯	

※必要なコンクリートの量は砂利の量とほぼ同じです。

■セメント・砂・砂利の割合

	セメント	砂	砂利
モルタル			不 要
コンクリート			

モルタルを作る材料は、セメント、砂、水です。

セメント1杯、砂3杯の割合でトロフネに入れます。

練りクワを使ってセメントと砂を空練りします。

セメントと砂が均一に混ざるまで丹念に空練りをしてください。

山をつくり、くぼみを付けて水を流し込みます。一度にたくさん流し込まずに、練りながら少しずつ水を足します。

水が外にこぼれないように流し込みした後、全体をていねいに練り合わせます。

練りクワを持ち替えて、トロフネの隅に残っているセメントと砂をすくい上げて均一になるように混ぜます。

全体がコテですくっても流れ落ちない程度の固さになれば完成です。基礎は水を少なく、仕上げ用は水を多めにするなど、作業の用途に合わせて固さを変えます。

ここがポイント!

コンクリートを作る場合

セメント1杯、砂3杯、砂利6杯の割合で空練りをします。砂が混ぜ合わさったインスタントセメントだと作業が楽です。

左《さ》官《かん》ゴテの使い方・使い分け

モルタル・コンクリート塗りのマストアイテム

材料を積んだり敷いたりする専用道具

建物の壁や床に加え、外構やガーデン施工で使われているのが左官ゴテです。元々は、壁塗りを専門にする左官職人が使用していましたが、近年のDIYブームで欠かせない道具として定着しています。

左官ゴテはさまざまな種類があります。壁塗りに必要なコテだけでも、用途に合わせて種類が充実しているのでDIY初心者では迷ってしまいます。しかし、コツを掴んで使い慣れてくると模様付けが可能になり、美しく仕上げることができます。自然素材で注目を集める漆喰《しっくい》や珪藻土《けいそうど》のリフォームにも欠かせないので、ぜひそろえておきましょう。

■ブロックゴテ

ブロックを積む作業に使います。細長い三角の形状が特徴で、ストレートのヘリの部分で材料を細長く、うすくできます。

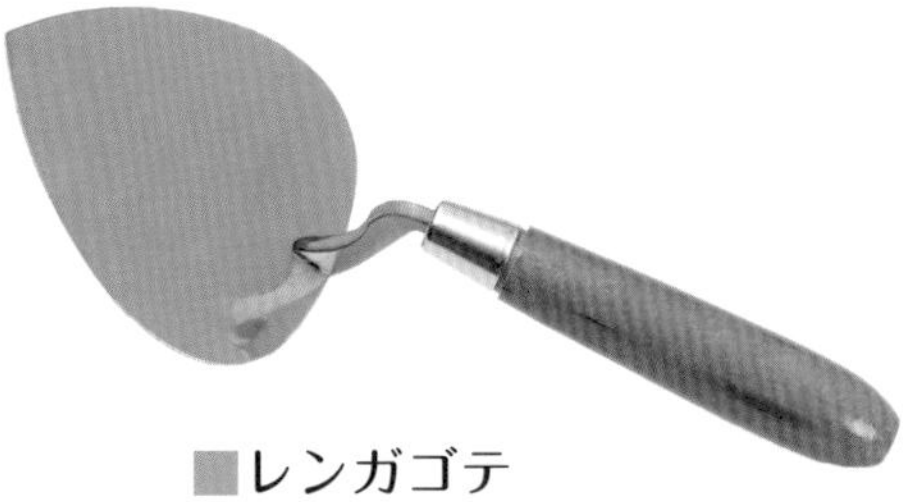

■レンガゴテ

レンガやブロックを積む作業に使います。ハート型が一般的で材料を多くのせることができます。

レンガやブロックを積むときは、ブロックゴテの直線部分を使ってモルタルを棒状に取り、設置場所に２列に並べます。

トロフネで作ったモルタルなどをすくいます。レンガやブロックなどにのせる時は、柄の部分を下にしてモルタルを落とすようにします。

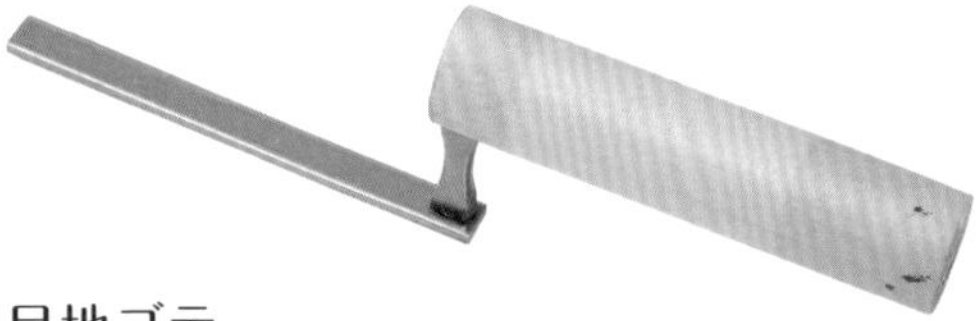

■目地ゴテ

レンガやタイルなどの目地に、モルタルを詰める作業に使います。目地に合わせて種類がそろっています。

モルタルを詰めた後は、目地を押さえて表面をきれいに整えます。

■コテ板

モルタルや壁材を必要量だけコテですくって手元に置く板。表面に材料が落ちにくい滑り止め加工されたタイプがおすすめです。

漆《しっ》喰《くい》、壁塗り作業の必須ツール

左官ゴテの基本的な使い方

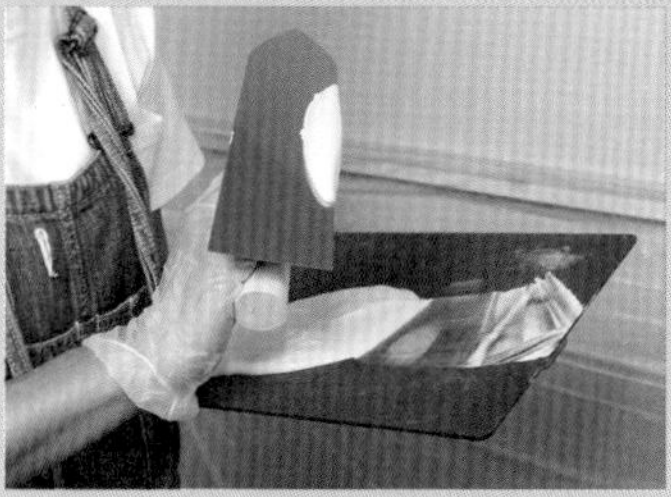

左官ゴテを利き手に持ち、反対の手でコテ板を持ちます。コテ板の上で、コテを使って練ると少し柔らかくなります。

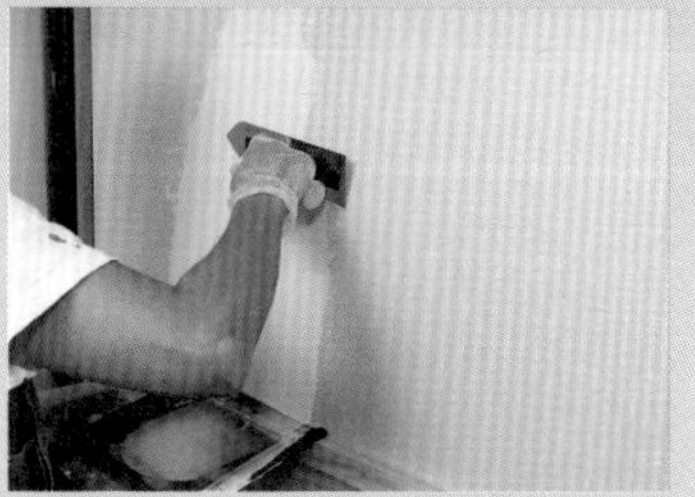

少しずつコテを寝かせながら下から上へ塗っていきます。コテは上を少し浮かせて動かすとなめらかにいきます。

コテは洗いながら使う

コテについた漆喰が固まってしまう前に水で洗い流します。1度目の塗りが終わったら必ず洗いましょう。

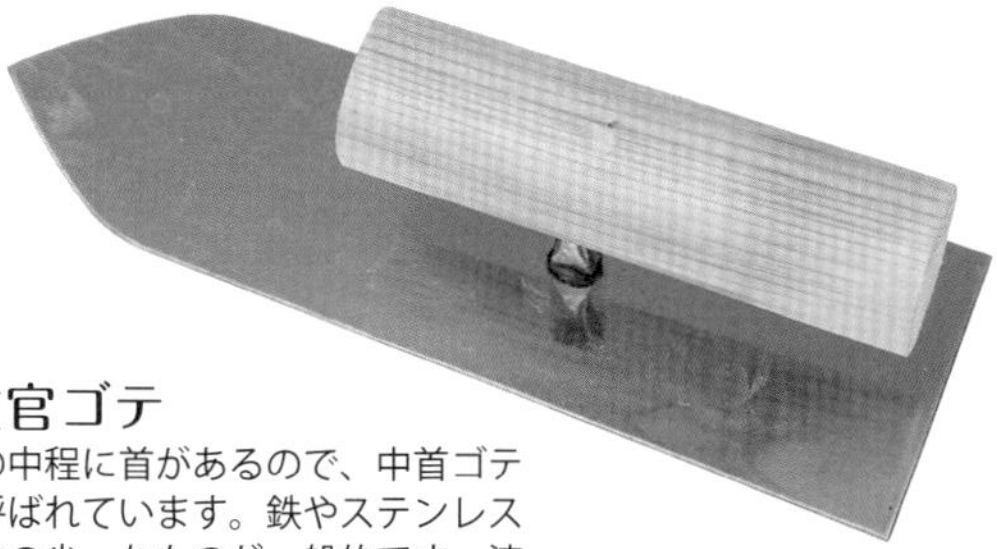

■左官ゴテ

コテの中程に首があるので、中首ゴテとも呼ばれています。鉄やステンレス製で先の尖ったものが一般的です。漆喰、珪藻土、モルタル壁塗りや基礎などをならす時に使います。

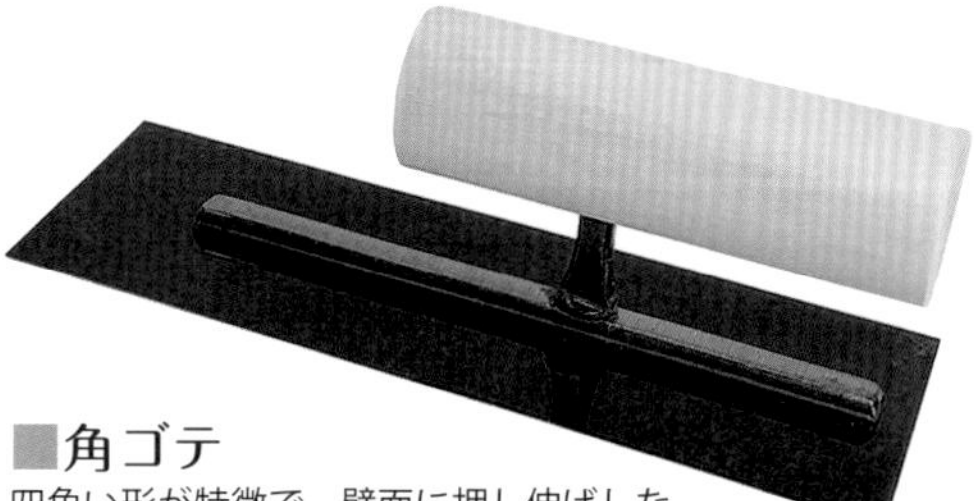

■角ゴテ

四角い形が特徴で、壁面に押し伸ばしながら平らに塗る時に使います。重さがあるので塗る時に安定しています。

■内丸面引きゴテ

出隅を仕上げる時に使います。角度のついた山にアールがついている形状は内丸面引き、直角が出ている形状は内角面引きと呼ばれています。

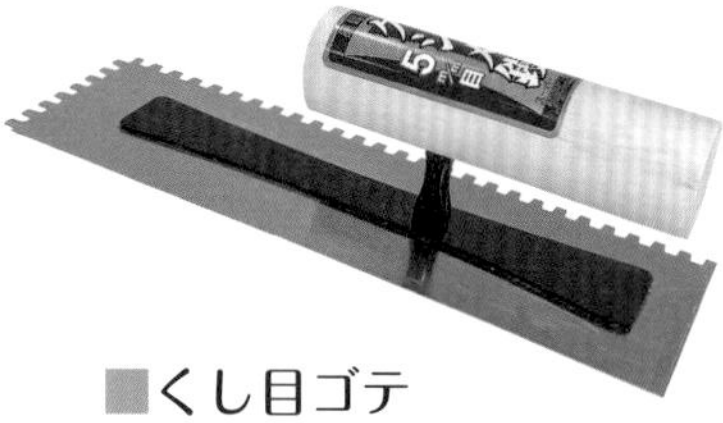

■くし目ゴテ

タイル施工時の接着剤やモルタルつけに使います。くしの細かいものは、珪藻土などの模様つけにも使われています。

■切付面引きゴテ

入隅の作業で使い、角面に仕上げます。角度の付いた山にアール形状のものは外丸面引きと呼び、逆にアール形状がなく直角でできているものを切付面引きと呼ばれています。

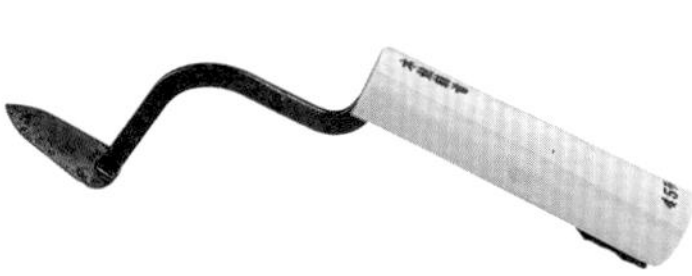

■鶴首ゴテ

柳刃ゴテ同様、狭いところで使用します。コテ首が鶴の首のような形をしているのが名前の由来といわれています。

■柳刃ゴテ

形状が柳の葉に似ていることから「柳葉ゴテ」とも呼ばれています。細かい作業や手の届きにくいところの作業に使います。コテ首が根本にあるので狭い場所にコテ先を運ぶことができます。

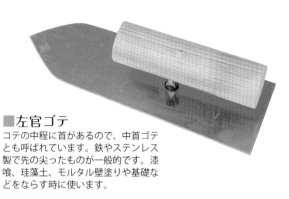

コンクリート床の作り方

勝手口のたたきやテラスをリフォーム

庭や駐車スペースを併設している戸建てのエクステリアで、最近コンクリート床が人気を集めています。

耐久性に優れているコンクリート床は、人工芝や砂利に比べて掃除が簡単にできてメンテナンス不要な点が人気の理由です。コンクリートなので雑草が生えることもないので、庭のお手入れも他の外構に比べて楽に行えます。さらに、水はけが良いのも特徴で、雨の日に水や泥が跳ねて靴などが汚れることもありません。

駐車スペースやアプローチなどの広い面積をコンクリートの打ちっ放しにするには、地面を掘り起こす大掛かりな作業が必要のため、専門の業者に頼むしかありません。

しかし、基本的なコンクリートの知識を身につけておけば、ちょっとした庭先のテラスや勝手口のたたきなどをリフォームでコンクリートに変えることは可能です。

Before

道具

- ■金づち
- ■ゴムハンマー
- ■バケツ
- ■トロフネ
- ■左官ゴテ
- ■練りクワ
- ■ビニールシート
- ■ほうき

材料

- ■型枠用の角材
- ■ワイヤーメッシュ
- ■コンクリートブロック
- ■砂
- ■セメント
- ■砂利

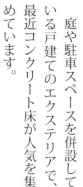

型枠を作ってコンクリートを流し込む

設置する場所の高さを決めて枠を組みます。枠の両端にヨコ木を取り付け、枠同士をクギでとめます。

設置する場所の雑草などを取り除いて枠の内側に大きめの砂利を敷き詰め、太めの角材などで突いて地盤を固めます。

コンクリートとモルタルを作ります。作り方については、p162「モルタル・コンクリートの作り方」を参考にしてください。

砂利の上に硬めに練ったモルタルを厚さ2cm程度塗ります。左官ゴテで平らにならすようにします。

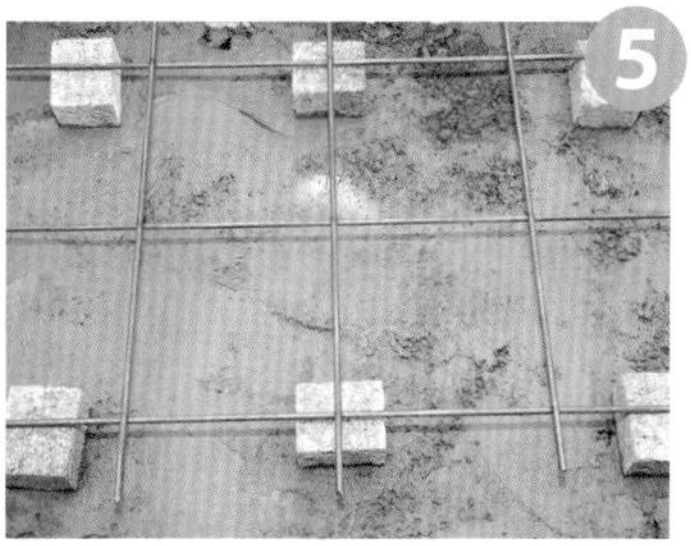

コンクリートの割れを防ぐためにワイヤーメッシュを入れます。15cm 角のコンクリートブロックを 40cm 程度の間隔で置き、ワイヤーメッシュを浮かせます。

柔らかめに練ったコンクリートを枠に流し込みます。角材などでコーナーを突いておくと、隅々まで流れ込みます。

表面を滑りにくくするため、水が引き始めた時にほうきに水を濡らしてなでるように掃いて軽くスジを付けます。

型枠が大きい場合はゴムハンマーで外側から軽く叩きます。振動を与えることで隅までコンクリートが行き渡ります。

コンクリートを打った後、養生シートや段ボールをかぶせて4～5日置きます。直射日光に当たり、急速に乾燥して割れるのを防ぐためです。

4～5日置いた後、かぶせていた養生シートや段ボールを取り除きます。杭を抜いて型枠を外した状態です。

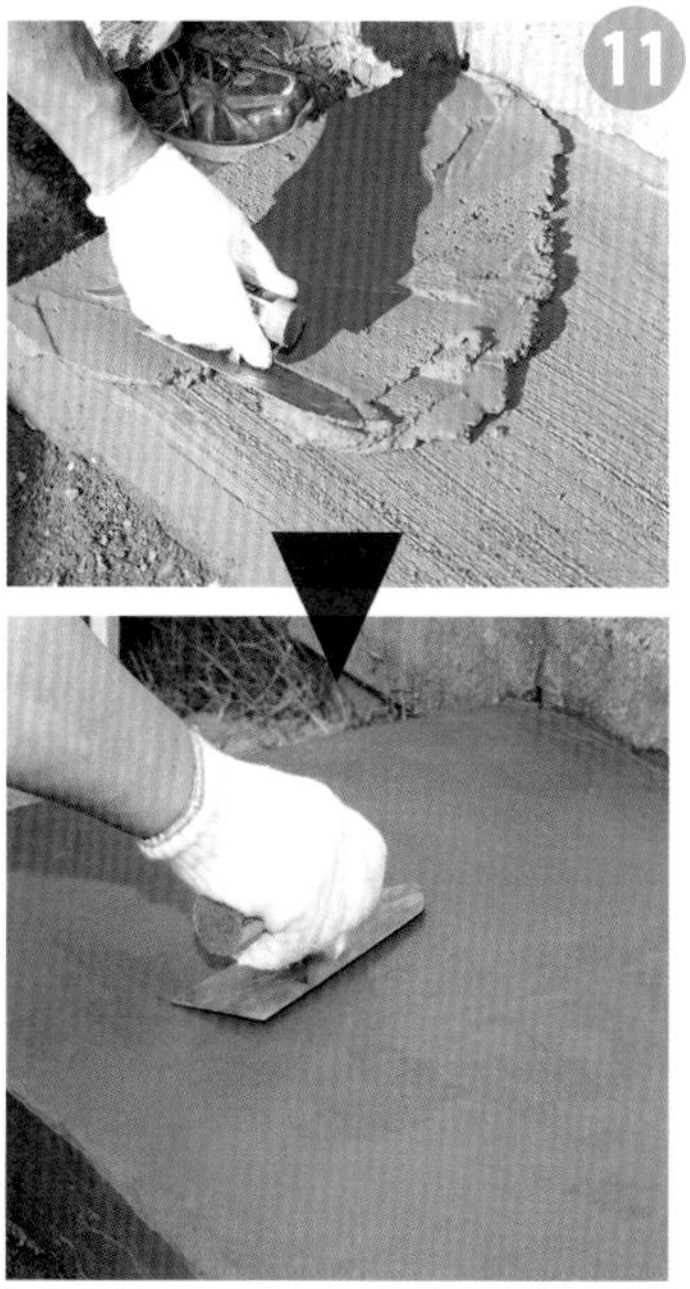

左官ゴテを使ってコンクリートの表面にモルタルを上塗りしたら完成です。表面に水を打ってからモルタルを上塗りするようにしましょう。多少勾配を付けておくと水はけがよくなります。

ブロックを積む

実用性の高いブロックの積み方

材料

■ブロック（並型）
■ブロック（半切）
■砂
■セメント

道具

■左官ゴテ
■目地ゴテ
■スポンジ
■ハンマー
■シャベル
■バケツ
■トロフネ
■練りクワ

コンクリートでできた耐久性に優れているブロック。頑丈な外構を作りたい時に役に立つ便利な資材です。

ブロックもレンガと同じ、下地づくりと積み方の手順で積むことができます。本格的な塀などを作るには専門的な知識と高度な技術を必要としますが、花壇や仕切りを作る程度であれば、ＤＩＹでもチャレンジできます。積み方の基本的な技法を押さえておけば、ガーデンエクステリアの幅が広がります。

職人レベルには届かないまでも、少しでも見栄えのよい頑丈な仕上がりにできるよう、実用性の高い積み方を紹介します。ブロックはレンガより重いため、横目地を揃えるのが難しいのでていねいに作業をするように心がけましょう。また、３段以上積んで塀にする場合などは、鉄筋を入れるなど十分な強度対策が必要になるので注意してください。

■並型ブロック

■横筋型ブロック

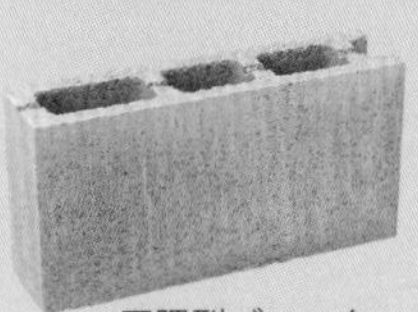
■隅型ブロック

■並型ブロック（半切）

ブロックの種類とサイズ

ブロックは一般的にW390×H190mm×D100mmで、厚さは120mm、150mm、190mmのものがあります。
それぞれに並型、半分のサイズの半切、端の部分に使う隅型、鉄筋を入れる時に使う横筋型などがあります。また、門、塀、その他の一般に使われる軽量ブロックと、ブロック建築に使われる重量ブロックがあり、外形サイズは少し大きくなっています。

3段のブロックの積み方

ブロックを設置する場所を整地した後、ブロックの幅に合わせて地面を掘ります。掘る深さは10cm程度です。

掘った溝に砂利を敷き詰めます。そして、角材などで叩いて突き固めます。水平を確認しながら全体を平らにします。

モルタルを作ります。作り方については、p162「モルタル・コンクリートの作り方」を参考にしてください。

砂利の上に硬めに練ったモルタルを2cm程度の厚さになるように置きます。

左官ゴテで溝全体を平らにします。全体が水平になるように調整してください。

1段目のブロックを置きます。ブロックとブロックの間は目地分(約1cm)空けます。目地ゴテをあてて置くと簡単です。

水平を調整し高さをそろえて1段目のブロックを置いたら、その上にモルタルを2列にのせます。

2段目を積んでいきます。目地幅や水平を微調整するときは、ハンマーやコテの柄で高い方を軽く叩いて沈めます。

目地ゴテで目地を押さえて整えます。はみ出したモルタルをきれいにかき落として整えてください。

モルタルが乾く前に水を含ませたスポンジできれいに拭いて仕上げます。3段目を積む場合は、穴にもモルタルを充填してください。

束石《つかいし》を使った柱の立て方

ウッドデッキやフェンスの柱を立てる時に使用する束石と呼ばれる基礎石。この束石の穴にモルタルやセメントペーストを充填し、木材を差し込めば柱を作ることができます。束石の穴のサイズは2×4材用、4×4材用などが揃っているので用途に合わせて選びましょう。さらに慣れてくれば、束石自体も作ることも可能です。

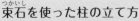

ブロックの欠け補修

ひび割れなどをモルタルで修復

ブロックの欠けやひび割れは、それを放置しておくと、振動などによって被害がさらに広がったり、隙間から雨水などが侵入して中の鉄筋をサビさせてしまうこともあります。最悪の場合はそこから崩壊してしまうことも。安全を確保し美観を保つためにも補修はやはり必要でしょう。

ブロック塀の欠けやひび割れは、大きな場合にはブロック自体の交換が必要ですが、少しの欠けであればモルタルなどで比較的簡単に修復することも可能です。その作業のやり方と手順を紹介するのでぜひ挑戦してみてください。

材　料

■インスタントモルタル
■水　　■小石

道　具

■左官ブラシ
■ワイヤブラシ
■レンガコテ
■左官ゴテ
■目地ゴテ

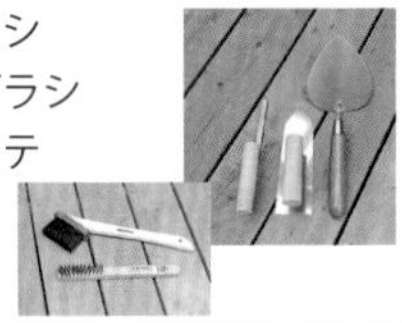

コテの使い方の注意点

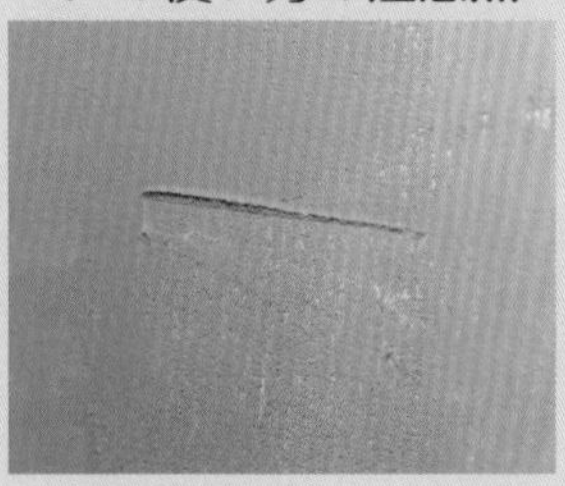

コテを壁に当てる際、エッヂが立ちすぎると筋ができやすくなるので、極力面の部分を使うようにします。

1

まずは欠けて穴となっている部分を掃除します。ワイヤブラシを使い穴の中の割れを取り除いてから、左官ブラシで穴の中をきれいにしてください。

2

次に大きな穴になっている部分に小石などをつめます。使うモルタルの量が多いと割れやすくなるので小石を入れてそれを下地に使用します。

3

インスタントモルタルをバケツに入れ、水を少しずつ入れながら混ぜていきます。水の量は目分量ではなく、説明書の配合率を正しく守ってください。

4

モルタルが練りあがったらすぐに穴に詰めず、まずは左官ブラシに水をつけて穴の中と周囲を水で濡らします。こうすることでモルタルの付きがよくなります。

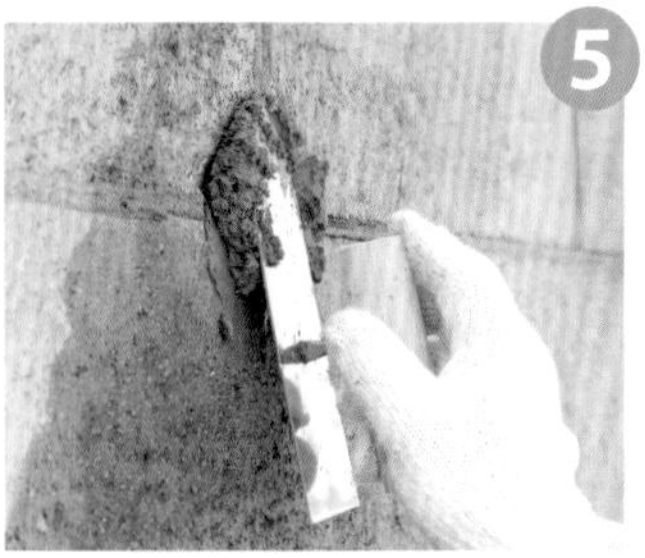

5

そして、左官ゴテを使い、モルタルで穴を埋めていきます。穴の中だけでなく周囲にもモルタルを付けていき、表面はコテで平らにならします。

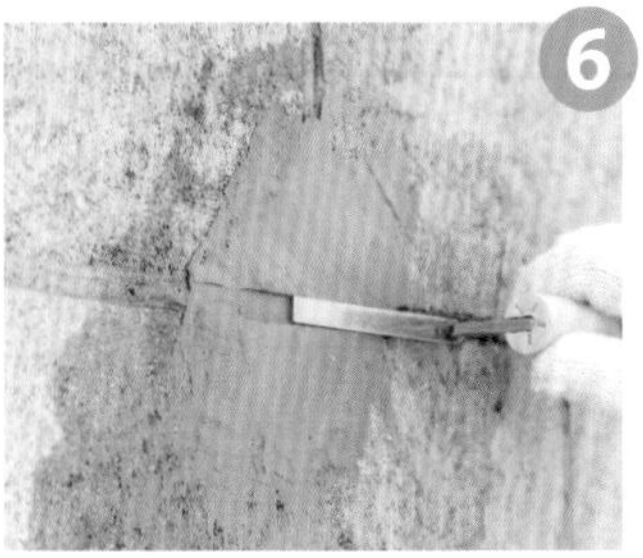

6

穴が完全に埋まったら、そのままでは周囲のブロックとなじまないので、目地ゴテを使って目地を作ります。モルタルが乾いたら補修完了です。

ホームセンター活用術

材料の調達から製作まで サポートサービスを賢く利用

聞く

商品選びに迷ったら専門知識が豊富なスタッフに相談

木材などの主材料からネジ・クギ、各種の補修用品まで品ぞろえが充実しているのがホームセンターの特長ですが、それだけに自分の用途に適した商品を選ぶのは簡単ではありません。選び方や必要な道具などがわからないときは、迷わずホームセンターのスタッフに相談しましょう。住まいの修繕や木工作など、求めている条件に応じて豊富な商品知識で答えてくれます。できれば、使い方や付随して必要になるものなどについても、じっくり聞いておきましょう。

利用のポイント

補修したいものの材質や状態、作りたいものの大きさなどをできるだけ詳しく、具体的に相談を！　取り外せるものは店頭に持参すると、より確実な対応をしてもらえます。

運ぶ

マイカーに積めない資材はトラックをレンタルして運搬

長いまま使いたい資材、背の高い花木、まとめ買いのブロックなど、マイカーに積めないものを購入するときには、運搬用車輌の無料レンタルを利用しましょう。これは購入物の運搬に限定して、軽トラックなどを１時間を目安に貸し出してくれるサービス。即日利用が可能ですし、自動車保険に加入しているので安心して利用できます。ただし、店舗によっては、決められた利用時間をオーバーすると使用料が発生する場合があるので注意しましょう。

利用のポイント

使いたいときに車輌が出払っている可能性があります。資材の購入前に、貸し出し状況を確認しておくと安心です。

加工する

買った材料の切断は加工サービスで速く正確に！

材料を調達するときに積極的に利用したいのが、店舗で購入した木材や金属などを指定どおりに加工してくれるサービス。木材の水平、垂直カット（直線のみ）が基本ですが、設備が整った店舗では曲線のカットや穴あけ加工、またパイプや鉄板、プラスチック板の加工にも対応しています。有料サービスとしつつ、『会員は 10 カットまで無料』などの特典を設けている場合があるので、加工内容とともに確認するとよいでしょう。

利用のポイント

１枚の板から複数の部材を切り出すときは、カット位置がわかりやすい木取り図を書いておくと、依頼がスムーズです。

作る

音や汚れを気にせず作業に集中できるレンタル工房を活用

DIYへの関心が高まり、最近はお客さん向けのレンタル工房を設置している店舗が増えています。自宅に作業スペースを確保できない場合などに、利用してはいかがでしょうか。たいていは、店舗で資材を購入していれば１～２時間は無料で使用でき、超過しても１時間の使用量は数百円程度です。店舗によっては工具を無料貸し出ししたり、スタッフが常駐しているので、初心者でも手ぶらで来店して、音や汚れを気にすることなく製作に没頭できます。

利用のポイント

工房はワークショップなどで使用されていることがあるので、利用するときは事前に予約状況を確認しておくと確実です。

借りる

使用頻度の低い工具は低料金でレンタル

ホームセンターには、各種電動工具のレンタルサービスを実施している店舗がたくさんあります。ドリルドライバーやジグソー、サンダーなどの使用頻度の高い工具はもちろん、コンクリートミキサーや発電機といったプロ向けの機材までレンタルしている店舗もあります。たまにしか使わない工具、試用したい工具などは、このサービスを利用するのがおすすめです。レンタル料は１泊２日で300円程度からと、利用しやすい設定になっています。

利用のポイント

ノコ刃のブレードやドリルなどのビット、サンドペーパーなどの消耗品は、購入するなどして自分で用意するのが原則です。

なおす

故障、破損、交換で困ったときには修理をおまかせ

突然のトラブルや修理する自信がない故障などが発生し、自分で対処するのが難しいときには、ホームセンターのサポートサービスをチェックしてみましょう。店頭で行う包丁研ぎや自転車の修理・部品交換、合鍵作成などのほか、水漏れなどの修理や水まわり器具、ドア・窓のカギ類の交換、インテリアの取り付けなど、さまざまな出張サポートのメニューが用意されている可能性があります。経験が求められる作業におすすめです。

利用のポイント

出張サポートは、サービス地域を限定したり、出張料金が発生する場合があります。確認し、納得して利用しましょう。

体験する

アドバイザーと一緒に補修や製作に挑戦

物を販売するほかにホームセンターが力を入れているのが、体験する機会を増やすことです。週末にあわせて、壁・床の補修、塗装、網戸張り替えなどの実演、木工などのワークショップを開催。経験豊富なスタッフや資格を持つアドバイザーが指導するかたちで、DIYの後押しをしています。夏休みには親子向けの企画なども実施されるので、ポスターやホームページで興味のあるテーマを見つけて、参加してみてはいかがでしょうか。

利用のポイント

修繕などに必要な知識をまとめた無料のハウツーリーフレットを配布しています。こうしたツールも利用しましょう。

このページで紹介したサービスの有無、内容は、店舗により異なります。利用する際は、来店予定の店舗にご確認ください。

09

第9章
塗装テクニックと道具

屋外塗料の種類

機能性で選びましょう

屋外で塗料を選ぶときチェックしたいのは、耐候性や耐水性など、風雨や日ざしに対する強さです。扱いやすい水性塗料も、屋外で使える表示のあるものは、塗膜が劣化しくいので問題なく使えます。防虫防腐用などには浸透性のよい油性塗料がいいでしょう。また、トタン用、瓦用、コンクリート床用など、場所を明記した塗料があります。用途が明確なら、多用途のものより、専用の塗料がいいでしょう。

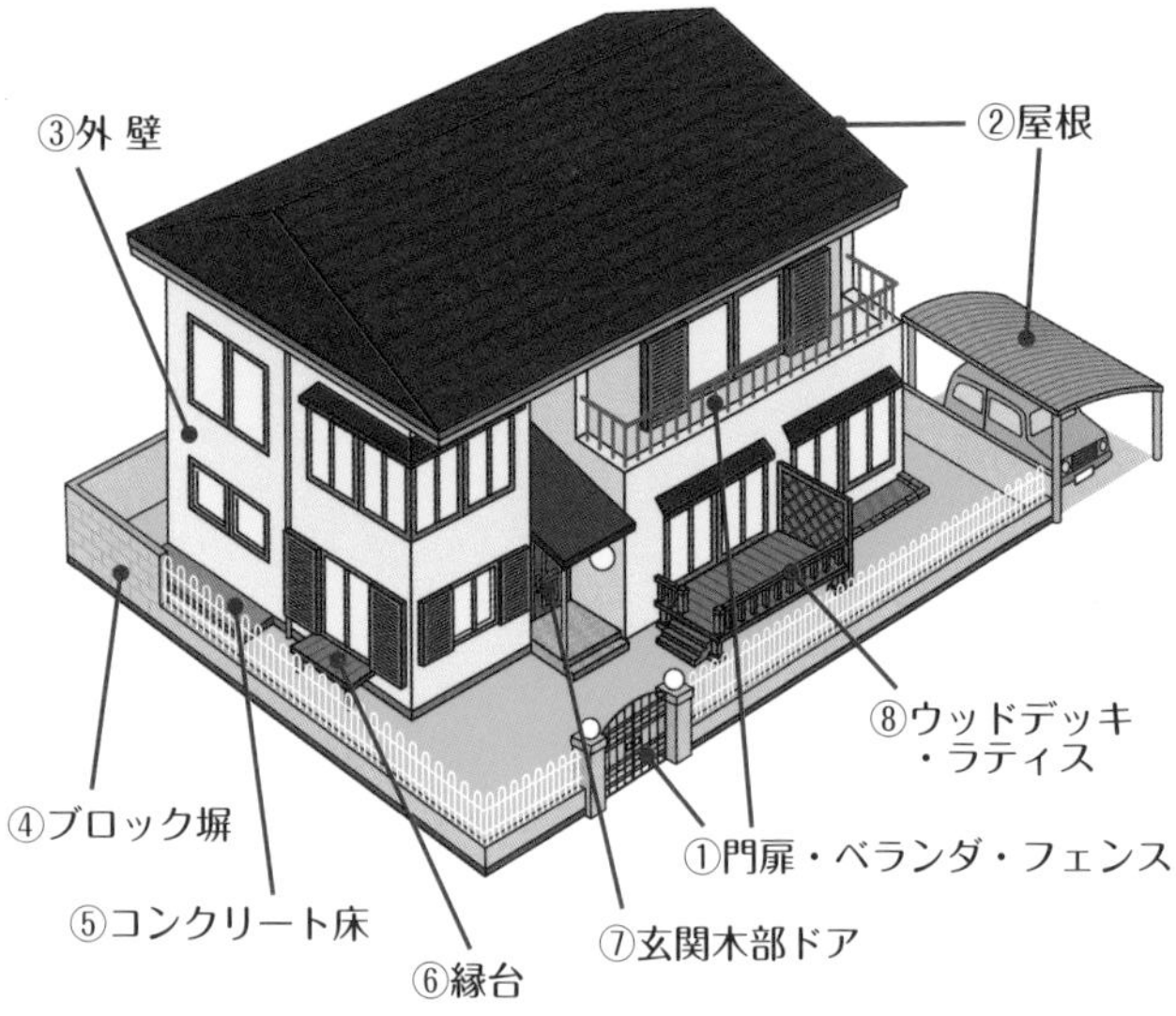

③外壁

屋根同様、汚れにくく、耐候性、耐久性に富んだ塗料を使う。壁の素材に合う塗料と下地剤を選ぶ。屋根も外壁もブロック塀も OK なオールマイティなタイプもある。

②屋根

風雨、日光に直接さらされる場所なので、耐水性や耐候性を備えた専用の塗料を使う。トタンと瓦の両方に対応しているタイプもある。作業は高所になるため、十分な安全対策が必要。雨上がりや、真夏日は避ける。不安がある場合は専門家に依頼するほうがよい。

■トタンの場合 －トタン屋根用塗料

基本的に、鉄製の門扉、ベランダ、フェンス同様、サビを落とし、必要ならサビ止めを塗ってから上塗りする。トタン用塗料には水性と油性がある。水性は乾きが早く扱いやすいが、サビにはやや弱い。油性は、塗料ののびがよく、経済的。

■洋風瓦の場合 － 瓦用塗料

日本瓦は基本的に塗装の必要は無いが、最近はスレート瓦とよばれる洋風の瓦が増えている。このような屋根は塗り替えが必要。塗料の吸い込みを防ぐ下地剤を塗ってから上塗りする。

①門扉・ベランダ・フェンス

金属を塗装する場合は、鉄か非鉄（アルミ、ステンレスなど）で、下地調整が異なる。劣化が目立つ素材や、塗膜に強さを求めるなら油性を、それほどでもなければ扱いやすい水性でもよい。

■アルミ・ステンレスの場合 － 金属用塗料

アルミ、ステンレスなどの非鉄金属は、直接塗料を塗ると、のりにくく、はがれやすい。サンディングするか、塗料を密着させる下地剤を塗っておくとよい。白サビや青サビは、サンドペーパーなどで落とす。

■鉄の場合 － 鉄部用塗料

ワイヤブラシやスクレーパーでサビを落とし、サビ止めを塗る。サビ落としは手間がかかるので、大量にサビが発生しないうちに塗り替える。

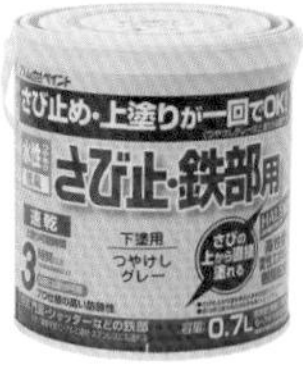

⑧ウッドデッキ・ラティス

屋外木部用浸透性塗料

木材内部に浸透して表面に塗膜を作らないため、木目など木の風合いを生かす仕上げに向く。風雨や日差しを浴びる木部を保護するため、はっ水、UV 吸収、防カビなどを基本性能とし、防虫や防腐に優れる製品もある。1～2年ごとに塗り直すのが理想的。

⑥多用途彩色

屋外多用途塗料

素材や使用場所に最適化した専用塗料は、性能面で優れているものの色の種類が少ないものが多い。家具や雑貨、小物などをお気に入りの色に仕上げたい場合は色数が豊富な多用途タイプがおすすめ。最近は優しい色合いの中間色も多く用意されている。

⑦玄関木部ドア

ウレタンニス

木製の屋外用ドアは、ツヤがなくなったら、塗膜のはがれが目立たないうちに塗り替えたいもの。木の風合いを生かしつつ、塗膜を作り、耐水性、耐候性、防腐効果もあるニスを使用。屋外の木製の窓枠や戸袋などにも使える。

④ブロック塀

ブロック・外壁用塗料

ブロック塀はそのまま塗ると、塗料を吸い込んでしまい、大量の塗料を使うことになるため、表面を固めるための下地剤を塗っておく。下地剤は水性でもよいが、風化が進んだブロック塀は油性のほうがよい。弾性塗料とも言われる凹凸塗料は、粘度が高いため、砂骨ローラーバケで塗ると表面に凹凸ができ、上質な仕上がりになる。

⑤コンクリート床

コンクリート床用塗料

グレーで暗い印象になりがちな駐車場や庭先のコンクリート床。塗装すると、見た目にも美しく、明るいイメージになる。塗料の吸い込みを防ぐための下地剤を塗ってから上塗りする。上塗りの塗料には、雨や水で滑るのを防ぐ、滑り止め剤を混ぜるとよい。

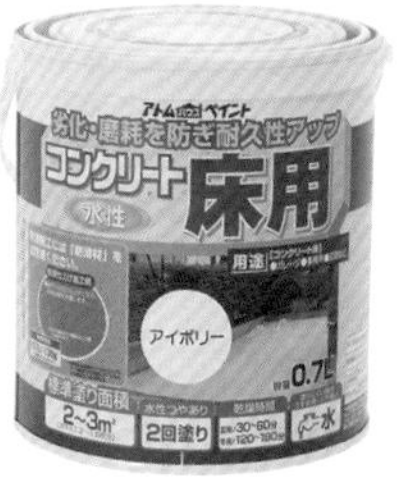

下地剤

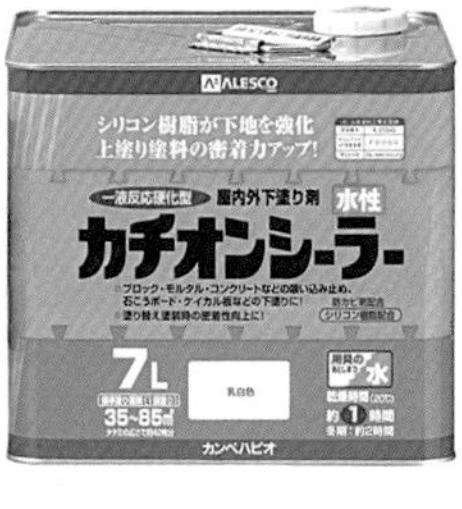

水性カチオンシーラー

ブロック、モルタル、コンクリートなどの吸い込み止め。

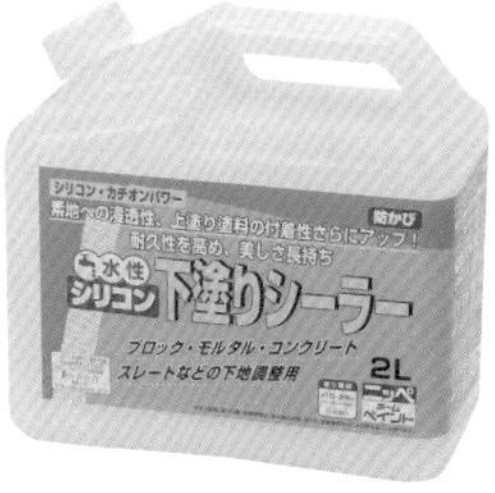

水性シーラー

ブロック、スレート、モルタル、コンクリートの下地剤。

水性下地剤

コンクリート床、スレート瓦の下地剤。

塗装用具

適材適所で使い分けて仕上がりと効率をアップ

■平バケ

へいたんな場所を塗りやすい形状です。目地バケ（上）は厚みを抑えてすき間を塗りやすくしています。

■すきま用ハケ

金属の柄にパイルがついていて、床板や格子のすき間を塗るときに便利。柄は使いやすい角度に曲げることができます。

■筋交《すじか》いバケ

柄が斜めについていて、スナップを効かせて動かしたり、細かく毛先を使うのに適した形状で、多用途に使いやすいハケです。水性用、油性用、ニス用、万能のなかから塗料に合わせて選びます。

効率よく塗装してきれいに仕上げるには、塗る場所に適した道具を使い分けることが大切です。小さいものや細かい部分を塗るには、手返しがよく自由に動かせるハケが向いており、反対に広い面を一気に効率よく塗れるのはローラーバケです。ローラーは塗料もちがよいうえ、多少の凸凹があってもしっかり塗料を配《くば》ることができます。ウッドデッキの床板やブロック塀などの塗装には欠かせません。

屋外作業でも塗りたくないところ、汚したくない場所は塗装前に養生を。マスキングテープやマスカーなど専門の養生用品を使うと準備がはかどります。

■ステイン を塗る

ビショビショになる手前、少し多いと思うくらいに塗り、30 分ほど放置してよく浸透させます。

表面に残った塗料を拭き取り、乾燥するのを待って 2 回目を塗ります。数分待って仕上げの拭き取りをします。

■ペンキを塗る

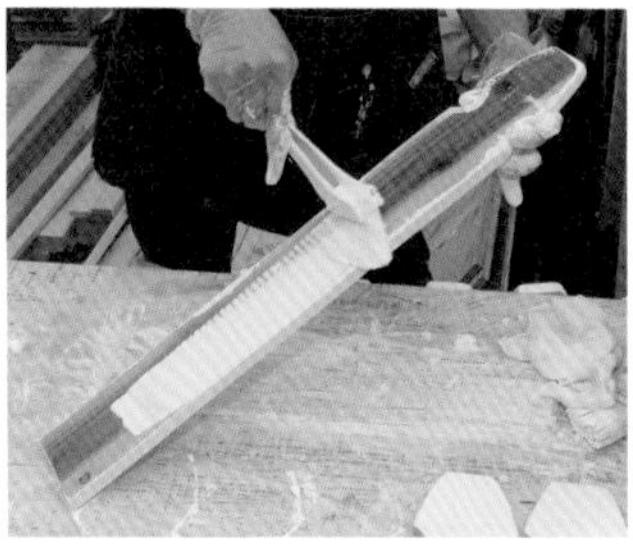

塗料はハケによく含ませてから軽くしごいて落とします。1 回目はカスレを気にせず薄く伸ばし、2 回目できれいに仕上げます。

狭い側面や入り組んだところは毛先を使っててていねいに。塗料が垂れたらダマが残らないように毛先で拭っておきます。

広い面はのびのびと気持ちよく塗りましょう

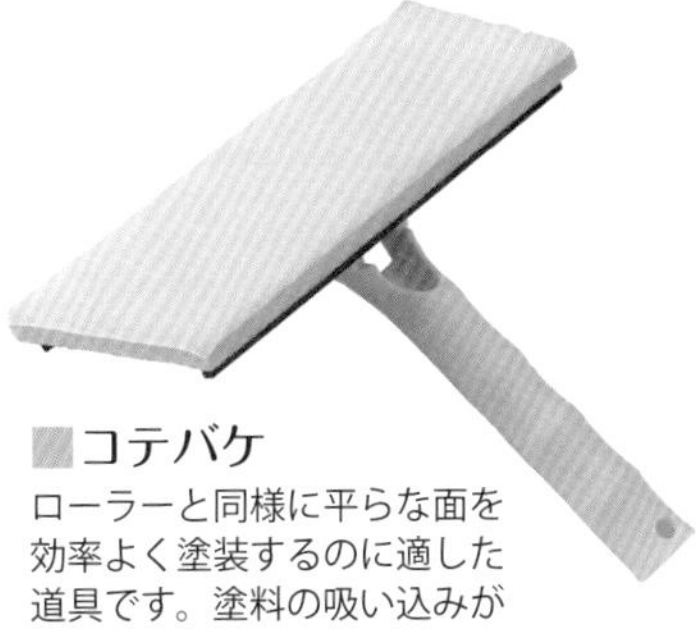

コテバケ
ローラーと同様に平らな面を効率よく塗装するのに適した道具です。塗料の吸い込みがよく最後まで均一に塗れます。

ローラーバケ
ローラーの大きさは長さと太さの異なる「スモール」「ミドル」「レギュラー」の3種類。別売の継ぎ柄を取り付けると、立った姿勢で楽に床板塗りができます。

ローラーバケット
たくさんの塗料を小分けしておくことができます。ハケをしごく網、交換用の内容器を取り付けられるものが便利です。

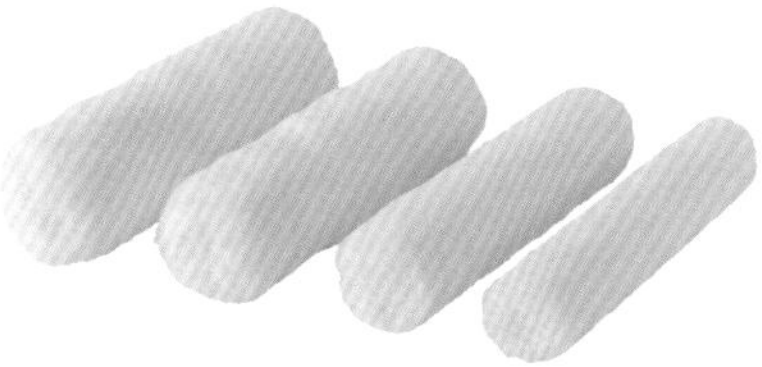

ローラーの毛の長さは「長毛」「中毛」「短毛」に分かれます。長いものほど塗料もちがよく、短いものほどきめ細やかな仕上がりになります。

同じサイズの材料はローラーでまとめ塗り

板を束ねれば、薄い側面もローラー塗りが可能。塗り残しをハケで仕上げます。

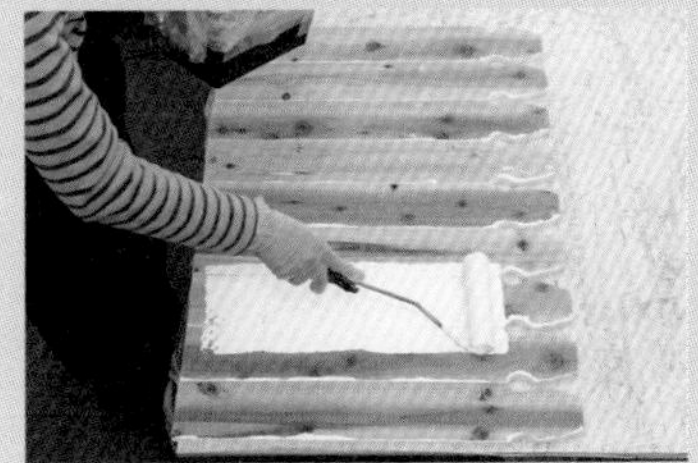

板の平面を塗るときはくっつけて並べ、壁を塗るようにローラーを転がします。

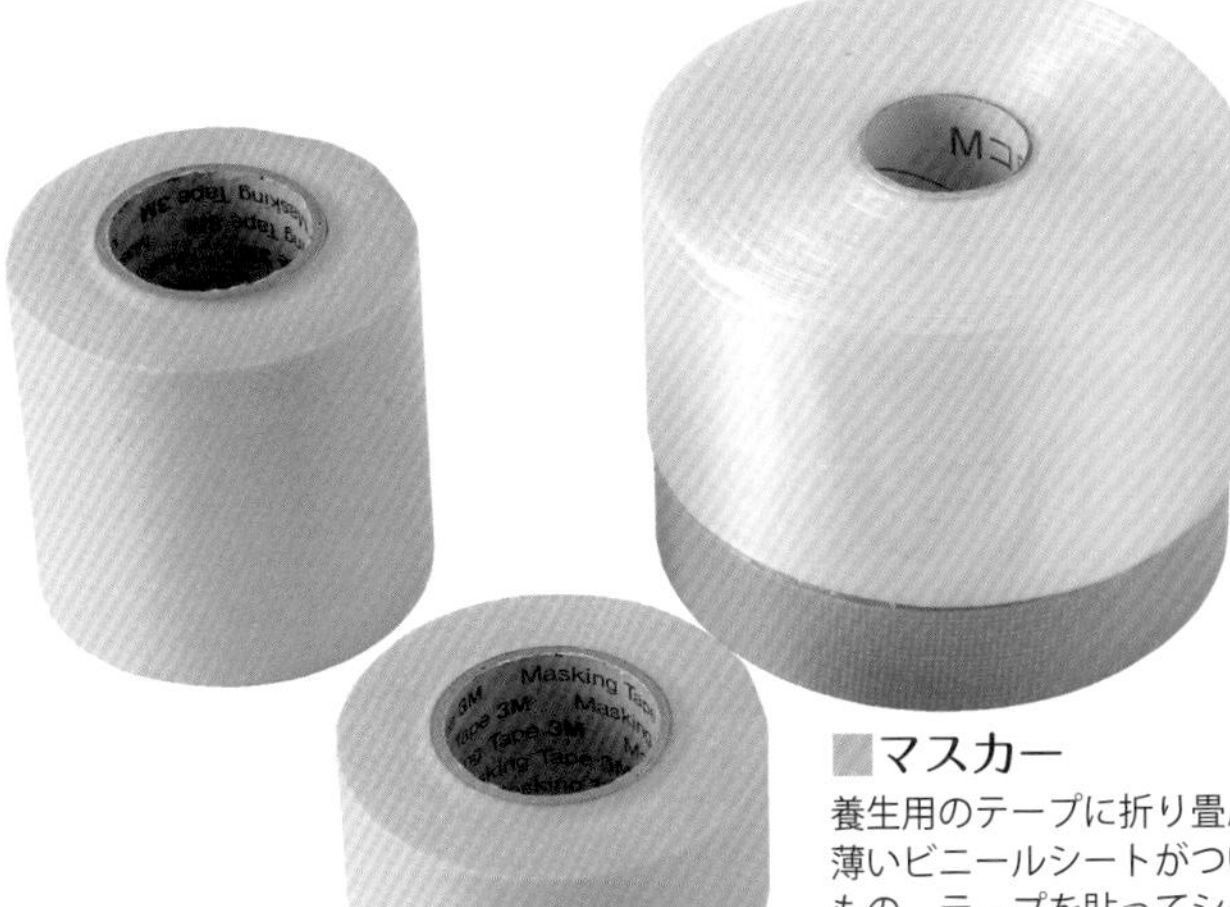

マスカー
養生用のテープに折り畳んだ薄いビニールシートがついたもの。テープを貼ってシートを広げると、広い範囲を養生できます。用途に合わせてシートの幅を選べます。

マスキングテープ
塗らないところとの境目を作る保護用のテープです。粘着力が弱く、はがしたあとのノリ残りはほとんどありません。テープ幅は12~50mm程度が選べます。

塗装テクニック

塗装で仕上がりをアレンジする

西海岸風の白板塗装

白い塗料の下に木目が透けて見える塗装で、カリフォルニアのビーチハウスのようなさわやかさを演出します。

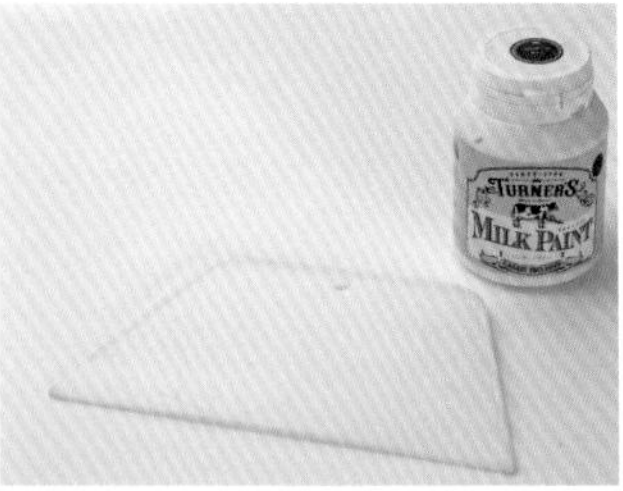

使用するのは白色の水性塗料とヘラだけ。表面にカンナをかけていない杉荒材を材料として使います。

240番程度のサンドペーパーで表面の毛羽立ちを取った杉荒材の端に、塗料を一筋に置きます。

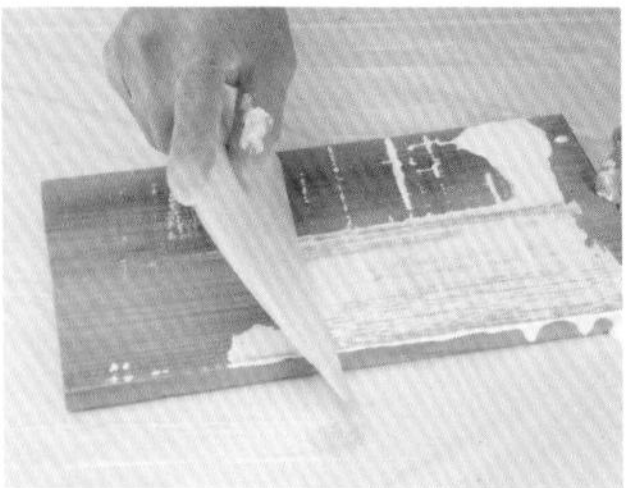

ヘラを使い、表面をこするようにして塗料を広げます。薄いところと濃いところ、塗りムラができるようにします。

ところどころに木肌や木目が透けて見えることで、さわやかでナチュラルな雰囲気が感じられます。

ダメージ加工

道具を使って木材に傷やへこみをつけてから塗装することで、古材のような使用感を出す加工方法です。

ステイン塗料のほか、傷をつける道具として金づちやクギ抜きを用意。ノコギリなどを使ってもよいでしょう。

道具を使って木材に傷をつけます。向きや間隔、道具を変えて、規則的にならないように傷をつけるのがコツです。

布を使ってステイン塗料を塗ります。傷を入れたところは塗料の吸い込みがよく、そこだけ色が濃くなります。

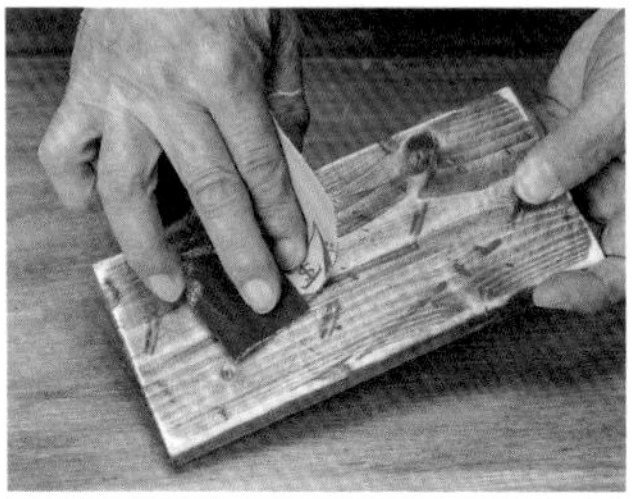

80番程度の目の荒いサンドペーパーで縁の部分を木材ごと削って、丸く使い込んだ感じに演出します。

アンティーク塗装

塗装がはげたり、汚れたりしたようすは、使い込んだものの味わいになります。その風合いを再現する方法です。

塗装済みの木材、アンティーク調塗料、ウッドワックスを用意。事前の下塗りの色が明るいほど効果的です。

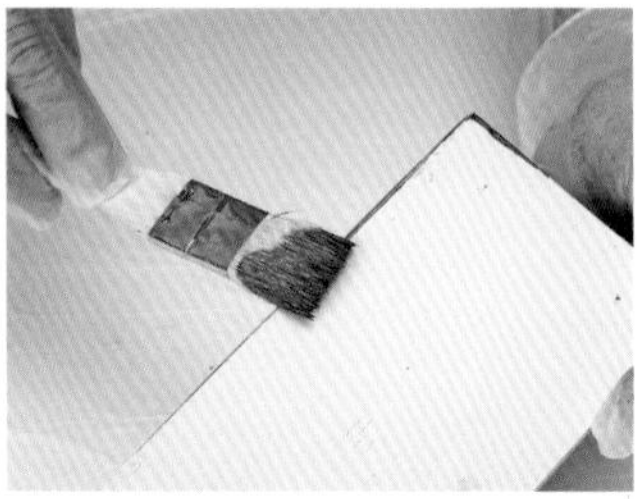

ハケの側面を使い、木材の角部分にアンティーク調塗料をこすりつけます。濃淡があるほうが、自然な汚しになります。

ハケにつけた塗料を布などで軽く落とし、毛先を使って板の表面全体にカスレを表現します。塗り過ぎに注意。

ウッドワックスを布につけて薄く塗り、表面に軽くツヤを出します。布で余分な塗料を拭き取って完了です。

10

第10章
エクステリア素材と道具

レンガ

敷き用、積み用など目的に合わせてレンガを選びましょう

市販されているレンガには様々な種類がありますが大きくは高温で焼き固めた焼成レンガと、日干しして固めた日干しレンガに分けられます。一般的なのは焼成レンガです。

そして焼成レンガにも水に強い赤レンガと熱に強い耐火レンガがあります。ガーデニングなどで使用されるのは主に赤レンガですが気をつけたいのは、赤レンガにも積むためのものと敷くためのものがあるということです。

塀や花壇などに使うなら「積み用」が適しています。テラスやアプローチなどに使いたいなら「敷き用」を必ず使ってください。

積む場合はそれほど強度が必要ないので、敷き用を流用しても構いませんが、敷いて使う場合は積み用を流用してしまうと人が乗るなど圧力がかかった時に割れてしまう可能性があるので注意してください。手に取ったレンガがどちらかわからない場合はお店の方に確認してください。

さらにバーベキューコンロやピザ窯などには熱に強い「耐火レンガ」の使用が必須です。同じレンガだからと混用するのはやめてください。

レンガは同じ種類でも、焼き加減によって微妙にサイズや色、風合いが異なります。選ぶ際は一つ一つしっかりとチェックするようにしましょう。

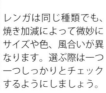

外国製レンガ

海外で作られたレンガを輸入したもの。種類は豊富だが、製造国によって大きさに違いがある。そのため、使用する際は同じ製造国のものを必要数確保する必要がある。

アンティーク調レンガ

新品ながら、アンティーク調の風合いを真似て作られたもの。角が欠けていたり凹凸があるなど味わいがある。古い建物から解体した本物のアンティークレンガなどもある。

赤レンガ

ホームセンターなどで入手できる一般的な焼成レンガ。普通サイズに対して厚さが 1/2 のものをハンペン、幅が 1/2 のものをヨーカン、長さが 1/2 のものをハンマスと呼ぶ。

ブリックレンガ

アンティーク風の風合い、独特の質感をもつ装飾用のレンガがブリックレンガ。構造物を作るためではなく壁などの装飾として、専用の接着剤を使って固定する。

耐火レンガ

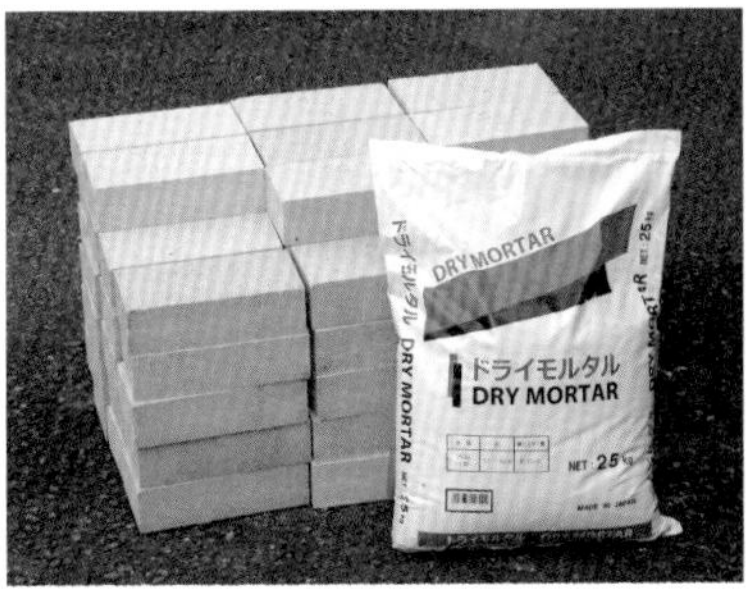

通常の赤レンガよりも熱に強いのが耐火レンガ。1200℃程度の高熱にも耐えることができるため、バーベキューコンロやピザ釜などの素材として使われている。

穴あきレンガ

ブロックのように穴の部分に鉄筋を通し、モルタルを詰めることで、強度を保ちながら高く積み上げることができるレンガ。風合いがありデザイン性も高い。

水分が凍結して レンガが割れることも

耐候性が高いのがレンガの特徴ですが、使用に際して注意点もあります。それは気温です。

レンガの種類にもよりますが、吸水率の高いレンガの場合、しみ込んだ水分が急激な気温低下によって内部で凍結してしまうことがあるのです。そしてその結果「凍結融解」現象によってレンガが割れてしまうことがあります。寒い地域にお住まいの方はレンガを使用する際に気をつけましょう。レンガ購入の際に販売店などにも確認したほうがいいでしょう。

冬場低温になる地域ではレンガ内にしみ込んだ水分が気温の低下によって凍結するとレンガが割れてしまうこともある。

敷石

選び方や並べ方で、庭や玄関の雰囲気が大きく変わる

庭のぬかるみ対策や、玄関アプローチに雑草が生えることを防止するといった実用目的以外に、庭の装飾などのために、効果的に敷石を活用されるかたが増えてきています。

レンガやタイルなどにはない敷石ならではの独特の風合いや、配置の工夫によって独自のデザインを構築することができるという特徴をうまく使えばエクステリアの演出物としても非常に効果的だからでしょう。

そんな敷石には大きく分けて天然石と人工石のものがあります。また平らなものやブロックタイプ、円形など様々な形状も選べ、色合い、風合いなどのバリエーションも非常に豊富です。

乱形タイプの石は見栄えよく並べるのにセンスや経験が必要なのでビギナーには角型でサイズのそろった平板タイプがおすすめです。薄い石の場合は下地にモルタルなどの施工が必要ですが30㎜ほどの厚みがあれば下地に砂を使うことで比較的簡単に配置も可能です。

平板タイプ

大きさが揃っておりどんなスペースにも敷き詰めやすい。同じ素材でサイズや色のバリエーションがあれば、デザインの工夫が可能。

表面にデザインが刻まれた平板タイプもある。アプローチなどに敷き詰める際には、色だけでなく柄の向きなどにも気をつけたい。

エッジングタイプ直

敷石の一種だが埋め込むのではなく花壇の縁取りなどに使用するもの。直線状のものなら、長いスペースをきれいに縁取ることが可能。

サークル型

組み合わせると円形になる。庭のアクセントになるほか、樹木の縁取りや、ほかの敷石を組み合わせてデザイン性を高めることも可能。

丸型タイプ

飛び石に向いているのがこのような丸型タイプ。和風の庭によく似合う天然石のものが一般的だが洋風の石をあえて使うのも面白い。

エッジングタイプ曲がり

曲線のものは直線型と組み合わせることで大きな花壇の縁取りなどに使う。曲線タイプだけを使って円形の縁取りを作ることもできる。

ネットタイプ

四角く加工されたいくつもの石がネットに接着してあるため一度に多くの石を敷くことができる。カットして使用することも可能。

ブロックタイプ

厚みがあるブロックタイプは強度が高いため荷重がかかる場所にも使うことができる。サイコロ型なら曲線なども描くことが可能。

コンクリート枕木

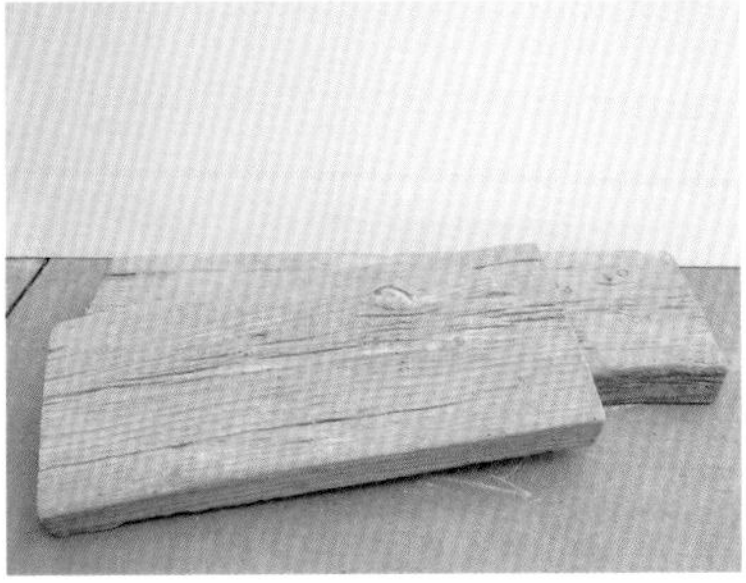

本物の枕木のような木の風合いを再現したのがこちらのタイプ。飛び石風に使用するほか、全面に敷き詰めて使うのもおすすめ。

レンガ風

平板タイプの一種。表面がレンガ模様になっており簡単にレンガ風のアプローチなどを作ることが可能。ネットタイプのものもある。

乱形タイプ

自然石が割れたような風合いを持つ。デザイン的に味があるが、形が統一されていないためうまく並べるには計画性と経験が必要。

木材

美しい木目や自然な風合いに加え加工しやすさも魅力

ＤＩＹ用の材料として、扱いやすさや入手性の高さ、さらに木目の美しさや加工性の高さなどから人気が高いのが木材です。しかし一口に木材といってもＤＩＹで使用されるものには様々なものがあります。

高価な無垢材から加工しやすく手ごろな価格の２×４材。そして強度が高く品質の安定した合板や集成材に、リサイクル材でもある木質ボードなどそれぞれ価格だけでなく扱いやすさや特徴など異なります。しかしその木材がどのような目的に合っているのか、初心者には判断が難しいかもしれません。

基本的に、木材は天然の素材なので、同じ種類の木であっても切り出し方や部位によって性質が異なります。特に天然の木をそのまま材料として切り出した無垢材などの場合は、品質の差が大きいため、良い材料を選ぶにはある程度の経験が必要です。

それに対して安定した品質が得られるのが合板、集成材、木質ボードです。木ならではの風合いや木目の美しさでは無垢材にかないませんが、反りもなく節やヤニなども気にする必要がありません。加工しやすく価格も手ごろなので初心者におすすめです。

2×4材

2×(ツーバイ)材

2×4規格で製材された木材。厚みが2インチで幅も2インチ刻みで揃っており安価。材質はSPFやACQ、ウエスタンレッドシダーなどが使われる。

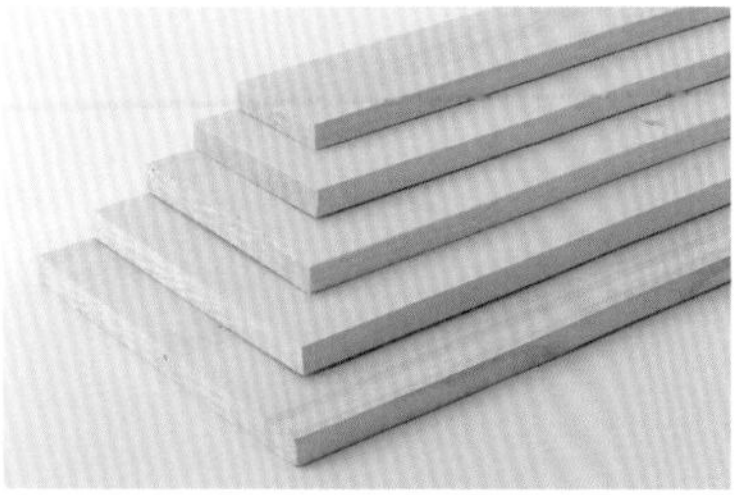

1×(ワンバイ)材

2×4材の半分の厚みの1インチで製材された木材。2×4材同様に表面が滑らかに加工されており角も面取りされているので扱いやすい。

その他

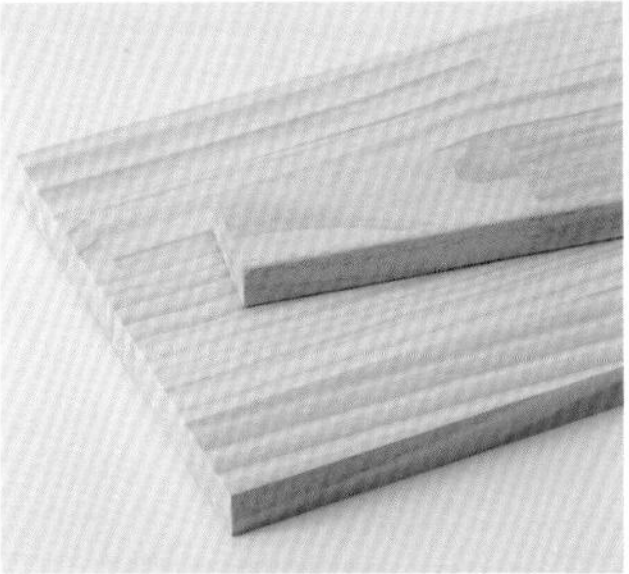

集成材

無垢の角材や板材を同じ木目方向に並べて接着したのが集成材。節や割れがなく強度も高いうえに品質も安定している。価格も比較的安価。

木質ボード

木材を繊維状にしたものや、細かい木片などを固めて成形したものが木質ボード。環境にやさしいリサイクル材で安定した品質が得られ、加工もしやすい。

化粧棚板

集成材の表面に白や黒、木目模様などのシートを貼ったもの。家具の棚板や天板、カラーボックスなどに使われる。安価な空洞タイプは加工に向かない。

合板

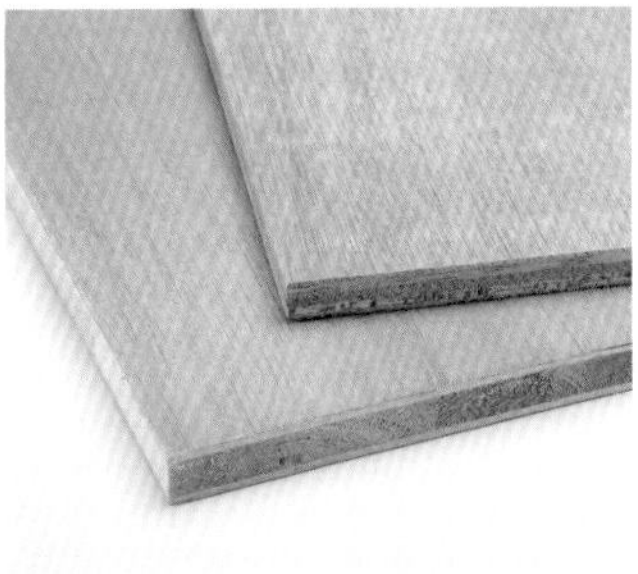

ラワン合板

薄い板(ベニヤ)を何枚も重ね接着剤で貼り合わせたのが合板。ラワン合板は仕上げにラワンの単板を貼ったもの。肌目が粗いが強度は高く安価。

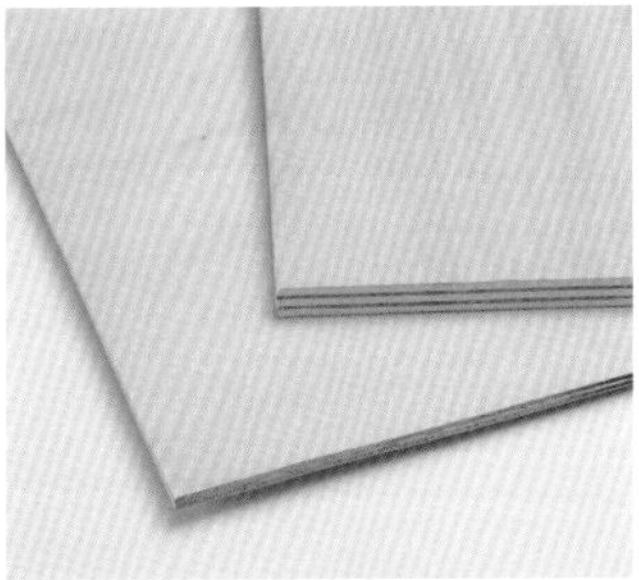

シナ合板

仕上げにシナの単板を貼った合板がシナ合板。ラワン合板に比べて肌目が細かくまた白いので塗装にも向いており、仕上げ材として使われる。

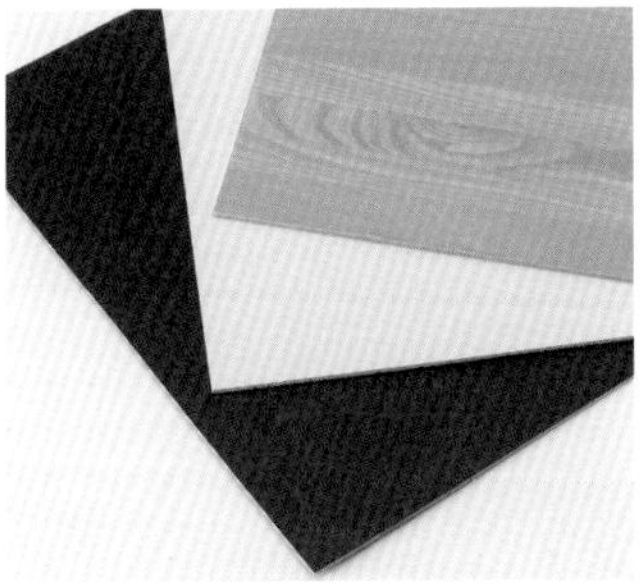

化粧合板

仕上げ用の合板。ラワン合板の表面に印刷した紙やビニールシート、スライスした天然の木を貼ったもの。塗装不要でそのまま仕上げ材に使える。

無垢材

スギ

木目が明確で独特の香りがあるのが特徴。また軽くやわらかいので加工もしやすい。価格は比較的手ごろだが節がやや多く、耐久性に関してはあまり高くない。

ヒノキ

高級家具などに使用され独特の香りや光沢が特徴。水に強く風呂桶やスノコなどにも使われている。堅いが加工しやすいため様々な用途に便利。

パイン

床材や内装材、カントリー調の家具などによく使われる無垢材。比較的軽くやわらかいため加工性は高いが、表面に節が多く強度もそれほど高くない。

砂《じゃ》利《り》

庭に砂利を敷く場合 厚みは最低3cmほど必要

庭の通路や花壇の縁取り、敷石のすき間埋めなどに使われる砂利は大別すると角があるタイプと丸いタイプに分かれます。さらに、粒の大小や色合いなどにも違いがあり、どのタイプを選ぶかは好みで構いません。

基本は広く敷く場合は大きい粒が、狭いすき間埋めには細かい粒が使われます。

一般的に1平米あたり必要となる砂利の量は種類によっても違いますが目安として60〜80kgほどです。粒の大きさでも変わりますが、これでだいたい3〜4cmほどの厚みとなります。

最低でもこれくらいの厚みがないとすぐに地面が見えてしまうので注意してください。

洋風砂利イエロー

明るい黄色のカラーが特徴の洋風砂利。敷くことで庭を明るい雰囲気に演出してくれる。タイルやレンガなどとの相性も良い。

那智黒

碁石の黒石の材料としても知られている石。乾いているときはグレーだが雨に濡れると黒になるのが特徴。和風の庭に似合う。

寒水石

天然玉砂利の一種で茨城県北部などから産出される結晶質石灰岩。白色のものが主流だが濃緑色や灰色、しま模様を持つものなどもある。

五色砂利

赤、緑、白、黒などの様々な色の砂利が混ざったもの。和風庭園に最適。乾いていると淡い色だが雨で濡れると色が濃くなり変化も楽しめる。

瓦チップ

廃瓦を粉砕して再利用した環境にやさしいリサイクル素材。雑草が好む酸性土を中和させ、庭に敷くと防草効果も得られる。価格も安い。

リバーストーン

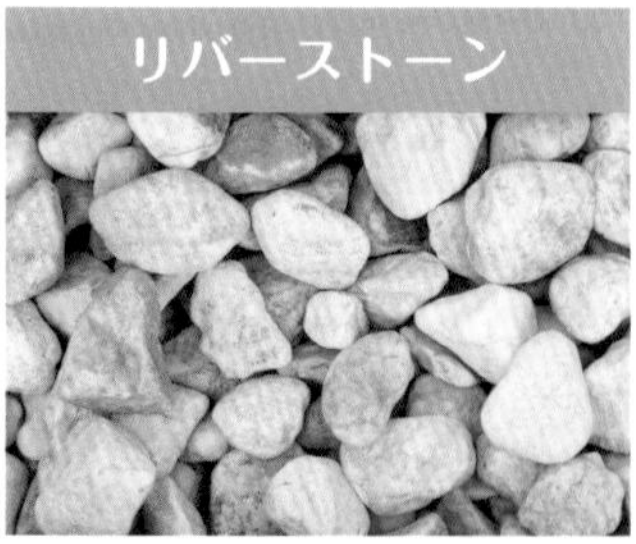

白い石灰岩の原石を加工した玉砂利。一般的な玉砂利で入手もしやすく価格も比較的手ごろ。和風、洋風どちらの庭にも利用される。

デッキパネル

敷くだけでベランダのイメージが一変

デッキパネルはベランダやバルコニーにパネル状のパーツを敷き詰めるだけで施工ができるとても便利なアイテムです。

ウッドタイプや人工芝タイプ、タイルタイプなどデザインや素材のバリエーションも多彩なので、その空間のイメージや、プランターや花壇に植えられた花などの雰囲気に合わせて自由に選ぶことが可能です。

また、交換も簡単で補修や、模様替えなども、パネルを取り換えるだけでできるのも便利な点でしょう。住まいの雰囲気や予算に合わせて自由に選びましょう。

タイルタイプ

雨や紫外線にも強く、水はけもよいのがタイルタイプ。設置の際は目地部分で簡単にカット可能。

人工芝タイプ

昔からベランダ用アイテムとして人気なのが人工芝タイプ。水はけがよく、感触もソフト。

ウッドタイプ

手軽にベランダなどでウッドデッキの雰囲気が楽しめるのが天然木や木目調のタイプ。

ラティス

目隠しだけでなく植物も飾れる

ラティスは木でできた格子状の柵（パネル）です。庭やウッドデッキなどに簡単に設置でき、周囲からの視線を隠したり、風よけなどに使われます。また、ガーデニングでは植物を飾るアイテムとしても使われます。

基本は木製ですが、材質やデザイン、大きさなどのバリエーションも豊富で、スペースに合わせ好みのものを選ぶことができます。

木製のものの場合、経年劣化によって木が腐ってしまうこともあるため定期的なメンテナンスが必要ですが、防虫防腐効果のある樹種を使ったものならその手間があまりいらないのでおすすめです。

ルーバータイプ

格子タイプよりも目隠し効果が高いのがルーバータイプ。視線をさえぎりつつ、適度なすき間から風が通り、日除け効果も高い。

斜め格子タイプ

スタンダードな斜め格子タイプ。穴が大きいため風よけや目隠し効果は低いがハンギングバスケットなどは飾りやすい。

ブロック

頑丈で扱いやすく安価 花壇や仕切り作りにぴったり

扱いやすく頑丈な資材として様々な場所に使用されているのがコンクリートブロックです。安価で入手しやすいため、庭などに丈夫な構造物などを作りたいという時にもとても役立ちます。

　ただし、便利だからといって安易に使用するのはおすすめできません。本格的な外塀などを作るには専門的な知識と正確に作業するための高い技術が求められるので注意が必要です。

　しかし、花壇や低く積んだ飾りの仕切り作りなどであればDIYでの使用も問題ないでしょう。ただし使用する際は基礎をしっかり固め鉄筋を入れることを忘れないようにしてください。

ブロックを３段以上積む際は、必ず鉄筋を入れる。縦の鉄筋だけでなく、横の鉄筋もブロック２段ごとに必要。モルタルは穴の中ではなくジョイント部のみに使用する。

隅型ブロック

コーナーブロックとも呼ばれる。ブロックを積むとき端の部分に使うのがこの隅型で片側が閉じている。

並型ブロック

軽石が主原料の一般的な軽量ブロック。並型は基本となるブロックで両端のへこみは鉄筋を通すためのもの。

横筋型ブロック

長辺方向の片側に鉄筋を通すことができるように溝が加工されたブロック。横方向に鉄筋を入れる時に使用する。

アシスト材料

下地作りに欠かせない材料 コンクリートとモルタル

アシスト材料とは、基礎を作るときやレンガを積むとき、また、敷石を敷き詰めるときなどに欠かせない下地作りの材料のことです。

そんなアシスト材料の代表となるのがコンクリートとモルタルです。基本となる材料は共にセメントと砂、そして水ですが、コンクリートには砂利が入っているため強度が高く圧力にも強いのが特徴です。

一方のモルタルは砂だけで砂利が入らないため強度はコンクリートに劣りますがなめらかで美しい仕上がりとなります。

コンクリートは圧力に強いため主に建物などの基礎に使われますが、モルタルはブロックやレンガの目地やコンクリートの仕上げなどに使用されます。必要に応じて使い分けましょう。

粉末モルタル

セメントに砂を混ぜたもの。水を加えて練るだけでモルタルになる。レンガを積むときの目地、下地作りなどに使用。

粉末コンクリート

セメントに砂、砂利を混ぜたもの。これに水を加えて練るだけでコンクリートになる。基礎作りに使われる。

砂利

コンクリートを作るときに使われる資材。砕石と違い丸い石などが混ざっているため踏みしめても固まらない。

砂

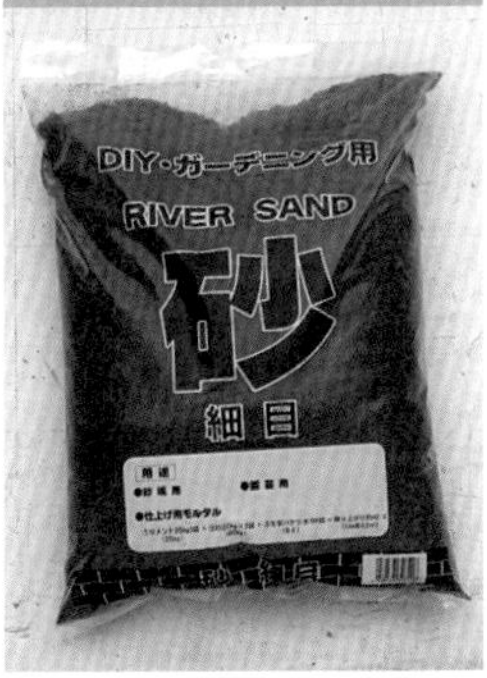

モルタルやコンクリートを作るときに使う資材。敷石を敷き詰める際の下地材としても利用される。

砕石

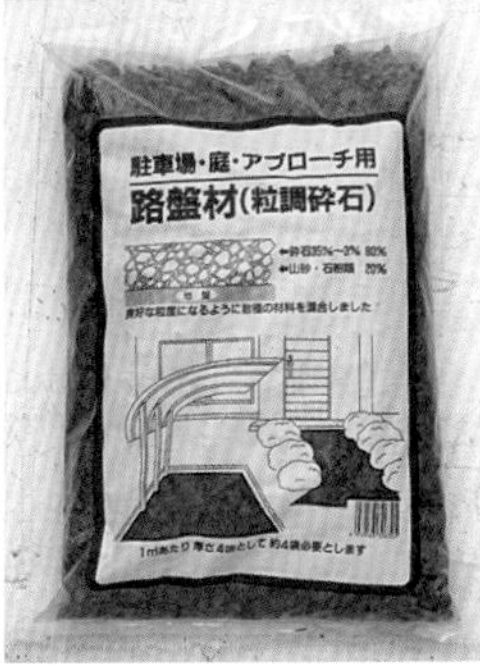

岩石や大きな石を細かく砕いたもの。やわらかい地面の強化などのために使われる。踏みしめるとしっかり固まる。

セメント

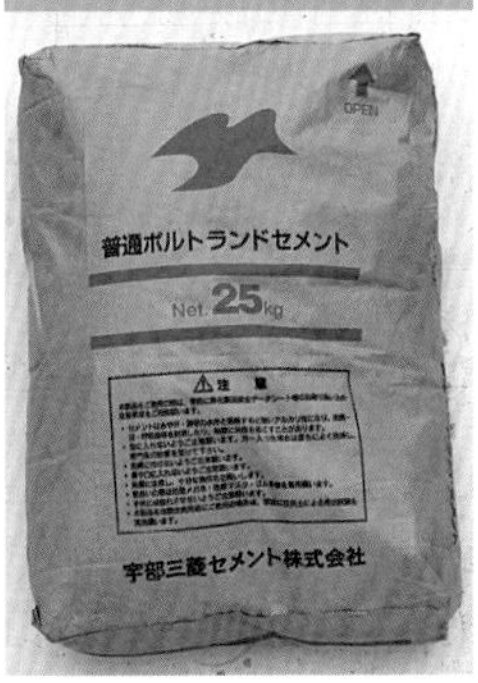

接着用の資材でモルタルやコンクリートを作るための主材料の一つ。灰色の粉末で、石灰石や粘土などからできている。

ネジ・クギ

用途にあった長さや材質のものを選ぶ

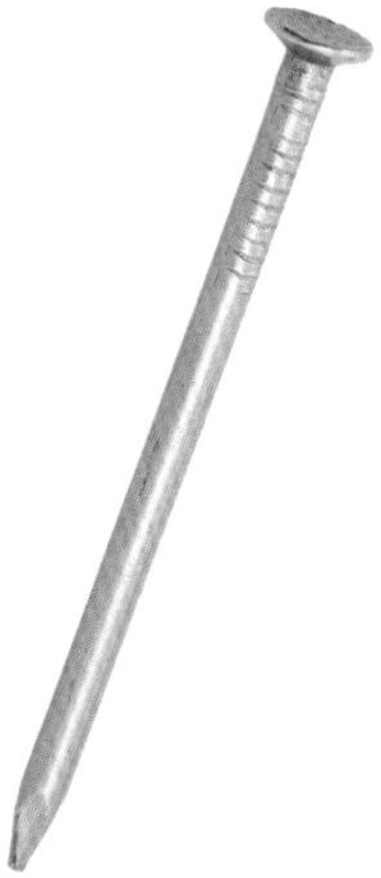

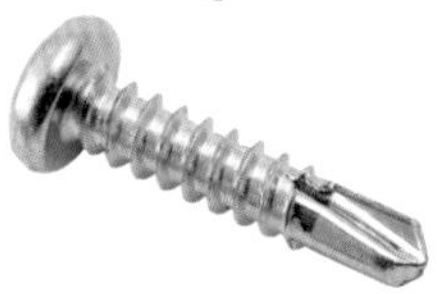

木工で一般的に使われるクギは丸クギです。材質はさびることで接合力がアップする鉄や、サビに強いステンレスがあり、メッキされたものやカラフルな塗装済のカラークギなどもあります。板などをクギでどこかに固定する場合は固定したい板の2.5倍の長さのクギを使用します。

ネジには頭の形が平らな皿ネジと鍋のような形の鍋ネジがあります。皿ネジは材料と段差なくとめられ、鍋ネジは材料から頭が少しとび出ます。ネジ山にも違いがあり金属に使うタッピングネジは首までネジ山があり、木材用の木ネジは首までネジ山がないものがよく使われます。

ネジ

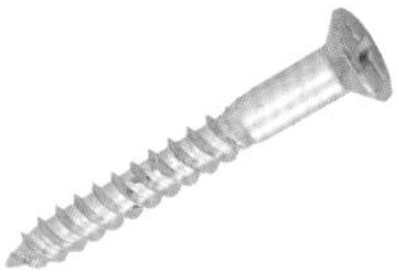

木ネジ

木材の連結等に用いるネジ。タッピングネジより強度が劣るため金属などを締結するには不向き。皿ネジや鍋ネジなどがある

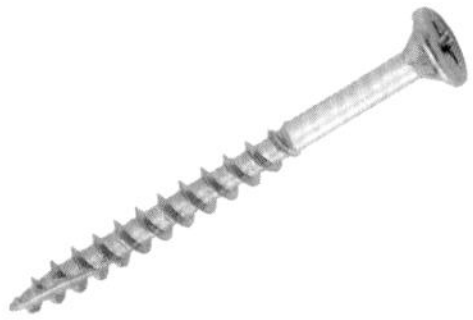

コーススレッド

木材接合用のネジの一種でネジと釘の性質を併せ持つ。電動ドライバーに適しており強度が高く保持力にも優れている。

ドリルネジ

金属用のネジ。先端が刃のような形状になっておりネジ自体がキリの役目をするため材料が金属でも下穴がいらない。

皿タッピングネジ

金属用のネジの一種。首までネジ山があり、また頭の形状が平らな皿になっているので材料に対して頭が飛び出さない。

クギ

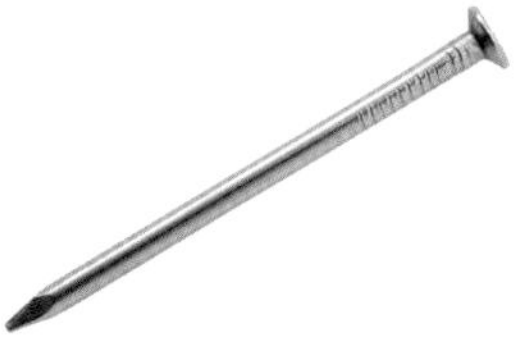

丸クギ

木工用の一般的なクギ。鉄クギはさびることで接合力がアップする。頭の布目模様は金づちで打つときにすべりにくくするため。

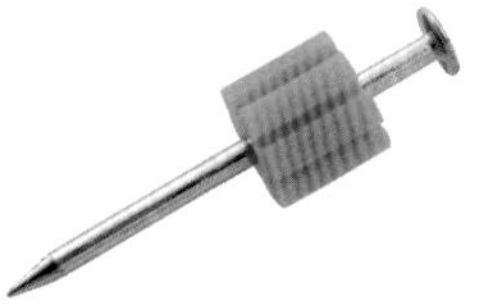

隠しクギ

打ち込んだあとクギ頭が取れるのでクギを目立たなくできる。強度はあまり高くないので仮固定などに使用する。

フロアクギ

胴に抜け防止のらせん状の溝がある床板用のクギ。頭の穴は仕上げにとがったポンチをあてて深く打ち込むためのもの。

コンクリートクギ

コンクリートやブロックなどに直接打ち込むことができるクギ。胴は太く、打ち込みやすいように縦に溝がある。

道具

そろえておきたい基本の道具

ガーデニング作業や木工作品の製作、レンガやブロック積みなどには専用の道具が必要です。一度にすべてのものを揃える必要はありませんが、しっかりとした道具を使うことで作業効率がアップし、また仕上がりの完成度も大きく変わってきます。

　目的の作業に必要となるものは、作業に入る前にあらかじめそろえておきましょう。下記のような基本の道具をまずは手に入れてから、必要に応じて追加していくとよいでしょう。

トロフネ

モルタルやコンクリートを練るときに使う容器。この中に材料を入れ練りクワなどで混ぜ合わせる。

両口ハンマー

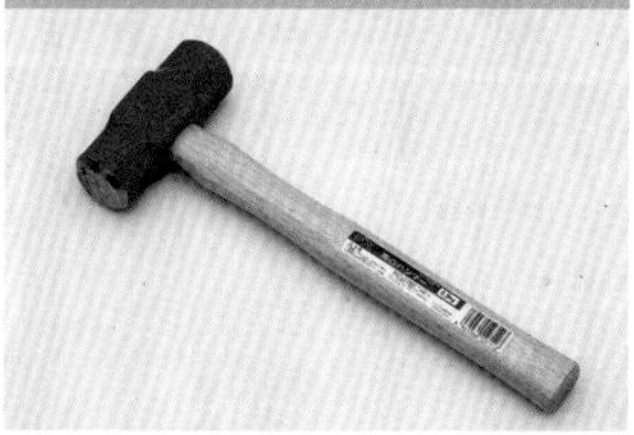

頭の両側に打撃部分がある。重量がありレンガや石などを割るときなどに使用する。

シャベル

土を掘ったり、ならすときに使う道具。1mくらいの長さが一般的で扱いやすい。柄の長いロングシャベルなどもある。

練りクワ

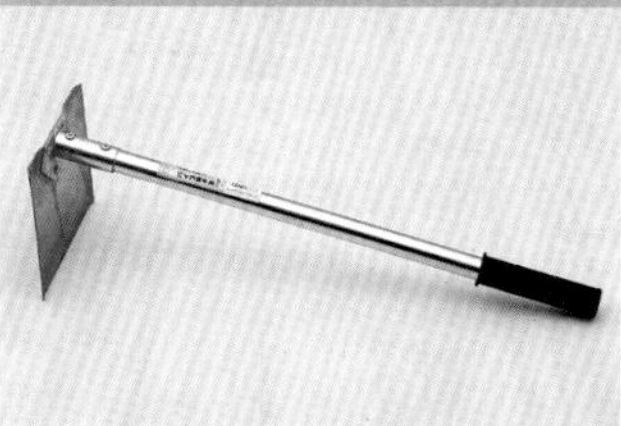

モルタルや壁土などを混ぜ合わせたり、練るときに使う柄の長いクワ。左官グワなどとも呼ばれる。

ゴムハンマー

打撃部がゴムでできたハンマー。木材やレンガなどに使っても材料が傷つかない。レンガや敷石を叩きそろえるときなどに使う。

レンガコテ

レンガ積みに適した専用コテ。ハート形で多くのモルタルをのせることが可能。モルタルを混ぜる時にも便利。

コテ板

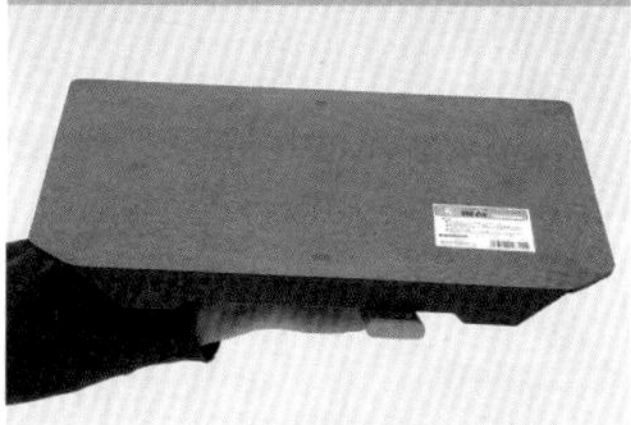

混ぜ合わせたモルタルや壁材を必要量だけ手元に置いておくための板。このコテ板からコテですくい取って壁などに塗る。

水平器

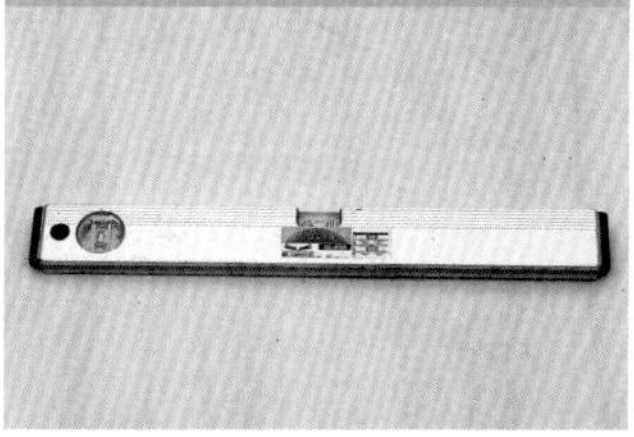

水平や垂直を測るための道具。レンガやブロックを積むときに測りたい部分にあてるだけで正確な水平や垂直がわかる。

左官ゴテ

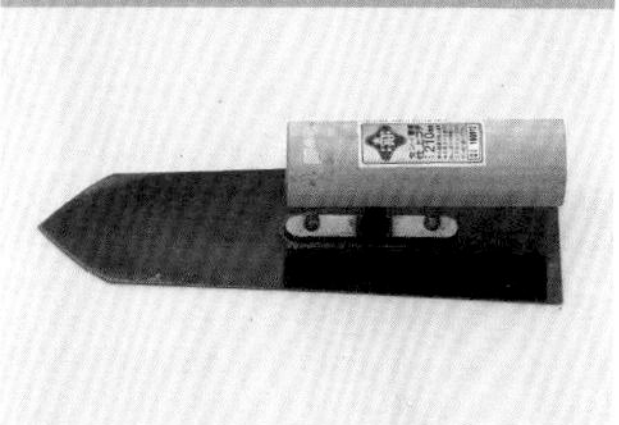

モルタルや漆喰などの材料を壁や床に塗り平面にならすための道具。コテの中程に首があり中首ゴテとも呼ばれる。

著　者

山田　芳照（やまだ よしてる）

1999年、(株)ダイナシティコーポレーションを設立し、DIY情報サイトDIYCITYを運営している。DIYアドバイザーの資格を取得し、DIY普及活動として、2005年から6年間、NHK教育TV「住まい自分流」に講師で出演した。
以後、DIYをテーマにしたTV番組（日本テレビ・シューイチ、ボンビーガールなど他多数）の講師及び監修、企画制作を行っている。2013年からは、ホームセンターに置かれているHowtoシートの監修と制作を行い、社員研修やDIYセミナー、DIY教室、体験講座などの企画運営を継続して行っている。DIYパフォーマンス集団「佐田工務店」を、よしもと芸人を中心に立ち上げ、イベントやTV番組を通じてDIYをさらに普及させる活動も行っている。

スタッフ

本文デザイン	吉田デザイン事務所
編集協力	木下 卓至
	那須野 明彦
	大野 晴之
カメラマン	鈴木 忍
	島崎 信一
制作協力	川岸 和佳子
	山崎 真希
	立野 真樹子
	福島 善成
	桑折 正之
編集担当	山路 和彦（ナツメ出版企画株式会社）

本書に関するお問い合わせは、書名・発行日・該当ページを明記の上、下記のいずれかの方法にてお送りください。電話でのお問い合わせはお受けしておりません。
・ナツメ社webサイトの問い合わせフォーム
https://www.natsume.co.jp/contact
・FAX（03-3291-1305）
・郵送（下記、ナツメ出版企画株式会社宛て）
なお、回答までに日にちをいただく場合があります。正誤のお問い合わせ以外の書籍内容に関する解説・個別の相談は行っておりません。あらかじめご了承ください。

ナツメ社Webサイト
https://www.natsume.co.jp
書籍の最新情報（正誤情報を含む）はナツメ社Webサイトをご覧ください。

これ一冊《いっさつ》ではじめる！
庭《にわ》づくりのためのDIY《ディーアイワイ》

2020年11月2日　初版発行
2025年1月20日　第7刷発行

著　者　山《やま》田《だ》芳照《よしてる》
発行者　田村正隆

発行所　株式会社ナツメ社
東京都千代田区神田神保町1-52　ナツメ社ビル1F（〒101-0051）
電話　03(3291)1257（代表）　FAX　03（3291）5761
振替　00130-1-58661
製　作　ナツメ出版企画株式会社
東京都千代田区神田神保町1-52　ナツメ社ビル3F（〒101-0051）
電話　03(3295)3921（代表）
印刷所　TOPPANクロレ株式会社

ISBN978-4-8163-6907-0　Printed in Japan
〈定価はカバーに表示してあります。乱丁・落丁本はお取替えいたします〉